"双新"背景下高中英语
阅读及读后续写教学策略研究

杨 云 著

群言出版社
QUNYAN PRESS

·北京·

图书在版编目（CIP）数据

"双新"背景下高中英语阅读及读后续写教学策略研究 / 杨云著． — 北京：群言出版社，2022.11
ISBN 978-7-5193-0783-7

Ⅰ．①双… Ⅱ．①杨… Ⅲ．①英语－阅读教学－教学研究－高中②英语－写作－教学研究－高中 Ⅳ．① G633.412

中国版本图书馆 CIP 数据核字（2022）第 220422 号

责任编辑：陈　芳
封面设计：刘志伟

出版发行：群言出版社
地　　址：北京市东城区东厂胡同北巷1号（100006）
网　　址：www.qypublish.com（官网书城）
电子信箱：qunyancbs@126.com
联系电话：010-65267783　65263836
法律顾问：北京法政安邦律师事务所
经　　销：全国新华书店

印　　刷：廊坊市广阳区九洲印刷厂
版　　次：2022年11月第1版
印　　次：2022年11月第1次印刷
开　　本：720mm×1020mm　1/16
印　　张：15.75
字　　数：265千字
书　　号：ISBN 978-7-5193-0783-7
定　　价：68.00元

【版权所有，侵权必究】

如有印装质量问题，请与本社发行部联系调换，电话：010-65263836

前言 PREFACE

2014年4月,《教育部关于全面深化课程改革 落实立德树人根本任务的意见》(以下简称《意见》)正式印发。《意见》指出,目前课程改革的关键任务之一是"研究提出各学段学生发展核心素养体系,明确学生应具备的适应终身发展和社会发展需要的必备品格和关键能力"。《意见》在深入回答了"培养什么人,如何培养人"的基础上,把构建学生核心素养体系作为我国新时期深化课程改革和落实立德树人目标的基础和关键。

2017年教育部颁布的最新课程标准《普通高中英语课程标准(2017年版)》(以下简称《标准》)指出,"学科核心素养是学科育人价值的集中体现,是学生通过学科学习而初步形成的正确价值观念、必备品格和关键能力。英语学科核心素养主要包括语言能力、文化意识、思维品质和学习能力"。《标准》将思维品质列为英语学科核心素养之一。我国新一轮课程改革也特别强调学生思维品质的培养。思维品质是人的思维个性特征,反映一个人在思维的逻辑性、批判性、创造性等方面所表现的水平和特点。英语是一门语言学科,其教学应该能够促进学生思维品质的发展。语言与思维是相互依存、相互促进。

以报刊作为教材具有七大优点:语言新颖、内容有趣、词语丰富、简单易懂、背景熟悉、容易获得和长期实用。与教材相比,英语报刊的时效性强、题材新颖,与当今时代、学生的生活联系紧密。报刊教学可以提高学生的英语阅读、写作能力及时事掌握能力。

目前读后续写教学研究是高中英语教学的热点话题。读后续写能够在很大程度上激发学生的思维创新能力,将理解输入与产出紧密地结合在一起,阅读者能够做到与材料和作者进行互动,从而创造性地在接触语篇中使用语言。读后续写这一促学办法便于多重水平的学习者进行应用练习,同时对于学习者外语学习及外语教师教学有着积极的促进作用,短期内可见成效。

多轮续写跟读后续写有着紧密的联系，它是以读后续写为主体，在此基础上演变而来的新的续写方式。经过发展，读后续写进一步变体为多轮续写。多轮续写"以回读强化互动"，不仅可增进学习者与文段的互动，弥补普通读后续写协同效应和互动强度不足的缺憾，还能在锻炼学生续写能力的同时辅助学生，加强其对篇章结构的掌握与对主旨大意的概括。由于可操作性强，符合语言学习的认知规律，多轮续写对于高中英语写作教学有着很强的指导及应用价值。

重庆市渝中区第十二届名师工作室——杨云名师工作室自2021年9月成立以来，全体成员在重庆市特级教师杨云的带领下，通过集中学习、专家讲座、网络研修、同课异构、送课下乡等教研和教学活动，多层次、多渠道、多角度地深入开展《标准》学习和实践，并且主动把所学的专业理论知识和日常教学实践紧密结合起来，不但极大地提升了工作室成员的专业理论水平，更把学到的理论知识用于教学实践，切实提升了教师们的教学能力、教研能力等专业水平，实现了学生英语学科核心素养和教师英语学科核心素养的同步发展，为实践《标准》提供了丰富的教学案例和实践经验。

本书正是基于全体工作室成员日常深入的理论学习研修及大量的说课、讲课、听课和评课教学实践编写的，是全体工作室成员认真学习《意见》和实践《标准》的心血和成果。全书主要从"双新"背景下指向思维品质提升的高中英语报刊阅读教学课例研究、高中英语读后续写课堂教学策略研究和多轮续写提升高中生读写能力的教学实践研究三个方面入手，从最新的理论到最前沿的实践，深入浅出、实例丰富、生动自然，充满着来自一线原生课堂的张力和生命力，蕴含着教师们的积极思考和实践之后的教学智慧，希望能为广大一线高中英语教师带来一定的启发和收获。

"瞩目远方，你才会加快步伐；结伴同行，你才能欢歌笑语；风雨兼程，你才能成功登顶"。杨云名师工作室成立一年以来，砥砺前行，精心付出，各位工作室成员在杨云老师的精心呵护和积极带领下不负众望、硕果累累：参加全国"双新"背景下英语新课程展示课活动，参与重庆市教育学会、重庆市教科院组织的"名师送教"活动，举办市级、区级讲座，多人次举办区级公开课，等等。这些骄人成绩的获得离不开重庆市渝中区教委领导、巫溪县教委领导的充分信任和大力支持，离不开重庆市教科院、重庆市教育学会和重庆市渝中区教师进修学院的殷切关怀和精心指导，离不开重庆市巴蜀中学校、重庆市求精中学校、重庆市第二十九中学校、重庆复旦中学校、重庆市第六十六中学校、重庆渝中高级职业学校等学校领导的悉心指导和重庆市求精中学校外语组的大力支持，离不开杨云老师的精心规划和率先垂范，也离不开全体工作室成员的共同努力。真心祝愿工作室的全体教师在新的教育教学改革中继续发扬工作室精益求精、不断进取的精神，在未来取得更加优异的成绩！

鉴于作者能力有限，若有疏漏还请读者们批评指正。

目录 CONTENTS

第一章 "双新"背景下指向思维品质提升的高中英语报刊阅读教学课例研究……1
    第一节　思维品质培养的理论与实践……3
    第二节　高中英语报刊阅读教学的缘起与发展……16
    第三节　指向思维品质提升的高中英语报刊阅读教学策略探究……27
    附录……50
    参考文献……80

第二章 "双新"背景下高中英语读后续写课堂教学策略……87
    第一节　读后续写题型概述……88
    第二节　读后续写研究综述……94
    第三节　读后续写的教学策略……108
    附录……143
    参考文献……152

第三章 主题意义下依托多轮续写提升高中生读写能力的教学实践……157
    第一节　理论基础……158
    第二节　研究背景……197
    第三节　研究设计……223
    参考文献……239

第一章

"双新"背景下
指向思维品质提升的
高中英语报刊阅读教学课例研究

为深入贯彻党的十九大精神，落实立德树人根本任务，教育部组织修订并颁布了《普通高中课程方案和语文等学科课程标准（2017年版）》（以下简称"新课程"）。新课程、新教材（简称"双新"）的实施坚持以习近平新时代中国特色社会主义思想为指导，全面贯彻党的教育方针，培育和践行社会主义核心价值观，落实立德树人根本任务，发展素质教育，统筹规划、协同推进普通高中课程改革、高考综合改革和高中阶段教育普及攻坚，促进课程、教材、教学、考试、评价、招生等有机衔接，全面落实新课程、新教材的理念和要求，着力提高普通高中教育质量，培养德智体美劳全面发展的社会主义建设者和接班人。

为了应时代诉求、顺应国家政策、回应实践问题，聚焦"双新"背景下的区域学校课程建设而做出思考与行动，课堂教学一定要以学生为中心，满足学生需求。我们需要放在高中育人方式转变和评价方式转变的背景下，培养国家战略人才、增强国家持续竞争力为目标，认清基础，找准实施路径，结合各个方面，探究如何通过教学来实现育人的目的。

随着新课程与新教材的实施与出版，高中英语教学开始了新一轮的改革。重庆市渝中区作为国家级"双新"教育改革示范区，积极响应国家号召，遵循教育规律和学生成长规律，把科学的质量观落实到教育教学全过程。在对教育教学模式进行改革、创新的同时，加强对学生全面性、差异化发展的指导，打牢学生成长的共同基础，满足学生的不同学习需要，进一步提高学生的综合素质，着力发展核心素养，开拓创新英语教学模式。

修订后的高中英语课程目标，从"综合语言运用能力"转向"英语学科核心素养"，即语言能力、学习能力、文化意识和思维品质。《标准》强调，要依托"主题语境"与"语篇类型"，不断提高学生思维的逻辑性、批判性与创新性。因此，"双新"背景下，英语教师应不断探索提升学生思维品质的有效途径。"双新"背景下普通高中的课堂教学改革，其实就是通过教学变革和课程变革，走向思维变革。在这一过程中，以学生为中心的教师导学和资源支持显得尤为重要。这就要求学科教师进一步提升自身的教学能力，适应"双新"改革。

本研究拟利用英语报刊阅读来提升学生的思维品质。与教材相比，英文报刊的时效性强、题材新颖，与当今时代、学生的生活联系紧密。在英语报刊阅读教学中，教师可以引导学生从不同的视角进行分析和判断，培养他们的思维品质，促进他们的个性发展和能力提升。在"双新"背景下，本研究将根据课标要求的"主题语境"和"语篇类型"，从报刊的选材、教学设计，到课堂的实施和效果的测评，形成一套可操作的教学理论，以提升学生思维品质的英语报刊阅读教学课例资源，丰富教师专业发展，进而为"双新"示范区丰富实验样本。

第一节　思维品质培养的理论与实践

一、思维品质的内涵

"全世界在争论着这样一个问题：学校应该教什么？在我们看来，最重要的应当是两个科目——学会怎样阅读和怎样思考。"这是美国领导与教育国际中心主任威拉特·达吉特曾说过的一句话。中国教育泰斗顾明远认为，"教育的根本任务就是让学生的思维得到发展"。在《普通高中英语课程标准（2017年版）》（以下简称《标准》）中明确提出要着力发展学生的核心素养。英语学科的课程性质强调对学生语言能力、文化意识、思维品质和学习能力的综合培养，具有工具性和人文性融合统一的特点。《国家中长期教育改革和发展规划纲要（2010—2020年）》明确指出：教育的长期发展需要促进学生全面发展，注重学思结合，营造独立思考、自由探索、勇于创新的良好环境。这表明，培养思维能力已经成为我国教育发展立国立人的战略性任务之一。

（一）思维品质与英语学科核心素养

核心素养是学生适应信息时代和知识社会的需要，解决复杂问题和适应不可预测情境的能力和道德素养。它包括三个层次：最底层的"双基指向"，以基础知识和基本技能为核心；中间层的"问题解决指向"，以解决问题过程中所获得的基本方法为核心；最上层的"科学（广义）思维指向"，指在系统的学习中通过体验、认识及内化等过程中逐步形成的相对稳定的思考问题、解决问题的思维方法和价值观，实质上是初步得到认识世界和改造世界的世界观和方法论。核心素养包含了认知和实践技能的应用，创新能力及态度、动机和价值观，而反思性，即反思性思考和行动是核心素养的核心。

思维是智力的核心，是人脑对现实的概括性反映。思维品质是思维活动的外部表现，是衡量思维质量的评价体系之一。思维品质往往被误解为是数理学科的核心素养，因为数理学科特别讲究逻辑思维，呈现抽象化、数字化、符号化等特点。但近年来，国内学者越来越意识到思维品质对于英语学科的重要性。在语言教学的过程中有意识地进行思维能力的培养，能够充分发展学生的智力，因为"思维是智力的核心"。基于国民关键能力的英语课程包括三大块内容：语言、文化和思维。英语学习的目标就是要发展学生的语言能力、文化能力和思维能力。可见，发展思维品质是英语学习的目标之一。此外，英语学习的过程离不开思维训练。无论是低阶思维，如识记、理解，还是高阶思维，如分析、评价，都是英语学习的手段。

早在20世纪50年代初，苏联心理学家们研究出，思维服从于一般的规律，但不同人的思维特点又各不相同。所以就必须把思维的个别品质区分出来，这些品质有广度和深度，独立性和灵活性，顺序性和敏捷性等区别。苏联心理学家波果斯洛夫斯基等人在20世纪80年代主编的《普通心理学》一书中，对思维进行了定义，归纳了思维的重要特征和分类。在中国研究思维品质较早的是北京师范大学朱智贤教授，他在其《关于思维心理研究的几个基本问题》（1984）一文中，深入阐述了思维品质的特点及影响思维品质发展的各种因素。朱智贤教授认为，思维品质是人的思维能力差异的表现。北京师范大学林崇德教授认为，思维品质的成分及表现形式很多，主要包括敏捷性、灵活性、创造性、批判性和深刻性五个方面。在《标准》的学科核心素养中对思维品质是这样描述的：思维品质指思维在逻辑性、批判性、创新性等方面所表现的能力和水平。思维品质体现了英语学科核心素养的心智特征。

（二）逻辑性思维品质

逻辑性思维品质体现出思维的深刻性，涉及思维活动的广度、深度和难度，具体包括分析推断、观察比较、归纳构建和抽象概括4个方面。

1. 分析推断

分析是把研究对象的整体分解为部分，把复杂事物分解为简单要素，把过程分解为片段，把动态作为静态来研究的一种思维方式。阅读理解中的分析主要是指语篇分析。推断是根据事实或前提进行推理判断事实的因果关系的心智活动（王文斌等，2017）。《标准》对分析与推断的三级要求是："根据不同的环境条件，综合分析各种信息之间的内在关联和存在的各种矛盾，梳理产生这些矛盾的原因，从中推断出它们之间形成的各种逻辑关系。"在语言教学中，分析推断彼此交错，联合应用于解决问题过程，例如，划分出语篇结构要素并将各要素串起来形成一个整体。[以2021年全国甲卷英语高考阅读B篇为例，这是一篇说明文，文章主要介绍了在Port Lympne保护区部分黑犀牛的现状，题目4是"Which of the flowing best describes the breeding programme?"通过文章第一段"she became the 40th black rhino to be born at the reserve"（她成为该保区的第40头黑犀牛）及文章倒数第二段"His mother, grandmother and great grandmother were all born at the reserve and still live there."（他的母亲、祖母和曾祖母都出生在保护区，并且至今仍住在那里）可知，保护区的繁育计划使很多黑犀牛成功存活，进而推知这计划是成功的。]

2. 观察比较

观察是获取信息的一种知觉活动，是一种有目的、有计划、比较持久的行为。比较是确定研究对象之间存在差异性和同一性的思维方式，它应满足同一性、多边性和可比性三个条件，操作上通常有描述、解释、并列和比较四个步骤。观察和比较相互联系，依据属性、时空、目的、方法等标准认识研究对象的性质和内容。阅读中的观察能力主要是指获取语言信息和文化现象的能力。阅读中的比较能力是将至少两个语言信息和文化现象进行类比或对比、对照的思维能力。《标准》对观察与比较的三级要求是："正确观察语言和文化的各种现象，通过比较，从错综复杂的信息中识别关键问题把握全局。"[以2021年全国甲卷英语高考阅读A篇为例，这是一篇应用文，文章主要介绍了摄影比赛Take a view及获奖的相关情况。题目2是"What do the works by Shepherd and Smith have in common?"根据Mike Shepherd部分"It was an extremely cold winter's evening and freezing fog hung in the air."（那是一个极其寒冷的冬天的晚上，空气中弥漫着冰冷的雾）和Timothy Smith部分"I was back in my home town of Macclesfield to take some winter images."（我回到我的家乡Macclesfield拍摄一些冬季的照片）可知，Shepherd和Smith的作品的共同之处是它们都是冬天的景象。]

3. 归纳构建

归纳是从个别或特殊的经验事实出发推出一般性原理或原则，它是从许多个别的事物中概括出一般概念、原则或结论的思维方法。概念建构是人类在认识过程中从感性认识上升到理性认识,把所感知的事物的共同本质特点抽象出来加以概括,形成概念式思维惯性的活动(王文斌等,2017)。《标准》对归纳与建构的三级要求是:"根据所获得的综合信息,归纳、概括内在形成的规律,建构新的概念,并在实践中用于处理解决新的问题,从多视角认识世界。"归纳和构建相互依存,循环往复,使思维内容不断丰富和完善。

4. 抽象概括

抽象既是思维的成果,也是思维的方法。作为思维成果,它指抽取各种研究对象与现象之间的本质属性或规律;作为思维方法,它指抽取事物的各种本质属性,形成关于事物的概念。概括是把从各种事物中抽象出来的共同特征联合起来的过程,也是把具体概念一般化,并推广到同一类事物上去的过程。抽象是概括的反映,概括是抽象的结果;抽象和概括是去粗取精、去伪存真、由此及彼、由表及里的思维过程,也是在逻辑思维中认识事物本质的思维方式。

(三)批判性思维品质

批判性是思维活动中的独立发现和批判。是循规蹈矩、人云亦云,还是独立思考、善于发问,这是思维过程中一个很重要的品质。思维的批判性品质,来自于对思维活动各个环节、各个方面进行调整、校正的自我意识。它具有分析性、策略性、全面性、独立性和正确性五个特点。正是有了批判性,人类才能够对思维本身加以自我认识,即人类不仅能够认识客体,而且也能够认识主体,并且在改造客观世界的过程中改造主观世界。《标准》对批判与创新的三级要求是:"针对各种观点和思想的假设前提,提出合理的质疑,通过辨析、判断其价值,做出正确的评价,以此形成自己独立的思想。"这里的批判就是指批判性思维。在阅读理解中,考生运用语言知识、文化知识等各种知识作为评判的标准。对所阅读到的假设前提提出合理的质疑和正确的评判,就是批判性思维活动。[以2021年全国甲卷英语高考阅读D篇为例,这是一篇议论文,文章由问题"谁是天才?"引入,论述了世人对天才的狭隘定义,提出"事实上天才有很多种形式,不要让思维限制了我们的天才"的观点。第12题是"What does the author think of victors standards for joining the genius club?"根据第三段的"It's said that history is written by the victors, and those victors set the standards for admission to the genius club. When contributions were made by geniuses outside the club—women, or people of different color or belief—they were unacknowledged and rejected by others.（据说历史是由胜利者书写的，而那些胜利者为进入天才俱乐部设定了标准，当俱乐部以外的天才——女性或不同肤色或信仰的人作出贡献时，他们不会被承认且被其他人拒绝）可推知，作者认为那些"胜利者"设置的进入天才俱乐部的标准是不公平的，因为女性或不同肤色或信仰的人做出的成就得不到承认。]

1. 判断推理

判断是指肯定或否定研究对象及其属性的思考，它借助肯定或否定的形式反映研究对象及其属性之间的一些个别关系。有意识地对事物或命题做出正确的判断或进行有理据的思辨，必须遵守同一律、矛盾律和排中律等逻辑规律。推理是指由一个或几个已知的前提，推导出一个未知的结论。形式逻辑的推理又分演绎推理和归纳推理：前者从一般规律出发，运用逻辑证明，得出特殊事实的规律；后者从许多个别的事物出发，概括出一般性概念、原则或结论。

2. 质疑解疑

质疑是指发现问题和提出问题，是学习主体思维活跃，善于思考的表现。提出一个问题往往比解决一个问题更重要，因此古人云："学而不思则罔""学贵有疑，小疑则小进，大疑则大进"。解疑是在发现问题或问题生成后展开的思考、辨疑和释疑等一系列活动，巧解疑问是创新思维的升华，表现为善于分析问题、提出假设、寻找证据和解答问题。"学起于思，思源于疑"，质疑和解疑具有主动性、反思性和探究性等特点。

3. 求同辨异

求同辨异是指求同思维和求异思维。求同思维又称聚合思维，是为解决某一问题朝着某一方向思考，根据已有的经验和知识，得出的最佳结论或解决办法。它具有条理化、简明化、规律化等特点。求异思维又称发散思维，指尝试运用多种方法解决问题，多角度地思考问题，它具有创新性和挑战性等特点。求同辨异相互影响、相互渗透、相互作用。

4. 评价预测

评价是为了某种目的，根据生活常识、思维定式或一定的标准，对观念、作品、答案、方法和资料价值等作出逻辑评判，它具有主观性、经验性、情景性等特点。预测是根据已有的价值标准，对新的或未知的信息作出逻辑的、理性的洞察、判断和推测，它具有判断性、可能性、开放性等特点。评价预测在语言教学中用途很广，如在英语阅读中读者根据已有经验对文本作出价值判断、进行独立评论，或根据已知信息的知觉图式，对所读内容作出心理预测。

（四）创新性思维品质

创新性思维品质即创新思维，是指以现有的思维模式，利用现有的知识和物质，在特定的环境中，提出有别于常规的或常人思路的见解和方法（王文斌等，2016）。在实践中，除善于发现问题、思考问题外，更重要的是要创造性地解决问题。人类和科学的发展，要有所发明，有所发现，有所创新，都离不开创新性思维品质。创新性源于主体对知识经验或思维材料高度概括后集中而系统的迁移，进行新颖的组合分析，找出新异的层次和交结点。概括性越高，知识系统性越强，伸缩性越大，迁移性越灵活，注意力越集中，则创新性就越突出。[以2021年全国甲卷英语高考阅读C篇为例，这是一篇记叙文，讲述了作者自己的经历——起初搬到伦敦很不适应，但是由于来到了玩滑板的地方，结识了玩滑板的朋友，因此很好地适应了。作者回到伦敦之后，经常去之前玩滑板的地方寻找自己的记忆，在与一个玩滑板的孩子打招呼的时候，终于找到了自己久违的熟悉感。第9题是"What do the underlined words 'Safe! Safe! Safe!' probably mean?"根据画线词后文"And that's what mattered-landing tricks, being a good skater."（那才是真正重要的——滑板的落地技巧掌握了才是一名好的滑板玩家）可知，作者掌握了滑板的落地技巧，因此他的朋友大声欢呼。从而推出本句中的Safe是赞美的含义。]

1. 纵横思维

纵横思维即纵向思维和横向思维。纵向思维是指在某一问题结构范围内，按由低到高、由浅到深、由始到终的顺序，遵循可预测、程式化方向进行思维，其跳跃性、递进性、可预见性等特点有助于深入探究、把握事物发展的动态。横向思维是指突破问题的结构范围，扩大思维广度，从其他领域的事物和事实中得到启示，并产生新设想的思维方式，其不可预见性、宽广性、交融性等特点有利于拓宽思路、多元思考。纵横思维策略配合互补，能使思维兼具深度及广度。

2. 联想想象

联想是指由一事物触发而想到另一事物的思维活动，它基于相似性原理，整合那些已被分离和改变的元素，使之成为一个复杂的表象系统，创造出新的事物形象。想象是形象思维的高级形式，它以表象为基础，通过联系，在原有情感形象基础上重新加工而形成新的形象。想象的基本特征是不按常规思考，它会让人探索那些无法感知、接触，甚至是根本不存在的领域，并发现、认识、创造新事物。联想有类似联想、接近联想、对比联想、因果联想之分，想象有无意想象和有意想象之分。

3. 隐喻通感

隐喻通感即隐喻思维和通感思维。隐喻不仅是一种语言现象，更是一种思维模式。隐喻思维是用一种事物来认识、理解、思考和表达另一种事物的认知能力，它根植于语言、文化和概念体系中，具有形象性、联想性和想象力等创造性特征。英语隐喻贯穿于物质和人们的思维、行为、言语、感官等过程中，借助于这几种过程，把人们所不熟悉的、或比较抽象的事物当作人们所熟悉的、比较具体的事物来体验。通感思维是一种高级的感受事物的能力，是由一种感觉引发，并超越这种感觉的局限，领会到另一种感觉的心理现象，因此它具有感知性、交互性、超感性等特点。通感能力分通感理解和通感表达，前者是获取立体化的语言感受和多感性的审美意象，后者是运用触觉、味觉、嗅觉、痛觉、视觉等联觉功能，感知事物间相似的物理属性和心理属性。

4. 模仿创新

模仿是指依据已有的思维模式模仿认识未知事物，是个体自觉或不自觉地仿照他人行为、使个体行为与他人相同的过程，它具有自愿性、相似性、意识性等特点。英语学习是一个将他人语言变为自己语言的过程，是以他人使用语言的方式表达自己思想的过程，这个学习过程必定离不开模仿。创新即创造性生成语言思维产品的过程，它具有建构性、开放性和发展性等特点。创新分深层理解和创意表达：前者是学习者对输入信息产生类比或理解文本结构和语义脉络；后者是学习者新旧知识的相互作用、产生有意义的新发现，运用拓展、转换、改进等方法表达个人化思想。

思维品质既不同于一般的语言能力，又不是简单的理解能力和表达能力，而是能判断会选择、能理解会反思、能包容会合作、能自律会自主的总和。高中英语教学可以通过激发思维的语言活动，帮助学生在学习英语的过程中学会辨析语言和文化现象；学会分类、概括与提炼所阅读的信息，并通过自主思考、同化与迁移，构建自己的概念与观点，甚至建立正确的文化认同和价值观；学会分析、推断事物之间的逻辑关系；学会评判与接纳不同观点，理性表达自己的观点，从而形成独立的思想与人格，真正实现其价值。

二、高中英语课堂思维品质培养的现状和途径探究

作为人的思维个性特征，思维品质表现了一个人在逻辑的批判性和创新性等方面的特点。在英语阅读教学中培养学生的思维品质，主要是通过学习英语课程，增强学生的创新意识和阅读思维逻辑，以真正发展学生的英语多元思维。英语阅读是英语学习的重要途径，能使学生获得知识输入，进行语言输出。阅读教学的合理有效，能使学生获得更多的英语知识，对于培养学生良好的思维品质，意义非常重大。重视培养和发展学生的思维素质，既有利于贯彻实施英语学科核心素养，也有利于适应英语教学改革的潮流。

在英语学科的核心素养中，思维品质是指学生在逻辑性、批判性、创新性等方面的思维素质。思维逻辑主要是对事物的基本性质和法则的理解，思维批判集中在质疑、评价、反思等方面，思维创新强调不拘泥于传统，勇于创新，善于变革。英语课程的阅读教学，其核心内容就是要引导学生对不同的语言、文化现象进行深刻的观察，并对其异同、归纳、评价、反思等方面进行分析，以培养其思维的逻辑性、批判性和创新性，从而达到提高思维质量的目的。

（一）高中英语课堂思维品质培养的现状

1. 重讲授轻学生学习

目前，在英语教学设计的基础上，从词汇、语法到习题，大部分都是教师在引导，大部分学生都是按照教师的思路去做，只是被动地获取知识，而不能主动去学习、探索和应用知识。随着时间的推移，学生的学习动力和兴趣都会下降，他们的思想素质也没有得到很好的锻炼。

在英语阅读课程中，教师一般运用以下方法：首先，教师出示题目，让

学生猜想作文的风格和题目；然后，教师按照题目和题目的要求，从人物的语言、动作、表情等方面，对人物的性格、情感和关系进行深入的分析。尽管这种教学设计可以让学生在学习的过程中始终保持思维的顺畅，从低到高，但其根本原因在于教师始终以自己的理解引导学生的思考，而没有引导学生主动发现问题。在学生完成阅读后，教师可以组织学生对课文进行讨论，而不用急着提出自己的想法。同时，教师还可以在讲解完课文后，给出类似的主题对学生进行训练，并给予反馈。

在教学和学习的全过程中，学习应该是核心，学习动机、兴趣、方法、环境和教师的指导都会对学习材料进行思考、探索、内化。在学习过程中，学生要正确地调整学习策略，合理地安排学习任务，合理地建构知识结构，培养良好的学习习惯，掌握适合自己的学习方式。

2. 重教学轻过程评价

很多关于培养学生思维品质的理论研究只集中在教学上，以阅读、写作课为基础，对英语课程进行改进，而忽略了教学后的流程评估，因而不能对课程的正确性进行验证。但是，如果没有经过评估，就不能真正地了解自己的教学设计对学生思维品质的影响，从而导致现实和期望的不相适应。在已有的理论研究中有以下两个例子："通过阅读本文，让同学们认识到了金钱在现实生活中的角色，以及主角对待金钱的态度，从而树立起正确的价值观念。""从上述阅读课程的设计可以看到，在阅读教学中，我们应该充分利用阅读的时间，积极地参与到各种教学活动中，从而促进学生的思考。"在以上的例子中，教师们相信，在完成了大量的教学活动后，学生的思考能力就会得到发展，从而对自己的人生、对社会的现实进行反思，形成正确的价值观。事实上，一切的教学设计都是预期的，预先设定的效果未必会出现。没有评估的教学设计，更多的是以文字讨论为主，仅仅是一种辩证。教师要从学生的学习成绩及对课程评估的结果中，对教学设计中的问题进行分析，保留合理的内容，剔除不能使用的内容，修正有问题的地方，使教学设计不只停留在理论层面上，而是走向理论和实践的统一。

另外，现在的学生思考能力的培养，还没有一种独立的、有效的考核方法。在课程评估方面，教师可以设计出与课程类型相关联的评估量表，在教学过程中和学期末对学生的学习效果进行评估，以便改进教学设计，有效地培养学生的思维品质。

3. 重思辨轻实证

目前，许多理论研究都是从分析问题、提出方法、得出结论等方面进行论证，缺乏实证分析和有力的数据支持。思辨是指教师仅仅依靠理论来判断学生的学习效果，而把教学看作是一种线性的过程。而在实证教学研究中，则是教师在经过长时间的实验后，通过对所获得的资料进行分析，从而得出结论。

大数据时代，各种数据都可以被收集和整理，各种数据和分析工具也在不断出现，为人们的研究提供了方便。但是，在对学生思维品质进行实证分析时，大数据并未被广泛应用。实际上，教师可以运用多种不同的方式来进行实验，并运用大量的数据来验证他们的教学设计。从实证角度来看，教师可以根据一定的理论和方法，对学生的思维品质进行定期的对比和分析，从一个学期到一个学年，可以用以下三种方式进行。

（1）论文分析：教师在考试作文、课后作文、日志中发现与学生思考能力有关的元素，如批判性的、创新性的论证，并将其与培养前的数据进行比较和分析。

（2）访谈法：在访谈中，就学习习惯、经历、感悟、计划等问题对学生进行提问，并将学生的回答与培养实验前的答案进行比较和分析。

（3）考卷分析：首先由教师选出能够反映学生思考能力的试题，然后对分数进行统计，并与培养实验前的数据进行比较和分析。

实验研究是检验教学设计能否有效地促进学生思维品质的重要因素。如果没有实证分析，在实际操作中就会缺乏能够证明学生思维品质提高的证据。有深度、有针对性的实证分析，可以使教师对自己的教学设计和实际情况作出正确的判断，使有效的教学设计更具普适性。

教学是师生双方的互动关系，是一个复杂、灵活、多变的动态过程。因此，教师要充分发挥大数据的优势，认真分析教学过程，并在实践中不断改进自己的教学方法，从而使学生的思维品质得到更好的发展。

（二）高中英语课堂思维品质培养的途径

1. 丰富课堂教学，培养思维品质

英语教学以课堂为主体，因此，培养学生的多种思维品质必须以课堂为

基础。教材的教学效果是有限的，教师的知识水平也是有限的，而信息技术恰好可以弥补这两方面的不足。首先，利用信息技术，教师可以将网上的图片、音频、视频等多种资源进行整合，从而使知识更生动、更鲜活。同时，它还能为学生提供多种外在的感官刺激，激发英语思维，让学生主动学习、理解、思考。其次，利用信息技术，可以使教师更全面、更深入地发掘教材的内涵，指导学生开展多种自主、协作的探究式学习。在此期间，学生能够进行深度的思考，并发展自己的思维。最后，教师还可以为学生提供网上资源平台，拓宽教材来源，弥补教学不足，使学生能够从课堂教学中，找到自己感兴趣的内容，积极主动地学习，拓宽自己的知识面和思路。

［例如，在教授人教版《普通高中课程标准实验教科书英语》（简称NSEFC）Book 5 Unit 3 的课程时，因为克隆这个概念比较抽象，所以大部分学生都不太懂，但他们对克隆羊多利却是再熟悉不过了。在读完这篇文章之后，学生对复制技术有了一定的认识，但是却没有深入的了解。在实际教学中，首先可以通过播放BBC短片《克隆人的诞生》，让学生对克隆技术进行探讨，深入地思考克隆技术对人类伦理道德的影响，然后转到"the perfect copy"这一主题上，让学生思考"Is it a perfect copy?"这个问题，从而培养学生的思考能力。在课后，教师给出一个网址，让学生自行查找有关克隆的相关知识，并对"What's your personal opinion towards cloning and why"这一主题进行深入和扩展，书写大约100词的作文。由此可见，信息技术不仅使教学内容更加丰富，同时也能提高学生的多种思维品质。］

2. 优化教学方式，发展思维品质

（1）注重启发式、互动式和探究式教学。英语课堂教学在信息化的支持下，能较好地打破传统的教学方式。在学生陷入困惑、思想陷入困境的情况下，教师通过信息技术，将多种资源与信息进行有效的整合，给学生以启发，让学生积极思考。在解决教学中的难点问题时，教师还可以运用信息技术对学生进行丰富的知觉激发，让他们在声、形、境的共同作用下，积极主动地思考、探索。同时，信息技术不会受到人数、时间、距离等因素的限制，更能充分发挥学生的主体性。

例如，在NSEFC Book 4 Unit 1课程的教学中，教师可以通过信息技术把课堂教学与学生的生活实践紧密结合，最大限度地激发学生的探究热情，引导学生进入积极主动的学习状态,探索并发展学生各种思维品质。在导课部分,教师运用投影仪演示学生熟知的广告图片和经典广告语,引导学生分享广告中最有印象的内容及理由。学生通过观看投影,可以从视觉、听觉两方面体会广告的魅力,并通过对广告的评价,激发学生对广告类型、制作原则,及其与生活的联系进行反思。在课后,教师要求学生为学校的读书节做广告,并指导学生自行设计。在教师的指导和启发下,学生们很快就成为一个广告设计者。完成设计后,教师可以随意选取部分同学的设计作品,并邀请学生评价,由学生自行修正;学生也可以相互评论,相互帮忙修正,直至自己满意。利用信息技术,让学生主动地进行互动探究,不但能加深其对知识的了解,而且能培养不同的思维品质。

此外,还可以鼓励学生在课堂上自由联想和讨论,从而产生新观念或激发创新设想。这种教学方式可以发散学生思维,提升学生的思维广度。首先针对某一个问题进行分组作答,并分组记录,然后小组成员提出见解,最后全班各组分享,给出评价。或是教师记录,全班学生提出见解,最后评价。以外研版高中英语必修4 Module 1的阅读 The City of the Future 为例,在导课部分,教师可以提出问题: What do you think your city will be like in the future?这时可以让学生分组进行头脑风暴,每组安排一位学生记录大家的观点,然后全班进行分享。这种方式充分调动了学生的学习兴趣,能更好地导入文章的学习。

(2)重视情境教学,创设教学情境。在英语教学中,培养学生的学习兴趣、获取知识、提升技能和发展思维,都离不开特定的教学环境。信息技术可以为教师创造更方便、更有效的环境,可以为学生提供生动、形象的情境,把语言的学习与现实生活紧密地结合在一起,从而有效地促进学生思考,主动学习。同时,在所创造的语言环境中进行语言的学习和运用,可以让学生学会运用英语思维来解决英语问题。

例如,在教授 NSEFC Book 4 Unit 2的课程时,教师可以通过播放有关奥林匹克运动会(简称"奥运会")的视频,让学生置身于真实的比赛环境中,激发学生的兴趣。在情境中,学生能够观看各届奥运会的影像,了解奥运会的起源、发展和意义,从而提升学生的思维。根据情境,教师还可以问: Do you know some details about the Olympic Games?通过对问题的分析,可以激发学生积极地独立思考,表达自己的观点,通过经验和感受来理解和运用语言知识。运用信息技术为学生创造良好的教学情境，能有效地调动学生对新知识的探索和学习的热情，有利于培养学生的思维品质。

3. 促进深度学习，提升思维品质

教师在教学中应该多开展课堂辩论，根据实际情况让学生发表自己的见解，而不是盲目地跟随其他人的观点。通过这样的活动，可以促使学生不断思考，培养学生的批判性思维，缜密分析问题的思维。以外研版高中英语必修 4 Moduel 5 的阅读 *The Dam of the Three Gorges* 为例，可以在课文结束时进行辩论，辩论主题为：Considering the advantages and disadvantages of building the three Gorges, do you think it is a good thing to build it? 根据学生的意愿分为正方和反方，让学生在辩论中交流想法，培养其多元思维能力，以及敏捷的反应能力。此外，在讲授此课文时，还可以采用思维导图的方法，训练学生的逻辑性思维。

英语教学不能单纯靠重复、背诵，而要重视学生的学习能力，加强深度学习，从而提高学生的学习质量。在英语教学中，教师可以灵活运用各种网络资源，如图片、音乐、视频等，对学习内容进行深层处理，使学生增强认知与体验，引导学生高效学习，让学生跳出传统学习方法的束缚，实现思维的提升和情感的升华。学科核心素养是学生应具备的能力，是教育发展的新趋势，也是必然趋势，同时还是教师今后教学应该关注的重心。在英语阅读教学中，教师必须结合学生学情，准确把握教学内容，通过有效的教学策略，培育学生的核心素养，有效提升高中生英语阅读的思维品质。

英语教学与学生的思维品质发展息息相关。在英语教学中，教师要有针对性地、有计划地、有重点地对学生进行思维品质的培养和开发，并将其运用到课堂教学中，与具体的教学内容相结合，从而使学生的思维品质得到全面的提高。

本节通过对许多与思维品质培养有关的理论研究进行了分析，指出了目前关于高中英语课堂思维品质培养的一些不足之处，并对一些教学设计进行了改进，对未来的研究有一定的借鉴意义。

第二节　高中英语报刊阅读教学的缘起与发展

一、高中英语报刊阅读教学的现状与成因

"双新"背景下，英语教学的发展对高中英语教师的教学能力和学生的英语学习能力提出了新要求。英语报刊阅读作为对英语教学的补充，是培养高中学生阅读能力的有效途径，既能使学生拓宽视野，了解世界和文化，增强自信，也能提供地道、实用的英语词汇和表达，促进学生语言能力、思维品质、文化素养的提升。

《标准》定义了高中英语的学科核心素养：语言能力、文化意识、思维品质和学习能力。为实现英语学科核心素养的培养目标，需构建多元的英语课程结构，满足高中学生的多元发展需求。在构建分层分类、多样动态的课程结构时，英语报刊阅读不仅符合《标准》提出的主题语境、语篇类型、语言知识、文化知识、语言技能和学习策略六要素构成的课程内容标准，也指向学科核心素养发展的英语学习活动观。

报刊教学始于1955年，主要用于提高学生的英语阅读、写作及时事掌握能力。弗莱德里卡·L. 斯托勒（Fredricka·L. Stroller）和于泉（1994）在《最大限度地利用新闻杂志文章培养学生的阅读技能》一文中明确指出，新闻杂志适于用作培养学生阅读技能的教材，"教师有责任最大限度地利用这些教材"。美国明尼苏达州立大学教授特里·弗雷德里克森（Terry Frederickson）与美国合众国际社高级记者波尔·维德尔（Paul Weddl）在他们合著的 *English Newspaper*（1984）一书中列举了报刊作为教材的七大优点：语言新颖，内容有趣，词语丰富，简单易懂，背景熟悉，容易获得，长期实用。与教材相比，英语报刊的时效性强、题材新颖，与当今时代和学生的生活联系紧密。在英语报刊阅读教学中，教师可以引导学生从不同的视角分析和判断，培养他们的思维品质，促进他们的个性发展和能力提升。

（一）高中英语报刊阅读教学的研究现状

以中文核心期刊目录（2010年版）中的英语核心期刊为范围，在知网搜索关键词"报刊阅读教学"，发现相关文章共有1 297篇，其中核心期刊收录文

章42篇，而关于高中英语报刊阅读的文章只有380篇，核心期刊收录文章5篇。这说明高中英语报刊阅读教学的相关研究比较少，在高中英语教学中报刊利用率较低。根据陈潇潇（2006）对于英语报刊教学的研究分析显示，国内英语学界对于英语报刊教学的研究偏重于新闻语言本体研究，英语报刊教学研究投入不足。现有的英语报刊教学研究多是从教学者的视角出发，对教学方法和教材进行探索，对学生阅读需求、阅读兴趣培养的研究较少。

《标准》颁布之后，使用英语报刊辅助教学开始受到英语教师的重视。广大学者及一线教师积极探索实践，证明了英语报刊阅读教学对英语教学改革起着积极的作用。他们的研究聚焦于高中英语教学，全方位提出利用英语报刊对高中学生进行词汇、语法等知识的教学和听、说、读、写技能的训练，尤其是思维品质和阅读技巧的培养。

端木义万等（1999）通过一段摘自《时代》周刊中名为《俭朴生活重返美国》（*The Simple Life Comes Back*）的英文材料，深刻反思了英语报刊阅读中所存在的文化干扰现象。

戴军熔（2007）从报刊阅读材料的选择、报刊阅读策略的指导和报刊阅读活动的模式等方面论述了开展高中英语报刊阅读教学的方法。他认为在英语报刊阅读教学中，教师应尽量创设条件，营造氛围，把泛读与精读相结合、欣赏与分析相结合、阅读技能训练与阅读策略指导相结合、语言知识训练与语言技能训练相结合，根据报刊材料的特点和学生的实际水平开展英语报刊阅读教学，提升学生的阅读能力。

曾亚军、李泽娟（2012）以元认知策略培养为切入点，探讨如何将元认知策略培养融入到英语报刊阅读教学中，以帮助学生提高阅读英语报刊的自信心，增强其阅读兴趣，鼓励学生对英语报刊阅读进行计划、监控和评价，提高英语报刊阅读水平。

（二）高中英语报刊阅读教学现状

笔者通过对重庆市高中英语教师、高中学生及教研员、渝中名师进行现状调查，以问卷调查为主，访谈为辅，力图了解重庆市高中英语教师英语报刊阅读教学的情况和高中学生英语报刊的使用情况。本次问卷调查主要在重庆市渝中区进行。重庆市渝中区是全国首批普通高中"双新"级示范区，也是全市唯一一个示范区。通过高站位、布全局的顶层设计，渝中区教委制定了

《渝中区普通高中新课程新教材实施国家级示范区建设工作三年规划（2020—2023）》《渝中区"共生课堂"教学评价指导标准》等相关文件，并在2021年开展了100余场覆盖全学科的"集智备课"专场活动，持续向四川、安徽、江西、贵州等个多地区输出"双新"实施经验和成果。渝中区积极践行"双新"理念，持续开展"共生课堂"探索和实践，提升学生思维品质，促使学生实现全面而个性的发展，因此本区域的高中英语报刊阅读教学现状具有现实性和代表性。

为了使调查数据具有较好的代表性，本次问卷调查主要在重庆市渝中区七所高级中学或完全中学进行。笔者在七所学校的高一、高二、高三三个年级中分别展开学生问卷调查，调查对象涵盖了不同学校和班级的高中学生，尽量避免调查结果的片面性。教师问卷的调查对象则是七所学校的全体高中英语教师。

调查问卷参考相关研究成果所提供的信息设计了部分题目，还依据对英语报刊使用现状的了解设计了部分问题。学生问卷和教师问卷的题型有选择题和问答题两种，共16题，其中1个填空题、5个单选题、10个多选题。根据目的性、逻辑性、可靠性等原则，笔者在问卷题目的设计上避免了诱导性、倾向性提问。在问题的排序上，将受访者所在的学校、年级，是否接触英语报刊等基础问题放在前面；接下来对受访者接触英语报刊的渠道、类型及文体类型进行调查；再对受访者阅读英语报刊的习惯、偏好、技巧及困难进行提问；最后了解学生对英语报刊阅读的诉求。在答案的设计上，坚持答案穷尽、答案互斥，在无法确定受访者的想法时增加其他选项。在答案的排序上，并没有将被调查者容易接受的选项放在靠前位置，在一定程度上避免了调查误差。

笔者对问卷进行了初步的筛选，排除无效问卷后对存在的问题进行分析，最后撰写报告。本次问卷调查在线上进行，教师问卷实际浏览量188次，有效问卷提交量188份；学生问卷实际浏览量546次，有效问卷提交量546份。

1. 教师英语报刊阅读教学现状

问卷调查显示，受访者中绝大多数教师了解新课标对学生课外阅读资源的扩展要求，并在英语教学中补充了课外阅读材料。在补充资源的选择上，除了英文名著、其他版本教材、英语辅导书、线上教学资源等课外阅读资源，有88.3%的教师选择了英语报刊，如图1-1所示。

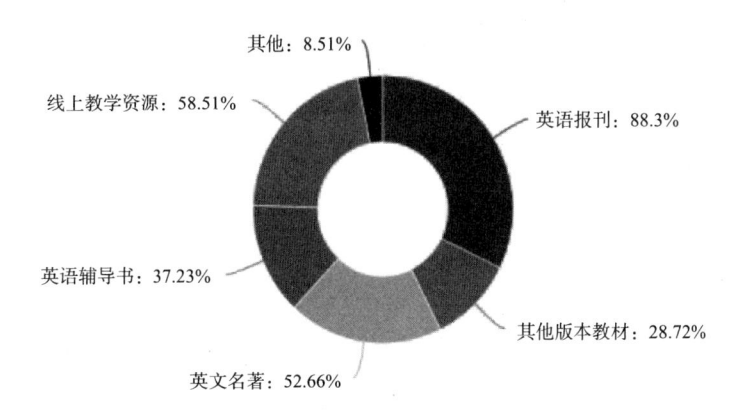

其他：8.51%
线上教学资源：58.51%
英语报刊：88.3%
英语辅导书：37.23%
其他版本教材：28.72%
英文名著：52.66%

图1-1　补充资源的选择[①]

教师进行英语报刊阅读教学的目的主要有：增加学生的阅读量、积累词汇、分析长难句、获取新的知识和信息、让学生接触地道的英语表达、培养学生的思维品质、应付考试等。教师使用英语报刊教学的目的是培养语言、文化意识、思维品质等学科核心素养。在英语报刊阅读教学时，教师会关注所使用的英语报刊语篇中的词汇、句型、主题、题材、语言特点、文化背景等。

在英语报刊选材方面较多元化，除国内接触较多的 *China Daily*，*The World of English* 外还会选择 *Times*，*The Economist*，*New Scientist*，*National Geographic*，*The Guardian*，*Reader's Digest* 等较知名的外刊，选取的材料类型有科普、史地常识、休闲生活、文学小说、人物传记、新闻报道、政治经济、青春校园等。

在英语报刊阅读教学中，教师倾向于关注语篇的主题、词汇、体裁、语言特点，同时也关注句型、语法及其他。绝大部分教师都认为有必要或非常有必要在学生阅读英语报刊时给予指导。在指导学生阅读时，部分教师无具体要求，让学生自行阅读。大部分教师会要求学生在阅读英语报刊时翻译长难句、查阅生词、获取信息和写读后感。英语报刊阅读课程的时间在高中英语教学时间中占比较少，教师平均每周会花10—40分钟的时间对学生进行阅读指导，但基本都未达到一个课时（图1-2）。

[①] 调查问卷为多选题的，统计比例按调查结果统计，比例会超过100%。单项选择问卷的由于四舍五入和取约数问题，比例可能出现趋近100%或略超100%的情况。特此说明，全书不再单独解释。

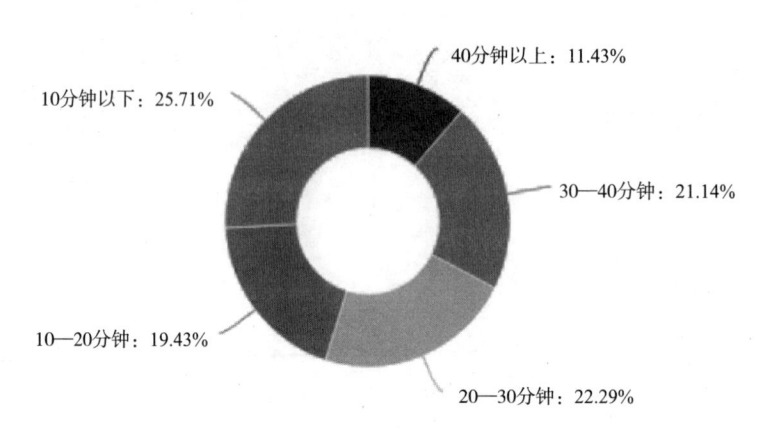

图1-2　英语报刊阅读课程的时长

2. 高中学生英语报刊阅读现状

受调查的546个高中学生中，有超过80%的学生接触过英语报刊，但只有10%的学生会高频率使用英语报刊，有超过10%的学生从不阅读英语报刊。高中学生主要通过教师的推荐分享和报刊阅读课阅读英语报刊，还有一部分来源于英语报刊网站、订阅的纸质刊物和自媒体。由此可见，教师的指导是推动学生阅读英语报刊的主要因素。

从调查结果可知（图1-3），高中学生更倾向于选择阅读休闲生活类、文学小说类、青春校园类和科普类的英语报刊，可见学生在选择阅读材料时更倾向于贴近生活的、自己所熟知的也感兴趣的内容。有趣的课外阅读材料不仅能让学生产生阅读兴趣，而且能促使其有效地获取知识和提高阅读能力（戴军熔，2007）。在英语报刊的体裁方面，应用文、议论文、记叙文、说明文对于学生均有难度，因此，学生对于得到教师英语报刊阅读指导的愿望非常强烈。

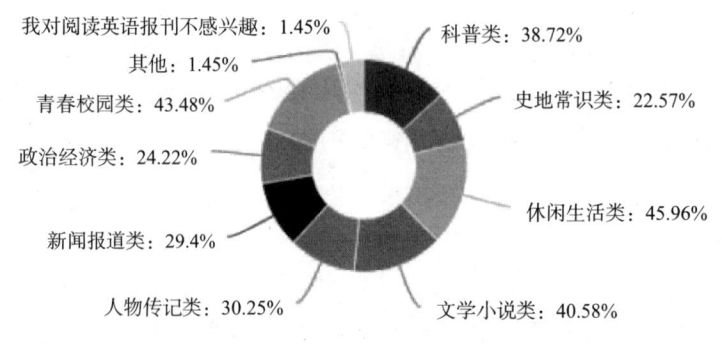

图1-3　高中学生阅读英语报刊的类别

学生在英语报刊阅读中存在的主要困难和问题是：有些文章太长、生词过多、不易看懂，没有耐心坚持看完，并且有些总结性的知识点不易掌握，需要自己理解。少数学生认为单元测试题比较简单，希望增加难一点的题目，特别是针对高考、适合高三学生的题目，还希望能多一些有关听力、口语的内容，便于他们进行专项训练，以提高听力和口语水平。

（三）高中英语报刊阅读成因

一线教师对于英语报刊阅读的了解不够，主要出于意识不到位。有的教师觉得进行英语报刊阅读没有必要，对"双新"中学科核心素养的把握不到位，仅仅只依靠教材进行教学，没有意识到教学的宽度和广度，对于英语报刊阅读教学的优势和特点认识有限。多数教师不进行英语报刊阅读教学的主要原因在于英语报刊资源缺乏、教学时间有限、学生能力有限及教学方法缺乏（图1-4）。参与调查的七所学校中，只有少量学校开设了英语报刊阅读课程，而且大多数教师进行英语报刊阅读教学的主要目的是巩固学生的知识基础，增强学生的英语综合应用能力，满足学生的兴趣爱好，使他们开阔视野，了解不同文化。这表明教师能够深入领会《标准》提出的高中英语课程目标的重点（培养学生的语言综合应用能力），十分明确进行英语报刊阅读教学的目的。此外，还有少量教师进行英语报刊阅读教学的主要目的是提高学生的考试成绩，这种想法与应试教育对英语教学的影响密不可分。

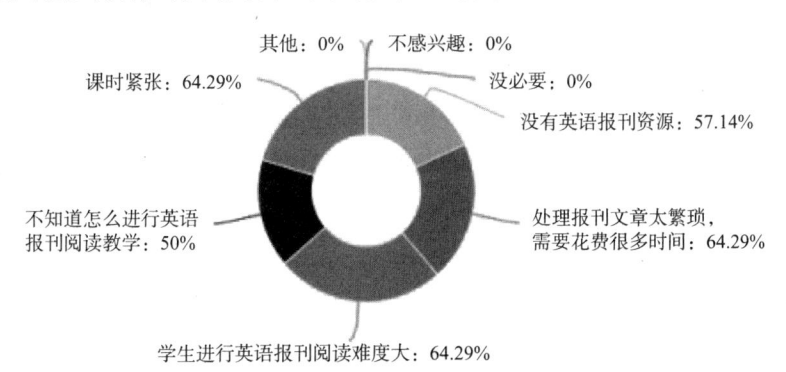

图1-4 教师不进行英语报刊教学的原因

从学生不阅读报刊的原因（图1-5）来看，学生在英语报刊阅读方面还未建立独立学习的能力，倾向于依赖教师的指导。学生不阅读英语报刊的主要因为英语报刊生词太多、句子太长、语法太难、缺乏背景知识；学生英语基础薄弱，单词量不够，阅读报刊阅读起来比较困难，在报刊选材、难度把握、内容题材熟悉度、文化差异等方面缺乏教师的宏观把控和指导；学生获取英语报刊资源有限；报刊资源缺乏筛选，内容不能引起学生的阅读兴趣，难度不能激发学生的阅读意愿。

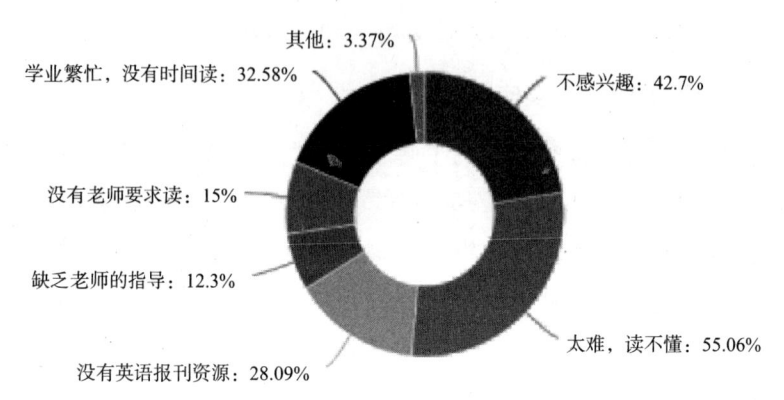

其他：3.37%
学业繁忙，没有时间读：32.58%
不感兴趣：42.7%
没有老师要求读：15%
缺乏老师的指导：12.3%
没有英语报刊资源：28.09%
太难，读不懂：55.06%

图1-5 学生不阅读英语报刊的原因

绝大部分学生阅读英语报刊的主要目的是提高考试成绩。有学生认为英语报刊的文章是否优美、内容是否丰富无关紧要，高中阶段学习英语的主要目的是考试能够取得好成绩，考上理想大学。有的学生认为阅读英语报刊的主要目的是丰富知识、提高英语综合应用能力和自身素养。还有一些学生主要是为了满足自己的兴趣和爱好，是因为喜欢英语而阅读报刊。除了要求学生完成报刊中的习题、测试题外，教师如果没有安排其他有关报刊的学习任务，那么学生自己使用比较多的是词汇、短语和语法等重难点知识解析，尤其重视语法的学习，有些学生也会使用报刊中的听力和写作部分，但有些学生对课外阅读部分看得比较少甚至忽略，认为没时间且没必要这样做。大部分学生认为英语报刊的重难点知识解析、习题、阅读和写作指导等部分比较有价值，对高中英语学习有一定效果。

超过80%学生认为英语报刊阅读对自己的学习成绩有促进作用，有10%的学生不知道效果。由于缺乏具体量化的评价标准，学生对于英语报刊阅读是否提高了核心素养没有具体的认知。学生在英语报刊阅读中的障碍主要表现在搞不清上下文之间的语意联系和逻辑关系；只理解语篇的表面意义，不理解内涵，难以做出推测和判断。其主要原因在于学生的阅读理解能力有待提高。阅读理解是培养学生思维品质的一种形式。学生在进行阅读理解时应做到理解主旨要义，理解文中具体信息，根据上下文推断单词和短语的含义，根据所读内容作出判断和推理，理解文章的基本结构，理解作者的意图、观点和态度。因此，教师要根据英语报刊内容设计多层次、多类型的阅读训练，进行观察与比较、分析与推断、归纳与构建、批判与创新等活动，增强学生英语学科核心素养。

二、高中英语报刊阅读教学建议

高中英语报刊阅读教学能辅助教师英语教学，满足学生的兴趣爱好，并使他们巩固知识基础、提高考试成绩、增强英语综合运用能力、了解不同文化等。教师要明确进行英语报刊阅读教学的目的，同时也要使学生清楚其重要作用，他们才会更加积极地阅读英语报刊。

《标准》认为英语课程资源包括英语教材及有利于发展学生语言综合运用能力的其他学习材料和辅助设施。英语报刊具有时效性强、信息量大、语言生动地道、材料真实性强等优点，是一种物美价廉的课程资源，可以为英语学习提供丰富多彩的素材。教师应根据教学需要和学生的实际情况，合理选择英语报刊的内容并改进使用形式。安排作业时注意做到适量和适时，避免给学生造成过重的身心负担。

调查数据表明，教师使用较多的是英语报刊中的单元重难点知识解析、习题和测试几个部分，重视其中的读、写内容，而对听、说内容有所忽视。教师安排的有关报刊的作业形式比较单一。高一、高二的学生各学科的学习负担相对较小，教师在设计有关报刊的作业时应尽量使其内容更为丰富，形式更加多样。高三学生应更加注重报刊习题和测试中有关阅读和写作的内容。教师在选择英语报刊的内容时，不仅要注意加强对学生基础知识和技能的训练，更要关注学生英语学习的过程与方法、情感态度与价值观等其他层面，在布置相关作业时要注意书面形式和非书面形式的协调，例如，可以采用赏析优美文章、撰写读报笔记、展开调查分析、开展演讲比赛等生动有趣的形式，调动学生英语报刊阅读的兴趣和积极性，尽量兼顾学生听、说、读、写、译等综合语言能力的发展。教师要根据英语报刊内容的难易程度，设计不同层次的练习。由于每位学生的学习要求和能力水平各不相同，对英语知识的理解和掌握也各有特点，因此教师在指导学生阅读英语报刊时要考虑报刊内容的难易程度，根据学生的不同需求和能力水平有针对性地设计不同层次的练习。

教师要指导学生运用学习策略,提高学生阅读英语报刊的效果。《标准》指出,学习策略指学生为了有效地学习语言和使用语言而采取的各种行动和步骤。英语学习策略包括认知策略、调控策略、交际策略和资源策略等。高中学生应形成适合自己学习需要的英语学习策略并根据实际情况不断调整。可以说掌握学习策略也是学生提高英语综合运用能力的重要组成部分,教师在学生阅读英语报刊的过程中要指导他们根据实际需要运用一定的学习策略。

学生要正确认识阅读英语报刊对于英语学习的重要意义,形成积极阅读报刊的态度,激发和保持学习英语的愿望和兴趣,主动参与教师使用报刊辅助教学的活动。此外,调查数据表明绝大多数学生阅读英语报刊的主要目的是巩固知识基础、提高考试成绩,次要目的是加强英语综合应用能力。教师应指导学生把这种应试倾向的外在动机转化为强调应用的内在动机,明确阅读英语报刊的主要目的是获得知识、提高能力及人际交往,克服英语学习中所遇到的困难、增强英语学习的自信。

英语教材是课程资源的核心部分,尽管持续更新,但在语言学习的交际性、时效性和文化性等方面仍然存在一定的局限,并且现代社会一些新的词句和表达方式不断出现,学生只依靠教材学习英语,难以达到大量输入语言信息、及时掌握新的语言知识和提高语言应用能力的目的。除了阅读教材内的材料外,学生还应在时间允许的情况下更多地阅读英语报刊,尤其是使用报刊时不只要做练习和复习重难点知识,还要阅读报刊中的广告、笑话、诗歌、名言警句和情景对话等,扩大阅读量。

虽然学生使用英语报刊的情况比较普遍,但主要是按照教师的要求完成其中一些练习、测试题,并复习与课程相关的重难点知识,只重视其中有关读的方面的内容,而忽视了写的方面。尽管这种现象在短期内难以改变,但是学生可以改进使用英语报刊的方式,根据教师的指导和自己的实际情况合理安排知识学习和技能训练,既要完成其中的习题并巩固基础知识,又要适当利用不同板块进行听、说、读、写等综合技能的训练,兼顾应试的实际需要,扬长补短,更加合理地使用报刊。

综上所述,"双新"背景下,高中英语教师对于英语报刊阅读教学的重视程度较高,并积极开发英语报刊资源,研究教学方法。高中学生在教师的指导下,已把英语报刊作为重要的英语学习资源。但由于英语报刊资源获取渠道有限、报刊资源选材、教学策略、练习与作业设计要求高和时间成本高等主要因素，英语报刊阅读教学的提升还存在很大空间。根据以上英语报刊阅读现状和成因分析，本研究需要从报刊的选材、教学设计，到课堂的实施和效果的测评，最终形成一套可操作的有助于提升学生思维品质的英语报刊阅读教学课例资源。

三、思维品质指向下的英语报刊阅读教学

在高中英语教学中，教师要为学生提供更多的学习资源，并且通过各种教学方式来丰富他们的学习和校园生活。英语报刊阅读是英语学习的一种有效的辅助方法，可以提高学生的阅读水平，同时也可以提高他们的思维品质。

英语学科的核心能力是思维品质的重要组成部分。通过阅读，学生可以区分不同的语言和文化现象；分类归纳信息，建立新的观念；分析、推断信息的逻辑关系；正确评判各种思想观点，理性表达自己的观点，具备运用英语进行多元思维的能力。

教师要注重培养学生的思维品质，从注重记忆、理解和初步运用的角度，逐步引导学生进行较高级的思考，如分析、推理、评价等，使学生能够真正地掌握语言，理解和运用语言。下面通过具体事例，说明教师在进行英语报刊阅读教学时，巧设阅读任务，培养学生的思维品质。

（一）英语报刊阅读和思维品质

思维品质是英语学科的一个重要组成部分，它反映了人类思维的性格特点。通过预测、识别、比较、辨析、归纳、推理等思维活动，能够使学生在语言的理解与表达过程中，形成逻辑性思维、批判性思维、创新性思维。

英语报刊具有很强的时代性和实用性，其丰富的知识内容，既可以让学生了解政治、文化、科技、经济等方面的最新动态，也能够使学生更好地了解不同国家的文化、风俗习惯。具有文章简练、语言纯正、文体多样等特点，能满足学生不同层次、不同类型的实际需要，为学生创造了广阔的思考空间，同样也激发了学生的阅读兴趣。以中国日报社主办发行的《21世纪学生英文报》（高中版）为例，包含 STAR EASSY（习作共赏）、VIRUAL FUTURE（玩转元宇宙）、QUIZ TIME（测试天地）等版块，各个版块的内容都有其独特之处。报刊中的内容可以加深学生对现代社会的了解，其内容的多元化也是学

生最喜欢的。

高中英语的教学目标与教学内容都是以实用为主。高中英语教学改革以英语学科核心素养为基础，注重培养学生的综合语言应用能力，突出英语教学的价值。在教学中，除了要保证学生学到英语知识、技巧外，还要考虑学生基本素质的培养。英语报刊阅读教学是高中英语课程的重要组成部分，在英语报刊阅读教学中训练学生的思想品格，可以提高他们的阅读质量，训练他们的英语素质，达到培养他们核心素质的教学目标。

（二）在英语报刊阅读教学中提升思维品质的有效策略和途径

1. 通过标题与插图进行大胆预测，激发学生思维

在英语报刊阅读课上，教师要有意识地指导学生按照标题和图片进行预测。新闻标题是对新闻内容的总结，是对新闻中重要信息的提炼。在阅读报刊前，教师要让学生按照标题进行猜想。报刊的插图中通常含有大量的信息。在阅读报刊前，教师要指导学生先整体观看插画，调动自身的认知储备，然后转换到细节，进行大量的想象。这个过程包括了分类、综合、归纳、推理等多种思维方式的参与。在报刊阅读教学中，教师要让学生将报刊内容与日常生活实际结合在一起，展开思考，提高语言习得，形成正确的思考路径。

2. 利用思维可视化，培养学生思维导向性、逻辑性

在高中英语教学中，教师应该注重培养学生的思维导向性和逻辑性。阅读英语报刊可以很好地提高学生的思维能力。教师要对材料精心挑选，用心设计，以达到训练学生思维能力的目的。在具体教学中，教师可以制订具体的计划与方案，使学生了解每个语篇的题材、构成方式与衔接手法，从而在具体语境下掌握词汇的内容与含义。教师还要指导学生分析与探究语篇的结构和层次，以逐步提高思维能力。

3. 设计问题链，拓展学生思维的深度和广度

思维广度是指横向思维能力，即在同一思想层次上，对影响、制约问题的所有可能因素有一个大致的了解。思维的深度是指集中思维能力，即在纵横两个维度对问题的全面思考，讲究的是思维的严谨性。在英语报刊阅读教学中，教师可以把带有逻辑性和关联性的问题串联成链条，启发学生从问题链中挖掘叙事细节，探究故事中的人文价值，从而提高思维的深度和广度，

发展语言运用能力。

4.运用多种阅读模式，发展学生思维的批判性

在高中英语教学中，教师必须加强学生批判性思考的训练，以提高学生的创新能力、逻辑思考能力和分析能力。学生阅读英语报刊时，通过批判性思考理解篇章的主题思想、内涵与结构。英语报刊阅读过程中的批判性思考，是掌握篇章内容的有效策略手段，能够帮助学生整体把握篇章要旨，提高综合素养。学生在运用批判性思维进行阅读的实践中，往往能够利用一些词汇分析文章的内容走向和逻辑的前后次序等要素。批判性思维在报刊阅读中的使用，有助于学生快速找到核心论点，概括分析过程，得出正确推论结果。在高中英语报刊阅读教学中，学生通过批判性思维可以养成锁定主题、发现细节、逻辑推理等思维品质，进而提高综合素养。

第三节 指向思维品质提升的高中英语报刊阅读教学策略探究

一、指向逻辑性思维提升的报刊阅读教学策略探究和课例

（一）逻辑性思维与英语报刊阅读

在《标准》中，思维品质被列为英语学科核心素养之一，旨在提升学生分析和解决问题的能力，使他们能够从跨文化视角观察和认识世界，对事物作出正确的价值判断。思维品质主要包括逻辑性思维、批判性思维和创新性思维，而逻辑性思维的培养作为思维品质发展的突破口，务必要做到"三实"：落实、踏实、扎实。英文报刊题材广泛，体裁多样，是教材教学的有益补充，也是培养学生逻辑性思维的有力保障。

英语学习中的逻辑思维能力不同于一般学习中的逻辑思维能力，它需要与语言技能的发展相融合。英语报刊作为高中学生英语课外阅读的重要资源，其语言的丰富性、逻辑的严密性和话题的时效性等突出特点是英语教材无法比拟的，对于培养学生的逻辑性思维能起到至关重要的作用。

（二）教学设计思路与实施课例一

本课例选择的报刊阅读材料 *Nobel Prize Winner Tu Youyou Helped by Ancient Chinese Remedy* 由著名记者西莉亚·哈顿（Celia Hatton）书写。阅读材料的内容如下。材料原文见本章附录二外刊原文1，教学设计见本章附录一教学设计1。

该阅读材料的选取主要考虑了三个方面：其一，作为新人教版高中英语选择性必修一Unit 1的课外延伸阅读材料；其二，该阅读材料具有极大的现实意义，引导学生正确"追星"；其三，人物类的阅读材料有助于培养学生的逻辑性思维。

1. 文本分析

从内容上来说，该语篇是关于屠呦呦获诺贝尔奖的专题新闻报道，讲述了屠呦呦及其团队发现并提炼出青蒿素来治疗疟疾的主要过程。学生在阅读语篇时，要归纳总结屠呦呦及其团队获得成功的原因，概括介绍屠呦呦发现青蒿素并成功治疗疟疾的过程。在此过程中，学生可以感受到屠呦呦及其团队的艰辛和伟大。此外，该语篇与教材内文本最大的不同在于，更多地聚焦于中国传统医学的贡献，帮助学生了解中国传统医学对人类健康和世界发展的突出贡献和价值，感受中医文化的博大精深。

从新闻报道来看，语篇内容客观、准确，使用具体数据来说明屠呦呦及其团队的科学研究过程的艰辛和发现青蒿素的伟大价值。该语篇注重通过描述人物的具体事迹，来刻画人物形象。与一般人物描写类文章不同的是，新闻报道中的人物描写强调以客观事实说话，尽量不加入报道者的情感，但读者能够通过语篇内容了解人物品质。

从叙事结构来看，该语篇首先报道发生的重大新闻事件，与标题呼应，然后再详细报道其他相关的重要信息，如人物品质、事件发生的过程等。

2. 学情分析

陆锋（2017）指出，教师在教学设计之初最应考虑的便是学情，即学生的已有知识、认知风格和学习动机等。本节课的授课对象是重庆市求精中学校的高二年级学生，授课时间在高二上学期。学生的英语基础良好，具备相应的背景知识，而且已经通过教材中的"Reading and Thinking"板块了解了屠呦呦的一些基本信息。该语篇关注更多的是中医的贡献，且在词汇和句型上难度更大一些，学生需要更深层次的阅读与理解。

3. 学习目标

《标准》指出，学科核心素养是学科育人价值的集中体现，是学生通过学科学习而逐步形成的正确价值观念、必备品格和关键能力。英语学科核心素养主要包括语言能力、学习能力、思维品质和文化意识，因此教师在设计教学目标的过程中，应着重从这四个方面入手。

语言能力方面，能够阅读人物传记，掌握该类型语篇的特点，掌握用故事说明人物品质的方法；能够以口头形式，有条理地叙述人物经历和评价人物成就。

学习能力方面，能够把握主题，运用寻读策略快速找出语篇中描写人物外貌、品质等特征的表达，为建构主题意义服务。

思维品质方面，能够通过思维导图绘制出屠呦呦的生平事件；能够根据语篇语境推理下划线单词的意义；能够根据人物事件推理概括人物品质。

文化意识方面，了解诺贝尔生理学或医学奖获得者屠呦呦的生平和她发现青蒿素的过程，分析和探讨屠呦呦获奖的原因，理解中国传统医学对人类健康和世界发展的贡献。

4. 教学过程

教学活动设计没有固定的模式和顺序，教师应该基于对教材、学情的解读，在教学理念的支撑下，灵活且有针对性地设计教学。因此，本课例的教学活动设计，关注引导学生通过阅读人物传记思考屠呦呦的优秀品质，并进行访谈式的角色扮演，创新性地思考访谈话题与相应回答。

（1）导入。

教师和学生玩"是不是"的游戏。教师心里想着一个人，学生分小组用一般疑问句询问教师，缩小猜测范围，如"Is she a scientist?"共进行3轮，游戏的最后一个人物设定为屠呦呦，在学生猜中答案后，播放屠呦呦的相关视频。

【设计意图】

情境理论认为，脱离真实情境来谈论学习或能力是毫无意义的，个体与环境的相互作用是形成能力及社会化的必经途径（姚梅林，2003）。因此，教师在课堂导入环节应创设教学情境，激发学生思维，让学生迅速进入轻松的课堂氛围中，在本课例中，学生通过用一般疑问句提问潜移默化地描述出屠呦呦的相关信息，既激活了教材内的已知，又培养了学生的口语表达能力；之后，通过观看视频，激发学生的学习动机，并获取屠呦呦信息。

（2）读结构，建构思维导图。

教师首先要求学生快速阅读语篇，判断体裁；然后询问学生该语篇是以什么样的顺序组织的，引导出时间线；最后要求学生分成学习小组，通过时间轴和事件轴绘制出思维导图，为后续的阅读作好铺垫。

【设计意图】

分析是将整个事物分解成几个部分，然后对这些部分进行研究；综合则是将事物的各个部分按照其内在的联系有机融合为一个整体（徐雁光，2012）。分析综合的思维技能适用于把握语篇脉络，且贯穿于语篇整体，能帮助学生把握语篇中心思想的明线，并挖掘明线背后隐藏的暗线，从整体上综合理解语篇的主旨和内涵。思维导图的绘制要求学生深入分析语篇内容，将语篇内容以符号化的方式呈现，综合概括语篇的整体发展。该教学活动不仅帮助学生厘清文本脉络，还培养了学生的分析概括能力。

（3）读内容，深入理解语篇。

在学生掌握了语篇的大致内容后，教师要求学生精读语篇并回答以下问题。

①What are the meanings of "decimating" and "dispatched" in the passage?

②When did Tu Youyou start her research on malaria?

③How did Tu Youyou manage to get the effective drug?

④Who was the first human recipient of the new drug?

⑤Why did the reporter used so many numbers in the passage?

【设计意图】

众所周知，理解是学生进行阅读的第一步，也是学生思维能力训练的起点。而精读作为学生思维训练的有效方式，其设计理念应区别于传统的基于"略读"与"扫描"的段落式阅读问题设计，而强调文章的整体性，关注文本的关联性，从而使得学生融合语言、思维策略来强化对语篇的整体理解。事实上，学生寻找问题答案的过程便是思维能力的锻炼过程。学生无法通过"直接提取"来获取答案，而是在明确文章大意的基础上通过观察、比较、分析、综合、抽象、概括、判断、推理等方式获取答案。在本环节，教师首先通过对下划线单词意思的提问，引导学生根据语境预测生词的意思，培养学生的推断能力。随后②③④三道题的设置需要学生仔细阅读语篇，理解语篇内涵，从语篇中寻找答案，潜移默化地实现逻辑性思维的训练。最后一道题要求学生通过思考数字在语篇中的意义，推断出屠呦呦团队进行研究时的辛苦，再次强化了学生的逻辑性思维训练。

（4）思语篇，分析人物品质。

教师要求学生通过已经梳理好的事件思维导图，判断屠呦呦所具备的优良品质。随后询问学生以下问题："What's the writer's attitude towards Tu Youyou？"

【设计意图】

推断是根据事实或前提进行推理、判断事实的因果关系的心智活动（梅德明、王蔷，2018）。教师通过思维导图的铺垫，帮助学生厘清语篇内容，同时，学生通过事件的呈现来梳理推断人物的优良品质。该环节有效训练了学生逻辑性思维能力。

（5）析品质，创设角色扮演。

学生三人一组，模拟屠呦呦在诺贝尔奖颁奖典礼结束后参加人物专题采访栏目，一人饰演记者，一人饰演主持人，一人饰演屠呦呦。要求饭堂记者的学生设想相关的问题，饰演主持人的学生设置好介绍和采访串词，饰演屠呦呦的学生根据先前所推断的品质，预设屠呦呦的回答。教师可为学生提供部分题目作为参考，例如：

①How did you react upon hearing the prize-winning news?

②How about your feeling towards your research?

③What does the award of the Nobel Prize mean to you?

④Why did you believe Chinese ancient medicine would help you?

【设计意图】

"角色扮演"活动是一种以学生发展为本，把创新精神的培养置于最重要地位的学习方式，可以增强学生的学习能力，帮助学生形成正确的态度、情感和价值观，体现了教与学的开放性。在"角色扮演"活动的实施过程中，学生能根据自己的体验、兴趣及掌握信息的程度选择角色，在小组讨论中充分发表自己的见解，在交流中不断丰富自己的信息，从而提升表达能力和思维品质。确定好人物角色之后，学生积极探讨并预设表演中可能出现的各种情况。学生需要通过对屠呦呦优秀品质的了解推断其回答，这在一定程度上提升了学生通过品质推断事实的能力，有效培养了学生的逻辑性思维。

(6)做总结，落实立德树人。

教师感谢学生精彩的角色扮演，并通过PPT进行归纳总结：不同学生在扮演屠呦呦时的回答可能不一样，但是有一点可以确定，那就是屠呦呦身上所具备的坚韧不拔、无私奉献的精神值得我们每一个人学习。

【设计意图】

朱永生（2007）认为，模态是指交流的渠道和媒介，包括语言、图像、颜色、音乐等符号系统。多模态的学习方式是指外部的学习内容通过多种模态进入学习者的内部，经过学习者调动多种感官共同作用进行内部信息处理后成为学习者知识的过程（黄晓生、李晓琴，2012）。随着网络的普及，在多种软件的帮助下，教师可以设计出色彩丰富、动画鲜明的幻灯片，帮助学生更好地理解知识要点。在本课例中，教师通过屠呦呦一生的重大事件构建出曲折的一"撇"，再通过她取得的成就构建成一"捺"，最后通过"人"字的呈现告诉学生：每一个人都需要通过不懈的努力才能够成长更多，收获更多。

(7)作业。

教师为学生发放钱学森、杨振宁、邓稼先、图灵、爱因斯坦、居里夫人、爱迪生的相关阅读资料，要求学生选取其中的一位，阅读相关资料，构建"时间—事件"思维导图，总结出人物所具备的优秀品质。

【设计意图】

该作业的设置要求学生阅读课外扩展资源，并基于课堂上教师所搭建的"脚手架"自主学习，绘制"时间—事件"思维导图，逐步提升概括能力。同时，根据事件总结出人物所具备的优秀品质，也是对学生推断能力的再次提升，从而在课上、课后都能实现学生逻辑性思维的培养与训练。

（三）教学设计思路与实施课例二

本文将以 The Economist《经济学人》科技板块的 Where does the Blood on the Mask come from?（关于探索南美洲考古面具上的血液来源）为例（本章附录二外刊原文2），探讨报刊说明文阅读教学中逻辑性思维的培养，教学设计见本章附录一教学设计2。

1.读前创设情景语境，启动逻辑思维

读前活动是阅读教学中思维活动的开始，教师需要设计问题来激发学生的原有认知，强化新旧知识间的关联。为营造良好的阅读氛围，教师在读前应围绕主题创设情景语境，利用视频和插图等多模态的学习资源，激发学生的逻辑思维潜能。

在这一环节，教师可以向学生展示南美洲的面具，设置一些引导性问题让学生观察面具的特别之处，引入主题。

Activity 1：Discuss the following questions. What color is on the mask? Can you guess what made this color?

2. 读中深度解读文本，提升逻辑思维

葛炳芳（2013）认为，"对阅读教学的关注点是：多元解读文本，综合施教，有所侧重，有舍有取。阅读教学强调理解信息，培养思维，提升策略，关注体验"。根据学生不同的思维方式和阅读材料中的关键信息生成不同的课堂。

（1）整体阅读：基于标题和课文中的插图预测文本内容。

学生基于标题和课文中的插图预测文本内容和文章组织的顺序，然后浏览文本验证预测并寻找是什么让颜料附着在面具上这么长时间。

Activity 2：Look at the title and pictures and predict: What will the text focus on and in what sequence will the text be organized?

Activity 3：Browse the text to check whether your prediction is right and meanwhile, find out what kept the paint attached to the mask for so long.

（2）略读文本：基于演绎归纳方法梳理文本结构。

学生根据段落的组织方法——演绎和归纳，定位每一段的主题句，把握文章的结构。

Activity 4：Read the text to construct the structure of the passage and meanwhile, underline the topic sentence of each paragraph.

（3）细读文本：基于标记词理解文本逻辑关系。

基于整体框架，教师引导学生关注语篇标记词，理解语篇中显性或隐性的逻辑关系。

Activity 5：Read the text to analyze the essential questions concerning the topic.

（4）研读文本：基于上下文推断生词的词义。

Activity 6：Guess the meaning of the underlined words in the context based on different ways.

A South American funeral mask raises <u>intriguing</u> questions.

This suggests human blood in particular was chosen for another, <u>presumably</u> ritual reason.

（5）品读文本：基于言外之意促进内容的重构。

在理解语篇标记词的基础上，学生运用标记词来概括文章，使概括逻辑连贯。

Activity 6：Explore the author's feeling.

3. 读后适度拓展文本，超越主题思维

读后活动是读前、读中活动的延续，适度地拓展文本材料中话题的广度和深度，可以加深学生对文本的理解，促使学生构建新知和内化技能。因此，教师在设计读后活动时要注重语言能力的迁移、文本内容的延伸、思维能力的提升，既要源于文本，又要超越文本。

Project: collect information about the masks found in Sanxingdui in Sichuan Province, and make a poster within group to introduce them.

教师在外刊阅读教学中要引领学生学习借助标记词理解段内、段间句子之间的关系，分析作者的写作思路和写作意图，通过句子之前的联系猜测词义，研读全文把握作者的观点态度等方式来培养学生的逻辑性思维。

（四）思考与启示

1. 依托语篇主线，培养分析综合的思维能力

教师在进行英语报刊阅读教学时，应充分鼓励学生积极分析语篇，明确语篇的中心思想，把握语篇的发展脉络，必要时可以通过思维导图的形式将语篇内容进行可视化的综合整理，这既能帮助学生掌握文本大意，又能培养其分析综合的逻辑思维能力。

2. 挖掘言外之意，强化分析推理的思维能力

学生进行英语报刊阅读的困难之一就是词汇量的匮乏。教师在设计教学活动时，应挖掘超纲词汇，并判断词汇难度，思考学生是否可以根据语境分析推理出生词大意。在这个过程中，不仅扩大了学生的词汇量，也培养了其分析推理的逻辑思维能力。

3. 延伸语篇内容，培养抽象迁移的思维能力

教师通过读后活动的设置，引导学生阅读课外扩展资源，对抽象出来的内容进行迁移运用并创新。在这一过程中，学生通过已知激发新知，利用新知进行表达，培养了其抽象迁移的逻辑思维能力。

逻辑性思维是实现思维品质培养目标的突破口，教师绝不能以机械单一的方式培养学生的逻辑性思维。作为重要的课外延伸阅读资源，英语报刊势必会为教师培养学生逻辑性思维提供多一种选择。

二、指向批判性思维提升的报刊阅读教学策略探究和课例

（一）批判性思维与英语报刊阅读

在《标准》中，思维品质由低到高划分为三级，其中第三级对于批判性思维品质的要求是"能够针对各种观点和思想的假设前提，提出合理的质疑，通过辨析、判断其价值，作出正确的评价"。

在英语学习中，批判性思维品质的培养与批判性阅读密不可分（张冠文，2021）。批判性阅读，就是读者在理解文本的基础上根据一定的标准对阅读材料的真实性和有效性进行分析，评价和判断的一个过程（Wolf & King Huck，1968）。批判性阅读的特点是谨慎地评价判断（Milan，1987），推动批判性思维形成的重要手段。同时批判性思维的发展也是提高批判性阅读效果的重要条件和促进因素（陈则航，2015）。在"双新"背景下，教师可在英语报刊阅读教学中设计相应的任务，有意识地培养学生的批判性思维。

（二）教学设计思路与课例实施课例一

本课例选择的报刊阅读材料选自 *Vietnam Beauty Queen Loses Crown for Inadequate Schooling*（本章附录二外刊原文3）选自一本外文刊物的新闻板块，文章引起了社会针对"选美与学历二者是否应该挂钩"这一话题广泛的讨论。可以引导学生关注社会热点问题，以辩证视角探讨话题，培养学生的批判性思维，教学设计见本章附录一教学设计3。

1. 文本分析

本文讲述了当选2008年度越南小姐的陈氏水泳被取消了代表越南参加世界小姐比赛的资格，原因就是半途辍学而缺了一张高中毕业证书，引发轩然

大波，让许多人质疑选美和学历挂钩的必要性，折射出越南在与世界接轨、逐渐开放变化的过程中，新旧观念和不同思想的碰撞。新闻因一个有争议的越南"美后"而起，但是语篇并没有紧紧围绕选美小姐本身来写，而是把故事放在越南开放发展的大环境中，折射出了新闻的"越南"意义，巧妙引发读者对于"选美与学历"的辩证思考，培养学生的批判性思维。

2. 学情分析

本节课的授课对象是重庆市求精中学校的高二年级学生，授课时间在高二下学期。该班学生的英语基础良好，有强烈的求知欲和较高的学习积极性。他们已经适应了高中的英语学习，基本具备在阅读中获取信息的能力，部分学生还能用英语简单地表达观点，同时他们对选美比赛的话题有一定的背景知识，而且有强烈的学习兴趣和动机。现阶段学生大多数缺乏相关词汇和表达的积累，对于新闻阅读方式的认知不够系统，导致阅读此类文章难度较大，不能严谨、清晰、有条理地理解语篇内容和准确表达自身观点。

3. 学习目标

《标准》指出，学科核心素养是学科育人价值的集中体现，是学生通过学科学习而逐步形成的正确价值观念、必备品格和关键能力。英语学科核心素养主要包括语言能力、学习能力、思维品质和文化意识，因此教师在设计教学目标的过程中，应着重从这四个方面入手。

语言能力方面，学生通过语篇的阅读认识并梳理生僻词，扩大相关主题词汇量，并且学习一定的表达观点的短语与句型。

学习能力方面，学生能够通过教师所设置的课堂情景和活动任务，以团队讨论和个人深思的方式完成对语篇的阅读和理解，从而提升对新闻类语篇的阅读能力。

思维品质方面，基于英语学习活动，问题设置环环相扣，培养学生思维能力；针对"选美和学历"二者的关系，能够思考并谈论自身观点，辩证看待其内核，培养学生的批判性思维。

文化意识方面，引导学生意识到外在美和内在美都十分重要，想要成为一个优秀的人，二者都应该积极关注，但是内在美更加有意义。

4. 教学过程

本堂英语报刊阅读课的教学过程设计基于英语学习活动观的设计理念，

引领学生对新闻文本进行剖析与解读，搭建支架，循序渐进地引导学生思考，最终辩证表述自身观点，培养学生的批判性思维。

（1）课前准备。

教师在课前需要分好小组，发放语篇文本和设计好的学案、草稿纸，并要求学生默读，圈出陌生的词汇并通过词典自行查阅。

【设计意图】

课前材料准备是教育教学过程必不可少的一个部分。本堂课的教学设计所需要的教具相对丰富，在课前进行相应的发放和安排，不仅能帮助学生提前了解相应知识背景，更能避免学生宝贵的课堂时间。

（2）创导入，巧设疑。

教师播放世界小姐总决赛颁奖的视频片段，并要求学生注意导学案上世界小姐评比的六项打分标准：超级模特（Top Model）；才艺比赛（Talent）；体育竞技（Sports）；美丽心智（Beauty with a Purpose Final）；媒体大奖（Media Awards）；沙滩美人（Beach Beauty）。随后，要求学生为六项标准赋分，并询问原因。在学生讨论回答完毕后，教师提出问题：Do you think is it necessary to relate the beauty pageant to education background? Share your opinions，即选美是否应该和学历挂钩。

【设计意图】

学习动机是推动学生进行学习的重要内部动力，是非智力因素的核心。《标准》中更加注重学生"看"的语言技能，要求教师能够利用诸如视频、图片、表格等多模态语料来帮助学生更观的获取信息，预测语篇话题与内容。本课例中，教师利用视频的方式激发学生的兴趣，后面还利用开放性问题留下悬念，引导学生在阅读的时候积极思考，大胆碰撞观点，培养批判性思维。

（3）读标题，预测内容。

教师要求学生齐读标题，预测语篇体裁（新闻报道），并根据Who-Where-When-What-Why五大要素预测语篇内容，即可得出越南小姐在选美大赛中因为学历不足而痛失桂冠的事件。引导学生认识到新闻类的标题具有精炼、易懂的特点，并提供恰当的学法指导。

【设计意图】

标题作为语篇的眼睛，是对语篇的高度概括与总结，新闻标题更是如此。标题犹如新闻的门面，是读者决定阅读某一篇新闻的关键。因此，通过标题预测语篇内容不仅能够帮助学生理解新闻类体裁的标题的特点，满足了语篇阅读的需求，也具有高度的适用性，能帮助学生迁移到其他新闻类体裁的语篇阅读中，培养了学生的学习与思维能力。

（4）读要素，构建思维导图。

教师要求学生快速阅读文章，寻找Who-Where-When-What-Why新闻要素，并根据新闻要素将文本内容串联起来，掌握语篇大意。随后，要求学生将新闻中的主要事件和背景信息分别区分开来，通过思维导图进行段落重构，形成对新闻事件和背景信息的双重建构。

【设计意图】

新闻是短小精练的，要在区区几百个字的文章中包含新闻事件的诸多元素，已属不易。有时为了让读者能够更好地了解新闻事件，记者还要补充很多的背景信息。不区分二者，容易混淆对事件的主干发展的理解。教师通过要求学生借由思维导图对主要事件进行建构，能更清晰直观地抓住事件发展的过程。学生梳理出"事件—背景"，将分散在语篇中的两类信息进行有效的整理，构建出思维导图，既培养了学生的分析、综合、概括的思维能力，又以显性的结构图示展示出文本内容间的隐性的逻辑关系。

（5）读细节，思考质疑。

学生通过上一环节对于语篇的内容有所了解。因此教师在这一环节更应该重视学生对语篇细节的理解和分析。教师要求学生仔细阅读文本，并设置思维层次递进的问题：

①Did Tran Thi Thuy Dung win the the award of Miss Vietnam?

②How did Tran Thi Thuy Dung feel when Ministry of Culture officials stripped her prize?

③Why did Vietnam think this beauty pageant is important for them?

④Why did the officials emphasize the necessary of being well-educated?

⑤What meanings of 'crumbled' and 'stripped' in 4th and 5th paragraphs?

【设计意图】

《标准》中提出的英语学习活动更重要的是培养学生对于文化内涵的理解和多元思维的发展（教育部，2020）。教师在设置问题链时，应该重视学生的思维发展层次，强调思维发展从低阶到高阶循序渐进。在该环节教师会根据文本内容，精心设置了不同理解目标的问题。前四个问题只需要学生通过对文本的精读即可得出相应的答案，该类问题的设置旨在帮助学生加深对于文本的理解，提升寻读信息的能力和阅读速度。第五个问题属于高考题型，不仅有效培养学生的学习能力，更是提升了学生的逻辑推理能力。

（6）论观点，辩思维。

本环节是这堂课的亮点。学生在对文本有了较深的理解后，教师回到导入环节的问题，Do you think is it necessary to relate the beauty pageant to education background? Share your opinions。要求学生分小组讨论，并进行观点的阐述。随后，组织学生根据立场进行辩论。辩论过程中，教师不宜过分干预，只需保证辩论过程的顺利即可。

【设计意图】

思辨性问题能引发学生较高层次的思维活动，通过解释、分析、评价、推断等思维活动做出有理有据的判断，以达成对文本的深刻解读和理解，建构个性化的文本意义，从而提高批判性思维能力，实现认知层次不断发展（2019，莫影春）。教师要求学生通过小组讨论探讨学历和选美的关系，随后以辩论的形式展开探讨，学生通过对已有事实的解读和思考，形成合理地隐藏于语篇背后的意义、观点和态度等。学生在辩论的过程中，吸收学习不同维度的观点，教师不予以过分干涉，积极引导进行学生思维碰撞，在思考、辩论的过程中，不仅提升了学生的语言表达能力，更容易将批判性思维的培养做到最好。

（7）做总结，留作业。

在学生辩论结束后，教师通过动画丰富的PPT进行总结，引导学生认识到外在美和内在美都十分重要，若想要成为一个优秀的人，二者都应该积极关注，但是内在美更加有意义。随后，布置家庭作业，让学生认为选美大赛的评分标准应该有哪些，制定一个评分标准表，并阐明设计该评分表的原因。

【设计意图】

随着网络的普及，教学中可以通过多种软件的帮助让学生更好地理解知识要点。在本环节，教师总结学生辩论的观点并提取重要信息，引导学生深刻理解内在美和外在美的内涵，升华了主题，做到了立德树人。作业设置方面，充分考虑主题语境相关话题，要求学生围绕选美设置评分标准，激发想象，培养学生创新性思维。

（三）教学设计思路与实施课例二

本课例选择的报刊阅读材料 *Does The Internet Threaten Creativity or Nurture It?*（互联网对创造力的利弊）选自 *The Atlantic*（《大西洋月刊》），见本章附录二外刊原文4，教学设计见本章附录一教学设计4。该篇文章选自《大西洋月刊》视频版"The Big Question"板块，围绕一个有争议的问题"互联网威胁创造力还是培养创造力"展开，邀请来自各行各业的人针对该问题发表自己的看法。本篇报刊文章阅读教学可帮助教师在新人教版教材必修二 Unit 3 The Internet 中带领学生对"网络"这一单元主题进行深入探讨，引导学生辩证地看待网络的利与弊，培养正确的网络素养。

1. 读前感知阅读话题

读前环节以感知话题为主。首先，教师呈现出这篇文章的标题：*Does The Internet Threaten Creativity or Nurture It?* 让学生小组合作，通过读标题，预测这篇文章的主要内容。然后学生观看本篇文章配套的视频进一步了解文章的话题和内容。一方面有助于实现多模态教学，另一方面可在读前帮助学生进行话题的引入，激发学生的阅读兴趣。

在观看视频时，教师可以设计一些问题，让学生有目的地观看视频，问题的设计一是要结合视频的内容，二是要为接下来的阅读活动做铺垫。比如：

① "How many interviewees are featured in the video?"

② "Do these interviewees have the same opinion on the question?"

2. 读中分析质疑观点

（1）梳理归类观点。

文章中不同的人针对同一问题发表了不同的观点，为帮助学生梳理观点，教师可以设计表格（表1-1），学生通过小组合作完成表格梳理观点（表1-2）。在梳理的过程中，学生需要基于每个人的发言对其观点进行推理判断。

表1-1　针对同一问题的不同观点的梳理表格

Does The Internet Threaten Creativity or Nurture It?			
Threaten		Nurture	
Name	Supporting details	Name	Supporting details

表1-2 学生梳理的观点

Does The Internet Threaten Creativity or Nurture It?			
Threaten		Nurture	
Name	Supporting details	Name	Supporting details
Kelly Leonard	Social media doesn't allow you to fully explore ideas	Bran Ferren	Reading and writing will turn out to be a fad
Tim Brown	...the Internet can discourage people from being creative	Jane Chu	I do see a lot of creativity in the area of digital platforms
Suleika Jaouad	...it ends up being more of a distraction	Maurice Ashley	Who want to be creative in our careers can find so many things online that helps you to enhance that process
Lil Buck	If you're just constantly watching videos and watching videos, you're gonna end up dancing like someone else you know	Brain Grazer	You use the Internet to research a subject or a person or an area and get excited and then move to a conversation
Anne Libera	...the Internet and social media doesn't give you the opportunity to learn where people draw the line and to learn how to take care of them while you step across that line. ... it's dangerous. It's scary		

（2）质疑论证观点。

通过梳理观点，学生会发现不同的人会有不同的观点。教师借机引导学生提出质疑，阐述并论证自己的观点。此环节包括分组—讨论—表达三个步骤。

分组：学生首先表明自己的立场，选择"Threaten"或"Nurture"，然后教师根据学生的立场，将全班学生"一分为二"，即"互联网威胁创造力"和"互联网培养创造力"（以下简称"威胁组"和"培养组"）。为便于开展小组合作，教师可以将"威胁组"和"培养组"细分成4-6人的小组，编号Threaten 1，Threaten 2，…; Nurture 1，Nurture 2，…

讨论：基于梳理出的观点，学生小组合作对文章中出现的"对方"观点提出质疑并论证自己的观点，教师也可以设计相应的表格帮助学生阐述自己的观点（表1-3、表1-4）。

表1-3 学生质疑"互联网威胁创造力"

Does The Internet Threaten Creativity?			
Threaten		Present your doubts and support them.
Name	Supporting details	
Kelly Leonard	Social media doesn't allow you to fully explore ideas	
Tim Brown	...the Internet can discourage people from being creative	
Suleika Jaouad	...it ends up being more of a distraction	
Lil Buck	If you're just constantly watching videos and watching videos, you're gonna end up dancing like someone else you know	
Anne Libera	...the Internet and social media doesn't give you the opportunity to learn where people draw the line and to learn how to take care of them while you step across that line. ... it's dangerous. It's scary	

表1-4 学生质疑"互联网培养创造力"

Does The Internet Threaten Nurture It?			
Threaten		Present your doubts and support them.
Name	Supporting details	
Bran Ferren	Reading and writing will turn out to be a fad	
Jane Chu	"I do see a lot of creativity in the area of digital platforms	
Maurice Ashley	Who want to be creative in our careers can find so many things online that helps you to enhance that process	
Brain Grazer	You use the Internet to research a subject or a person or an area and get excited and then move to a conversation	

表达：在表达环节由易到难设置两个层级的活动。一是每个小组决定speaker代表小组发言，首先"对方"某一人的观点提出合理的质疑，阐述自己的观点。二是"威胁组"和"培养组"各抒己见，进行自由辩论。

3. 读后反思解决问题

《标准》指出普通高中英语课程在发展学生英语语言运用能力的过程中，要帮助学生形成正确的世界观、人生观和价值观。本课例涉及的互联网话题与我们的生活息息相关，在网络时代，如何在享受互联网带来便利的同时保护学生的创造力是值得思考和探讨的话题。因此，在读后环节，教师可以引导学生完成制作思维导图、绘制海报、举办英语演讲等各种活动，帮助学生形成正确的网络使用观。

报刊的批判性阅读触及批判性阅读的深层次阶段，教师应引导学生转变思维方式，培养与发展学生的批判性思维。

（四）思考与启示

1. 慎重选择报刊资源，提高教学设计的针对性

思维品质培养的指向对于选取、确定阅读资源至关重要。教师应该根据《标准》中对于批判性思维的界定与分类进行报刊语篇的选择，其中议论文和新闻类话题的语篇最佳，能够有效提高教师进行教学设计的效率并减轻备课的压力。因此，在选择报刊阅读资源时，有侧重地安排并有指向的分类阅读资源，以此提高教学设计的针对性，培养学生的批判性思维。

2. 充分分析语篇内容，确保活动安排的有效性

深度分析语篇内容是教师开展英语报刊阅读教学的前提。作为教师，对文本解读程度的深浅直接影响着学生对整个语篇的把握和理解程度。教师应该提高自身文本解读能力，不断优化教学设计，反复打磨，确保每一步活动都能够有效培养学生的核心素养，部分重点活动能够锻炼学生的批判性思维。

3. 深度挖掘文本内涵，培养思维品质的批判性

英语课程始终承担着培养学生基本素养和发展学生思维能力的重任，英语教师在进行英语报刊阅读教学时应深度挖掘文本内涵，联系实际，不断强化知识的迁移和能力的创新，注重学生语用能力，关注学生批判性思维的发展的提升。

4. 协调发展思维品质，重视思维品质的关联性

批判性思维作为思维品质的一部分，绝不是孤立存在的。这就要求教师在设计英语报刊阅读教学活动时，既要做到逻辑性思维、创新性思维和批判性思维三者之间的协调发展，又能在特定的语篇下侧重培养批判性思维。

批判性思维是思维品质中重要的组成部分，在进行指向批判性思维培养的英语报刊阅读教学设计时，教师应慎重选择报刊资源、充分分析语篇内容、深度挖掘文本内涵、协调发展思维品质，打造真正意义上基于英语报刊阅读资源，指向批判性思维培养的"思维"课堂。

三、指向创新性思维提升的报刊阅读教学策略探究和课例

创新思维能力不是与生俱来的。因此，教师在阅读教学中应力争为学生搭建创新性思维的平台，多角度开发阅读材料，综合发展学生的语言能力、语用能力和思维能力，使阅读教学过程成为开发学生思维能力、培养学生个性和提高学生人文素养的过程。

创新思维是思维的一种表现形式，是创造活动中一种高阶思维模式，目的在于培养学生综合的创新能力（田金茹，2012）。在高中英语阅读教学中，教师要深入提炼语篇特征，针对所学文本设置思维含量高的问题，引导学生从语篇文体、语言、文化意义等多个角度开展模仿创造、联想想象等学习活动，培养学生的创新性思维。

教师可以以英语报刊为载体，充分挖掘其蕴涵中的创造性因素，利用教学情境，以思维训练为主题组织教学，适量设计新颖别致、灵活多变的思考题，将其带入积极思考、勇于探索的氛围之中，使学生的创造性思维得以充分发挥。教师要将问题设计与学生生活实际联系起来，让问题生活化、情境化和具有挑战性，这样学生才会感兴趣，其创新性思维才能有效被激发。

（二）教学设计思路与实施课例一

本课例的报刊阅读材料"*Obesity, Climate Change and Hunger Must Be Fought as One, Health Experts Declare*"选自 *Los Angeles Times*（《洛杉矶时报》）。教学设计见本章附录一教学设计5，外刊原文见本章附录二外刊原文5。

1. 文本分析

本文是一篇关于饥饿、气候变化与肥胖三大全球热点问题的说明文。首段直接通过全球知名期刊 *The Lancet*（《柳叶刀》）所提出的观点（解决三大问题的最好方式是将三者视为整体同步解决）进行开篇陈述，然后通过数据表明其可行性、科学性和有效性，最后通过三个例子（汽车、庄稼和牛肉）以小见大，引导读者思考生活中哪些事物会同时导致这三大问题的加剧，以及解决问题的方案。

2. 学情分析

本节课的授课对象是重庆市求精中学校的高二年级学生，授课时间在高二下学期。该班学生的英语基础良好，有强烈的求知欲和较高的学习积极性。

他们基本具备在阅读中获取信息的能力，部分学生能用英语进行简单的观点表达，同时他们对全球热点问题（饥饿、气候、肥胖）有一定了解。但大多数学生缺乏相关词汇和表达的积累，阅读此类文章难度较大，加之现阶段学生对于新闻阅读方式的认知不够系统，导致其不能严谨、清晰及有条理地理解语篇内容，并有效表达自身观点。

3. 学习目标

语言能力方面，学生通过阅读文本认识并梳理生僻词，扩大相关主题词汇量，学习表达观点的短语与句型。

学习能力方面，学生能够通过课堂情景和活动任务，以团队讨论和个人深思的方式完成对文本的阅读理解，提升说明文类新闻阅读的能力。

思维品质方面，基于英语学习活动观，问题设置环环相扣，逐步培养学生思维能力；针对是否应该将三大社会问题视为整体同步解决，提出自己的观点与思考；基于汽车、庄稼和牛肉三个例子，进行小组讨论并尝试创新案例。

文化意识方面，引导学生积极关注社会热点问题，为构建人类命运共同体奉献力量。

4. 教学过程

本课例的教学过程设计基于英语学习活动观，关注引领学生对文本的剖析与解读，深入挖掘文本中的案例，创造性地思考还有哪些事物会加剧三大社会热点问题，并给出自己的解决方法。

（1）课前准备。

教师在课前将学生分成小组，发放语篇资料和设计好的学案、草稿纸，并要求学生默读，圈出陌生的词汇并自行查阅词典。

【设计意图】

课前材料准备是教学过程必不可少的一个部分。考虑到本课例需要的教具相对丰富，因此在课前进行发放和安排。这样做不仅能够帮助学生提前了解课堂所需的知识背景，更能够节省学生宝贵的课堂时间。此外，本篇新闻报道有一定的阅读难度，因此要求学生将不认识的词汇圈出来并查阅词典，以此帮助学生积累单词，扩大词汇储备。

（2）播放与主题相关的视频，巧妙设计疑问。

教师播放关于重大社会问题的视频，激发学生的学习动机，引导学生关注这些问题。然后，教师着重强调饥饿、气候变化和肥胖三大社会问题，提问学生以下问题：Which do you think is the biggest challenge of the world in the 21st century, obesity, climate change or hunger? Are these three world problems connected?

【设计意图】

在导入环节，教师可以通过外部诱因（视频、图片、表格）的设置与运用，培养与激发学生的学习兴趣和动机。此外，《标准》更加注重学生"看"的语言技能，要求教师能够利用视频、图片、表格等多模态语料来帮助学生更直观地获取信息，预测语篇话题与内容。本课例中，教师根据视频的内容和主题的联结，引导学生思考问题，激发思维，强化表达，平稳过渡到语篇内容。

（3）阅读标题并思维，激发学生思维。

教师要求学生齐读标题，并针对标题进行小组讨论，探讨题目的内涵，发表自己对于题目的理解。然后再次针对前置问题"Are these three world problems connected?"要求学生进行思考，并预测作者的态度。

【设计意图】

标题是对语篇内容的高度概括与总结，隐含着文本主题、文本内容、文本类型等重要信息。教师要求学生阅读标题，预测作者对于三大社会问题之间是否具有关联这一问题的态度，并以此来预测文本内容，以此降低学生阅读文本的难度。

（4）快速阅读语篇，明确把握思路。

教师要求学生快速阅读文章，判断文章共分为几个部分，分别对应几个段落，然后通过思维导图进行段落呈现，掌握文本思路。

【设计意图】

学生通过梳理分散在语篇中的论点和论据，构建思维导图，可以快速把握文本的结构。在此过程中，学生的分析、综合、概括的思维能力也得到了培养。

（5）精准理解语篇，靶向思维训练。

通过上一环节，学生对文本的内容大致有了了解。在这一环节，教师应该重视学生对文本细节的理解和分析。在本课例中，教师要求学生仔细阅读文本，思考并讨论以下问题：

① What are the three crises mentioned in the second paragraph?

② What does the treatise published Sunday in the British medical journal *The Lancet says*?

③ According to the author, what does The Lancet Commission on obesity find on the health of consumers or the environment?

④ What does the Grocery Manufacturers Association represent?

⑤ According to the author, what does "syndemic" mean?

【设计意图】

教师在设置问题链时，应该重视学生的思维发展层次，从低阶到高阶循序渐进。在该环节，教师根据文本内容，精心设置了不同理解目标的问题：前四个问题只需要学生精读文本即可得出答案，该类问题的设置旨在帮助学生加深对文本的理解，提升寻读信息的能力和阅读速度；第五个问题属于高考题型，不仅满足了高考题型的设置需求，更是培养了学生逻辑推理能力。

（6）巧妙迁移语篇，激发创新思维。

本环节是本课例的亮点。教师引导学生根据对文本的理解，仔细分析文末的三个案例，并进行小组合作，思考其他能够将饥饿、肥胖和气候变化结合起来的事物，用绘画的形式表现出来。完成后各小组选出代表上台呈现作品，并说明原因。

【设计意图】

该教学活动的设置是基于学生对整体语篇的理解和把握上的创新。学生在教师的引导下认识到三大社会问题之间的关系，根据所学知识进行激烈讨论并大胆创新。学生在讨论的过程中，可以吸收学习不同的观点，并通过合作交流，确定成果。在此过程中，教师不予以过分干涉，积极引导进行学生思维碰撞。然后学生通过类似的案例，以绘图的形式将观点图示化，这也是一个创新过程。最后，学生的个人陈述不仅能够培养学生的听说能力，也能使学生的思维和认知得到提升。

（7）关注立德树人，培养全球意识。

在小组代表展示结束后，教师积极给予作品形成性评价。之后，教师通过幻灯片演示，引导学生关注全球问题，认识构建人类命运共同体的重要性。

【设计意图】

通过幻灯片可以帮助教师更好地引导学生关注全球问题，认识人类命运共同体的重要性，从而增强全球意识，达到人生观和价值观的升华。

（三）课例二教学设计与实施

本文将以 Reader's Digest（《读者文摘》）中的一篇关于"奇迹生还的男孩"的故事为例，探讨报刊阅读教学中创新性思维的培养。该故事讲述了十岁男孩泽维尔·坎宁安（Xavier Cunningham）被铁烧烤签穿脸而入，却奇迹生还的过程。教学设计见本章附录一教学设计6，外刊原文见本章附录二外刊原文6。

1. 读前设计推测任务

在阅读教学尤其是读前活动中，教师可以基于图片、文章标题等设计推测任务，激发学生的阅读兴趣。巧妙而合理地设计推测任务不仅可以为学生搭建新旧知识的桥梁，而且有助于培养学生的创新性思维能力。在本课例中，教师在读前设计了以下教学活动。

Activity 1: Watch a video about a news report, guess what will be talked in the text?

2. 读中设计情境对话

在阅读教学中设计贴近学生实际生活的情景对话，不仅能激发学生的学习动机，调动学生的学习积极性，而且可以培养学生的创新性思维能力。在情景对话活动中，学生需要根据情景重新组织语言，完成交际任务。在本课例中，教师让学生分小组进行角色扮演，将文本故事用戏剧的形式表演出来。

Activity 2: Role-play within group.

Mother, Doctor, Xavier Cunningham

3. 读后续写故事结尾

续写故事结尾更能激发学生的想象力和创造力。在进行故事类文本材料的阅读时，教师可以为学生搭建这个平台，锻炼他们的创新性思维能力，提高写作水平。在本课例中，教师要求学生在该文本的基础上完成续写，并针对意外事故的急救方法进行小组讨论和分享。

Activity 3: Complete the story.

Activity 4: Dissuss and share.

（四）思考与启示

在阅读教学中组织有效的合作学习，能极大地激发学生的学习兴趣和热情，让学生最大限度地发挥个人潜能，并从他人的智慧中获得启发。但教师组织学生合作学习的过程要循序渐进，由浅入深，注意观察、指导和倾听。在利用英语报刊阅读教学培养学生的创新性思维能力的过程中，应注意以下几个问题。

1. 以学生为主体，设计合理的问题和任务

不同学段的学生有不同的生理和心理特点，不同的英语报刊阅读材料会引发学生不同的思考。对于好奇心强，偏爱口语交际的学生，教师可以设计新奇的问题、情景对话等任务，培养学生的创新性思维。对于偏爱安静思考的学生，教师可以指导学生创造性地完成阅读材料的改写、续写等任务，鼓励学生进行建构活动，以此培养其创新性思维。

2. 尊重个体差异，分层教学，因材施教

相同学段学生的学习经历、学习水平和学习风格会有所不同，教师应尊重个体差异。在英语报刊阅读教学中，教师应注意任务设计的梯度，不可片面地追求难度。教师要针对不同层次的学生设计不同的任务，提出不同层次的问题，使得所有学生都乐于参与课堂学习活动，都能得到创新性思维能力的培养。

3. 关注学生情感，营造轻松氛围，鼓励学生质疑和探究

学生只有对英语学习有积极的情感和兴趣，才能保持英语学习的动力。在英语报刊阅读教学中，教师应自始至终关注学生的情感，努力营造轻松、和谐的氛围，注重培养学生的独立性和自主性，创设能引导学生主动参与的情境，引导学生质疑和探究，培养学生的创新精神和实践能力。

创新性思维不是与生俱来的能力，教师要为每个学生提供训练创新性思维的机会，搭建培养创新性思维的平台。英语报刊是重要的英语阅读资源，教师要利用好英语报刊，设计有效的阅读活动，促进学生创新性思维能力提升。

附录

附录一

教学设计1

\multicolumn{4}{c}{Nobel Prize Winner Tu Youyou Helped by Ancient Chinese Remedy}
主题语境	人与社会	语篇类型	新闻
课　　型	报刊阅读	授课年级	高二
\multicolumn{4}{c}{一、教学文本分析}
\multicolumn{4}{l}{文本来源：BBC 新闻报道}
\multicolumn{4}{l}{文本结构：时间发展顺序}
\multicolumn{4}{l}{文本内容：该语篇是关于屠呦呦获诺贝尔奖的专题新闻报道，讲述了屠呦呦及其团队发现并提炼出青蒿素来治疗疟疾的主要过程。学生阅读语篇时，要归纳总结屠呦呦及其团队获得成功的原因，概括介绍屠呦呦发现青蒿素并成功治疗疟疾的过程。该语篇与教材内文本最大的不同在于，其更多地聚焦于中国传统医学的贡献}
\multicolumn{4}{c}{二、学情分析}
知识储备 （What they know）	\multicolumn{3}{l}{1. 已掌握单元新词 artemisinin, malaria 等 2. 已具备关于屠呦呦获奖的相关知识 3. 已经具备了一定的新闻阅读能力 4. 已有良好的寻读和略读能力}
兴趣动机 （What they wonder）	\multicolumn{3}{l}{1. 想知道屠呦呦生平事迹 2. 想探讨屠呦呦身上所具备的品质}
学习目标 （What they will learn）	\multicolumn{3}{l}{1. 掌握基本的新闻类文本的结构和要素 2. 了解屠呦呦的生平事迹并推断其优秀品质 3. 感悟屠呦呦身上的精神并学习}
\multicolumn{4}{c}{三、教学目标}
\multicolumn{4}{l}{语言能力目标： 　　能够阅读人物传记，掌握该类型语篇的特点，掌握用故事说明人物品质的方法；能够以口头形式，有条理地叙述人物经历和评价人物成就。 学习能力目标： 　　能够把握主题，运用寻读策略快速找出语篇中描写人物外貌、品质等特征的表达，为建构主题意义服务。 思维品质目标： 　　能够通过思维导图绘制出屠呦呦的生平事件；能够根据语篇语境推理下划线单词的意义；能够根据人物事件推理概括人物品质。 文化意识目标： 　　能够了解诺贝尔生理学或医学奖获得者屠呦呦的生平和她发现青蒿素的过程，分析和探讨屠呦呦获奖的原因，理解中国传统医学对人类健康和世界发展的贡献}

续表

四、教学策略选择
基于英语学习活动观的"支架式教学"

五、教学重点及难点
教学重点： 1.帮助学生通过阅读文本认识并梳理生僻词，学习一些表达观点的短语与句型 2.帮助学生理解新闻类文本的语篇特点并有条理地叙述人物经历和成就 3.帮助学生感受屠呦呦的优良品质并认识到她对人类作出的巨大贡献 教学难点： 1.引导学生领悟屠呦呦的优良品质并内化 2.引导学生深刻理解屠呦呦的生平并通过角色扮演表达观点

六、教学资源
传统教具：课本，讲义练习 新型教具：幻灯片，希沃白板，主题语境下的视频（原创微课视频、CGTN）

七、教学过程

步骤（时间）	教师活动	学生活动	设计意图	核心素养提升点
Activity 1 (4') 创导入，放主题视频	教师和学生玩"是不是"的游戏。教师心里想着一个人，学生用一般疑问句问问，以此缩小猜测范围。共进行3轮，最后一个人物设定为屠呦呦	思考问题并努力判断教师设定的人物	通过游戏的方式打开课堂，创设轻松的课堂氛围；通过提问潜移默化地描述出屠呦呦的相关信息	语言能力 学习能力 文化意识
	播放屠呦呦的相关视频	观看屠呦呦的相关视频	通过视频，吸引学生注意，提升学习兴趣，建立新旧知识联系	文化意识
Activity 2 (6') 读结构，画思维导图	教师要求学生快速阅读文本，判断体裁	快速阅读文本，思考判断文本体裁	培养学生的略读能力；确定文本体裁，为后续的精读做铺垫	语言能力 学习能力
	教师询问学生该篇报道是通过什么样的顺序进行组织的，引导出时间线并要求学生进行进行小组合作，绘制思维导图	小组进行合作，以时间线为轴绘制出屠呦呦生平事件的思维导图	思维导图的绘制要求学生深刻分析语篇内容，并通过图示化，综合概括语篇整体发展。该活动不仅帮助学生理清文本脉络，还培养了学生分析概括能力	语言能力 学习能力 思维品质

续表

Activity 3 (10') 读内容， 深入语篇	教师要求学生精读并回答以下问题。 （1）What are the meanings of "decimating" and "dispatched" in the passage? （2）When did Tu Youyou start her research on malaria? （3）How did Tu Youyou manage to get the effective drug? （4）Who was the first human recipient of the new drug? （5）Why did the reporter used so many numbers in the passage	深入阅读文本，仔细回答问题	通过提问，培养学生的推断能力，强化学生的逻辑性思维训练	语言能力 学习能力 思维品质
Activity 4 (3') 思语篇， 析人物品质	教师要求学生通过已经梳理好的事件思维导图，判断屠呦呦所具备的优良品质，随后询问学生以下问题：What's the writer's attitude towards Tu Youyou	仔细阅读文本并思考教师给出的问题	通过思维导图的铺垫，帮助学生厘清文本主要内容。同时，学生通过事件的呈现来梳理推断人物的优良品质，有效地训练了学生思维推断能力	语言能力 学习能力 思维品质 文化意识
Activity 5 (14') 析品质， 设角色扮演	教师要求学生三人一组，扮演屠呦呦在诺贝尔奖颁奖结束后参加人物专题采访栏目，一人饰演记者，一人饰演主持人，一人饰演屠呦呦。要求饰演记者的学生设想相关的问题，饰演主持人的学生设置好介绍和采访串词，饰演屠呦呦的同学根据先前所推断的品质，预设屠呦呦可能的回答，完成角色扮演。教师可为学生供部分题目作为参考： （1）How did you react upon hearing the prize-winning news? （2）How about your feeling towards your research? （3）What does the award of the Nobel Prize mean to you? （4）Why did you believe Chinese ancient medicine would help you	首先，小组进行讨论并思考相关问题，随后在组内进行扮演；积极上台在全班进行展示回答	学生在小组讨论中充分发表自己的见解，在交流中不断丰富自己的信息，从而提升表达能力和思维能力。学生需要通过对屠呦呦优秀品质的了解推断其回答，这在一定程度上提升了学生通过品质推断事实的能力，有效培养了学生的逻辑性思维	语言能力 学习能力 思维品质 文化意识
Activity 6 (2') 做总结， 落实立德 树人	教师感谢学生精彩的角色扮演，并通过PPT进行归纳总结：不同人在扮演屠呦呦时的回答可能不一样，但是有一点可以断定，那就是屠呦呦身上所具备的坚韧不拔、无私奉献的精神值得我们每一个人学习	聆听教师总结性发言，观看幻灯片，理解教师的总结发言	教师通过屠呦呦一生的重大事件构建出曲折的一"撇"，再通过她取得的成就构建成一"捺"，最后通过"人"字的呈现告诉学生：每一个人都需要通过不懈的努力才能够成长更多，收获更多	文化意识

续表

Activity 7 (1') 布置作业	教师为学生发放钱学森、杨振宁、邓稼先、图灵、爱因斯坦、居里夫人、爱迪生的相关阅读资料，要求学生选取其中的一位，阅读相关资料，构建"时间—事件"思维导图，总结该人物所具备的优秀品质	记录作业	以绘制"时间—事件"思维导图再次培养学生的概括能力，同时，根据事件总结出人物所具备的优秀品质是对学生推断能力的再次提升，从而在课上、课后都实现了学生逻辑性思维的培养与训练	语言能力 学习能力 思维品质 文化意识
八、板书设计				
九、教学反思（课后完成）				

教学设计2

Where does the Blood on the Mask Come from?			
主题语境	人与社会	语篇类型	说明文
课　　型	报刊阅读	授课年级	高二
一、教学文本分析			
文本来源：*The Economist*（经济学人）			
文本结构：提出问题—分析问题			
文本内容：语篇选自 *The Economist*《经济学人》科技板块的 Where does the Blood on the mask come from（关于探索南美洲考古面具上的血液来源）。该文以时间为顺序，先后阐述了研究者们在不同时期对南美洲面具红色黏合剂来源的发现			
二、学情分析			
知识储备 （What they know）	1.已经具备了一定的词汇量 2.已有良好的寻读和略读能力		
兴趣动机 （What they wonder）	想知道南美洲考古面具上红色颜料的来源		
学习目标 （What they will learn）	1.探索南美洲考古面具上红色颜料的来源 2.了解中外丧葬文化		

续表

三、教学目标
语言能力目标： 能够通过文本的阅读认识并梳理生僻词，扩大相关主题词汇量 学习能力目标： 能够以团队讨论和个人深思的方式探索南美洲面具红色颜料的来源 思维品质目标： 能够基于阅读梳理文本结构，猜测单词意义，理解文本逻辑关系 文化意识目标： 了解中外丧葬文化，梳理跨文化意识
四、教学策略选择
基于英语学习活动观的"支架式教学"
五、教学重点及难点
教学重点： 1. 梳理文本结构和信息 2. 探索南美洲面具红色颜料的来源 3. 了解中外丧葬文化，梳理跨文化意识 教学难点： 1. 了解中外丧葬文化，梳理跨文化意识
六、教学资源
传统教具：课本，讲义练习 新型教具：幻灯片，希沃白板，主题语境下的视频（新闻报道）
七、教学过程

步骤 （时间）	教师活动	学生活动	设计意图	核心素养 提升点
Activity 1 读前 创设情景语境，启动逻辑思维 （5'）	教师向学生展示南美洲的面具，并提问。 What's the color of the mask? Can you guess what made this color	学生思考问题并讨论	帮助学生进行话题的引入，激发学生的阅读兴趣	思维品质 语言能力

续表

	Step1：整体阅读：基于标题和课文中的插图预测文本内容
	1. 学生基于标题和课文中的插图预测文本内容和文章组织的顺序 2. 浏览文本验证预测并寻找是什么让颜料附着在面具上这么长时间
	Step 2：略读文本：基于演绎归纳方法梳理文本结构
Activity 2 读中 深度解读文 本，提升逻 辑思维 （25'）	学生根据段落的组织方法——演绎和归纳，定位每一段的主题句，把握文章的结构
	Step 3：细读文本：基于标记词理解文本逻辑关系
	基于整体框架，教师引导学生关注语篇标记词，理解语篇中显性或隐性的逻辑关系
	Step 4：研读文本：基于上下文推断生词的词义
	联系上下文，猜测下列划线部分单词的意思 A South American funeral mask raises <u>intriguing</u> questions This suggests human blood in particular was chosen for another, <u>presumably</u> ritual reason
	Step 5：品读文本：基于言外之意促进内容的重构
	在理解语篇标记词的基础上，学生运用标记词来概括文章，使全文连贯
Activity 3 读后 适度拓展文 本，超越主 题思维 （10'）	Project: collect information about the masks found in Sanxingdui in Sichuan Province, and make a poster within group to introduce them
Homework	Write a short essay to introduce he masks found in Sanxingdui in Sichuan Province

八、板书设计

九、教学反思（课后完成）

教学设计3

Vietnam Beauty Queen Loses Crown for Inadequate Schooling				
主题语境	人与社会	语篇类型		新闻
课　　型	报刊阅读	授课年级		高二
一、教学文本分析				
文本来源：BBC新闻报道				
文本结构："事件—背景"穿插				
文本内容：本文讲述了当选的2008年度越南小姐陈氏水泳被取消了代表越南参加世界小姐比赛的资格，原因就是半途辍学而缺了一张高中毕业证书。此事引发轩然大波，让许多人质疑选美和学历挂钩的必要性，折射出越南在与世界接轨、逐渐开放变化的过程中，新旧观念和不同思想的碰撞。新闻因一个有争议的越南"美后"而起，但是语篇并没有紧紧围绕选美小姐本身来写，而是把故事放在越南开放发展的大环境中，折射出了新闻的"越南"意义，巧妙引发读者对于"选美与学历"的辩证思考，激发学生的批判性思维				
二、学情分析				
知识储备 （What they know）	1. 已掌握单元新词pageant，award等 2. 已具备关于选美比赛相关的背景知识 3. 已经具备了一定的新闻阅读能力 4. 已有良好的寻读和略读能力			
兴趣动机 （What they wonder）	1. 想知道选美比赛的标准 2. 想探讨学历与选美之间是否挂钩			
学习目标 （What they will learn）	1. 掌握基本的新闻类文本的结构和要素 2. 了解人们对于选美和学历是否挂钩的不同观点态度 3. 辨析内在美和外在美间的关系，感悟二者的重要程度			
三、教学目标				
语言能力目标： 能够通过文本的阅读认识并梳理生僻词，扩大相关主题词汇量，并且学习一定的观点、表达的短语与句型 学习能力目标： 能够以团队讨论和个人深思的方式完成对文本的阅读和理解，从而提升针对新闻阅读的相关能力 思维品质目标： 能够针对"选美和学历"二者的关系，思考并谈论自身观点，辩证看待其内核，提升批判性思维 文化意识目标： 能够意识到外在美和内在美都十分重要，但内在美在某种程度上更加重要				
四、教学策略选择				
基于英语学习活动观的"支架式教学"				

续表

五、教学重点及难点	
教学重点： 1. 帮助学生通过阅读文本认识并梳理生僻词，学习一些表达观点的短语与句型 2. 帮助学生理解新闻类文本的五大要素并提升针对新闻阅读的相关能力 3. 帮助学生学生辩证看待内在美和外在美间的关系并正确认识二者的重要程度	
教学难点： 1. 引导学生辩证表达自身对于学历和选美之间是否挂钩的观点 2. 引导学生意识到外在美和内在美都十分重要，但内在美在某种程度上更加重要	

六、教学资源

传统教具：课本，讲义练习。
新型教具：幻灯片，希沃白板，主题语境下的视频（原创微课视频、CGTN）

七、教学过程

步骤 （时间）	教师活动	学生活动	设计意图	核心素养提升点
Activity 2 (4') 创导入 巧设疑	教师播放一段世界小姐总决赛颁奖的视频片段	认真观看节选视频，了解选美比赛的标准	通过视频，吸引学生注意，提升学习兴趣，建立新旧知识联系	学习能力 文化意识
	要求学生关注导学案上的世界小姐评比的六项打分标准并根据自己的理解进行分值的赋分（满分100分）	根据自己的认知进行选美标准的赋分	紧扣上一环节，帮助学生思考选美标准，为后续的辩论观点准备做铺垫	思维品质 文化意识
	要求学生讨论分享自己赋值的原因	思考赋分数值的原因并与小组交流讨论	主动分享自己的观点，提升语言表达能力	语言能力
Activity 2 (4') 读读标题 预测内容	教师要求学生齐读标题，预测文本体裁（新闻报道）	齐读标题，并判断文本的体裁	通过标题预测文本内容能够帮助学生理解新闻类体裁的标题的特点	思维品质 学习能力
	根据Who—Where—When—What—Why五大要素从标题提取关键信息，预测语篇内容，即可得出越南小姐在选美大赛中因为学历不足而痛失桂冠的事件。引导学生认识新闻类的标题具有精炼、易懂的特点，并提供恰当的学法指导	根据五大要素，借由标题预测文本内容；学习学法指导	通过学法指导，学生能够掌握新闻类标题的特点，并学会迁移应用	学习能力

续表

Activity 3 (5') 读要素 构建思维 导图	教师要求学生快速阅读文章，寻找Who—Where—When—What—Why新闻要素，并根据新闻要素将文本内容串联起来，掌握语篇大意	快速阅读文章，并寻读五大新闻要素	教师通过要求学生借由思维导图对主要事件进行建构，更能清晰直观地抓住事件发展的过程。学生通过梳理出"事件—背景"，将分散在语篇中的两类信息进行有效的整理，并构建出思维导图，既培养了学生的分析、综合、概括的思维能力，又以显性的结构图示展示出文本内容间的隐性的逻辑关系	语言能力 学习能力
	要求学生将新闻中的主要事件和背景信息分别区分开来，通过思维导图进行段落重构，形成对新闻事件和背景信息的双重建构	积极构建思维导图		
Activity 4 (10') 读细节 思考质疑	教师要求学生仔细阅读文本，并设置思维层次递进的问题： (1) Did Tran Thi Thuy Dung win the the award of Miss Vietnam? (2) How did Tran Thi Thuy Dung feel when Ministry of Culture officials stripped her prize? (3) Why did Vietnam think this beauty pageant is important for them? (4) Why did the officials emphasize the necessary of being well-educated? (5) What the meaning of the word 'crumbled' and 'stripped' in the 4th and 5th paragraph?	仔细阅读文本并思考教师给出的问题	在该环节，会根据文本内容，精心设置不同理解目标的问题。前四个问题只需要学生通过对文本的精读即可得出相应的答案，该类问题的设置旨在帮助学生加深对于文本的理解，提升寻读信息的能力和阅读速度。第五个问题属于高考题型，不仅有效培养了学生的学习能力，更是提升了学生逻辑推理能力	语言能力 学习能力 思维品质
Activity 5 (15') 论观点 辩思维	在学生对文本有了较为深刻的理解后，教师回到导入环节的问题，Do you think is it necessary to relate the beauty pageant to education background? Share your opinions。要求学生分小组讨论，并进行观点的阐述	再次思考选美与学历是否挂钩的问题，并积极进行小组讨论	教师要求学生通过小组讨论探讨学历和选美的关系，随后以辩论的形式展开探讨，学生通过对已有事实的解读和思考，形成合理的隐藏于文本背后的意义、观点和态度等。学生在辩论的过程中，吸收学习不同维度的观点，教师不予以过分干涉，积极引导学生进行思维碰撞，在思考、辩论的过程中，不仅提升了学生的语言表达能力，更容易将批判性思维的培养做到最好	语言能力 学习能力 思维品质 文化意识
	根据不同立场，要求学生针对话题进行辩论。辩论过程中，教师不予以过分干预，只需保证辩论过程的顺利即可	分小组进行辩论，积极表达小组观点		

续表

Activity 6 (2') 做总结 留作业	教师通过动画丰富的PPT进行总结，引导学生认识到外在美和内在美都十分重要，若想要成为一个优秀的人，二者都应该积极关注，但是内在美更加有意义	聆听教师总结性发言，并观看屏幕的幻灯片动画，通过动画理解内在美与外在美之间的关系	通过动画，提升学生兴趣；通过教师话语引导学生理解内在美和外在美的关系及意义	文化意识
	布置家庭作业，你认为选美大赛的评分标准应该有哪些，制定一个评分标准表，并阐明设计该评分表的原因	记录作业	作业设置内容上符合单元主题，全面培养学生英语核心素养；再次重新思考对于选美标准的设定，首尾呼应	语言能力 学习能力 思维品质 文化意识

八、板书设计

九、教学反思（课后完成）

教学设计4

Does the Internet Threaten Creativity or Nurture It?			
主题语境	人与社会	语篇类型	采访
课　　型	报刊阅读	授课年级	高二
一、教学文本分析			
文本来源：*The Atlantic*（大西洋月刊）			
文本结构：提出问题—分析问题			
文本内容：该篇文章选自《大西洋月刊》视频版"The Big Question"板块，围绕一个有争议的问题"互联网威胁创造力还是培养创造力"展开，邀请来自各行各业的人针对该问题发表自己的看法。本篇报刊文章阅读教学可帮助教师在新人教版教材必修二Unit 3 The Internet 中带领学生对"网络"这一单元主题进行深入探讨，引导学生辩证地看待网络的利与弊，培养正确的网络素养			
二、学情分析			
知识储备 （What they know）	1. 已经具备了一定关于网络相关话题的背景知识 2. 已拥有良好的寻读和略读能力		

续表

兴趣动机 (What they wonder)	想知道不同的人对同一问题的观点和看法
学习目标 (What they will learn)	1. 针对网络对创造力的利弊作用发表自己的观点,提升批判性思维 2. 辩证地看待网络的利弊,养生良好的网络素养,合理使用网络

三、教学目标

语言能力目标:
能够通过文本的阅读认识并梳理生僻词,扩大相关主题词汇量
学习能力目标:
能够以团队讨论和个人深思的方式批判性地看待网络的利与弊
思维品质目标:
能够基于其他人的观点,提出质疑,并表达自己的观点
文化意识目标:
辩证地看待网络的利弊,养生良好的网络素养,合理使用网络

四、教学策略选择

基于英语学习活动观的"支架式教学"

五、教学重点及难点

教学重点:
1. 了解不同的观点
2. 质疑别人的观点
3. 表达自己的观点

教学难点:
质疑他们观点与个人表达观点

六、教学资源

传统教具:课本,讲义练习
新型教具:幻灯片,希沃白板,主题语境下的视频(新闻报道)

七、教学过程

步骤 (时间)	教师活动	学生活动	设计意图	核心素养 提升点
Activity 1 (5') 读前 感知阅读 话题	1. 教师首先呈现这篇文章的标题:Does the Internet Threaten Creativity or Nurture It? 2. 引导学生观看视频并提问 "How many interviewees are featured in the video?" "Do these interviewees have the same opinion on the question?"	1. 学生小组合作通过读标题,预测这篇文章的主要内容 2. 学生观看视频并回答问题	一方面有助于实现多模态教学,另一方面可在读前帮助话题的引入,激发学生的阅读兴趣	思维品质 语言能力

续表

	教师引导学生梳理文中观点并完成表格	学生梳理文中观点，完成表格	梳理文本信息	语言能力 思维品质
Activity 2 （25'） 读中 分析质疑 观点	教师引导学生分组讨论并质疑文中观点	1. 学生根据自己的立场，选择"Threaten"或"Nurture"分成两组简称"威胁组"和"培养组"。 2. 基于梳理出的观点，学生小组合作对文章中出现的"对方"观点提出质疑并论证自己的观点。 3. 每个小组决定speaker代表小组发言，首先"对方"某一人的观点提出合理的质疑，阐述自己的观点。 4. "威胁组"和"培养组"各抒己见，进行自由辩论。	培养学生小组合作和质疑精神，发展批判性思维能力	学习能力 语言能力 思维品质
Activity 3 （10'） 读后 反思解决 问题	引导学生反思自己的网络行为，讨论如何正确使用网络以保护创造力这一问题。	反思自己的行为，讨论如何正确使用网络	树立正确的网络意识，辩证地看待网络的利与弊	文化意识 思维品质
Homework	Write a short essay to express your opinions on how to overcome Internet addiction			

八、板书设计

九、教学反思（课后完成）

教学设计5

Obesity, Climate Change and Hunger Must Be Fought as One, Health Experts Declare			
主题语境	人与社会	语篇类型	说明文
课　　型	报刊阅读	授课年级	高二
一、教学文本分析			

文本来源：*Los Angeles Times*（《洛杉矶时报》）

文本结构：层进式

续表

文本内容：本文基于饥饿、气候变化与肥胖三大全球热点问题展开，首段直接通过全球知名期刊 *The Lancet*（《柳叶刀》）所提出的观点（解决三大问题的最好方式是将三者视为整体同步解决）进行开篇陈述，然后通过数据表明其可行性、科学性和有效性，最后通过三个例子（汽车、庄稼和牛肉）以小见大，引导读者思考生活中哪些事物会同时导致这三大问题的加剧，以及解决问题的方案	
二、学情分析	
知识储备 （What they know）	1. 已掌握单元新词 obesity，pandemic 等 2. 已具备关于饥饿、肥胖、气候变化三大问题的相关知识背景 3. 已具备说明文阅读的相关技巧 4. 已拥有良好的寻读和略读能力
兴趣动机 （What they wonder）	1. 想知道饥饿、气候变化和肥胖间的关系 2. 想了解三大问题是如何联系起来的 3. 想知道作者提出了哪些解决三大问题的方法
学习目标 （What they will learn）	1. 通过文本的阅读认识并梳理生僻词，扩大相关主题词汇量，学习表达观点表达的短语与句型 2. 了解三大社会问题之间的关系并学会创新思考更多社会问题联系的案例 3. 能够创新性地提出解决社会问题的方法
三、教学目标	
语言能力目标： 　　通过阅读文本认识并梳理生僻词，扩大相关主题词汇量，学习表达观点的短语与句型 学习能力目标： 　　能够通过课堂情景和活动任务，以团队讨论和个人深思的方式完成对文本的阅读理解，提升说明文类新闻阅读的能力 思维品质目标： 　　基于英语学习活动观，问题设置环环相扣，逐步培养学生思维能力；针对是否应该将三大问题视为整体问题解决，提出自己的观点与思考；基于汽车、庄稼和牛肉三个例子，进行小组讨论并尝试创新案例 文化意识目标： 　　引导学生积极关注社会热点问题，为构建人类命运共同体奉献力量	
四、教学策略选择	
基于英语学习活动观的"支架式教学"	
五、教学重点及难点	
教学重点： 1. 帮助学生通过阅读文本认识并梳理生僻词，学习一些表达观点的短语与句型 2. 帮助学生理解并提升说明文类新闻阅读的能力 3. 帮助学生认识关注社会热点问题的必要性，并理解构建人类命运共同体的意义	
教学难点： 1. 引导学生创造性地提出更多具有社会关联性的热点问题，并思考解决方法 2. 引导学生认识构建人类命运共同体的重要性	

续表

六、教学资源				
传统教具：课本，讲义练习 新型教具：幻灯片，希沃白板，主题语境下的视频（原创微课视频、CGTN）				
七、教学过程				
步骤 （时间）	教师活动	学生活动	设计意图	核心素养 提升点
Activity 1 （4'） 播放视频， 巧妙设疑	教师播放关于世界重大社会热点问题的视频，激发学生学习动机，引导学生关注这些问题	认真观看节选视频，了解社会热点问题	通过视频，吸引学生的注意力，提升学生的学习兴趣，建立新旧知识之间的联系	学习能力 文化意识
	教师强调饥饿、气候和肥胖三大问题，提问学生以下问题：Which do you think is the biggest challenge of the world in the 21st century, obesity, climate change or hunger? Are these three world problems connected	思考教师设问并尝试回答	根据视频的内容和主题的联结，引导学生思考问题，激发思维，强化表达，平滑过度到语篇内容	思维品质 文化意识
Activity 2 （4'） 阅读标题， 激发思维	教师要求学生齐读标题，并针对标题进行小组讨论，探讨题目的内涵，发表自己对于题目的理解	齐读标题，思考标题内涵，预测文本内容	引导学生阅读标题，预测作者态度，以此降低文本阅读的难度	语言能力 学习能力 思维品质
	再次要求学生针对前置问题"Are these three world problems connected?"进行思考，并预测作者的态度	再次思考问题，预测作者态度		
Activity 3 （7'） 阅读语篇， 把握思路	教师要求学生快速阅读文章，判断文章共分为几个部分，分别对应几个段落	快速阅读文章，尝试梳理文章结构	培养学生分析、综合、概括的思维能力	语言能力 学习能力 思维品质
	教师要求学生通过思维导图进行段落呈现，掌握文本思路	积极构建思维导图		

续表

Activity 4 (10') 理解语篇, 靶向思维	教师要求学生仔细阅读文本, 并设置思维层次递进的问题: What are the three crises mentioned in the second paragraph? What does the treatise published Sunday in the British medical journal The Lancet say? According to the author, what does The Lancet Commission on obesity find on the health of consumers or the environment? What does the Grocery Manufacturers Association represent? According to the author, what does "syndemic" mean	仔细阅读文本并思考教师给出的问题	前四个问题只需要学生精读文本即可得出答案, 旨在帮助学生加深对于文本的理解, 提升寻读信息的能力和阅读速度。第五个问题属于高考题型, 不仅满足了高考题型的设置需求, 更培养了学生逻辑推理能力	语言能力 学习能力 思维品质
Activity 5 (12') 迁移语篇, 创新思维	教师引导学生根据对文本的理解, 仔细分析文末的三个案例 要求学生进行小组合作, 思考其他能够将饥饿、肥胖和气候变化结合起来的事物, 并用画画的形式表现出来。完成后每个小组选出代表上台呈现作品, 并说明原因	阅读文中三大案例并分析 分小组进行讨论, 并创造性地思考更多类似案例并给予相应的解决方法；小组代表上台展示	学生在讨论的过程中, 可以吸收学习不同的观点, 学生通过绘图的形式将观点图示化, 是一个创新的过程。学生的个人陈述不仅能够培养其听说能力, 也能使其思维和认知得到提升	语言能力 学习能力 思维品质 文化意识
Activity 6 (2') 深化主题, 立德树人	在小组代表展示结束后, 教师积极对作品给予形成性评价。之后, 教师通过幻灯片, 引导学生关注全球问题, 认识构建人类命运共同体的重要性	聆听教师总结性发言, 观看幻灯片, 通过理解构建人类命运共同体的意义	通过多模态的呈现更好地引导学生达到价值观的升华, 输入文化意识, 引导学生意识到人人都应该关注全球问题, 每一个国家在面对全球问题时应积极参与, 增强全球意识, 认识人类命运共同体的重要性	文化意识
Activity 7 (1') 布置作业	布置家庭作业。要求学生自主思考三个能够反映社会热点问题的事物并尝试将三者联系起来, 以海报的形式呈现出来	记录作业	学生通过思考更多案例设计出海报, 这一过程不仅培养了学生的逻辑能力, 更对培养学生的创新性思维起到了一定效果	语言能力 学习能力 思维品质 文化意识

续表

八、板书设计
九、教学反思（课后完成）

教学设计6

The Boy Survived Miraculously			
主题语境	人与自我	语篇类型	新闻
课　　型	报刊阅读	授课年级	高二
一、教学文本分析			

文本来源：Reader's Digest（《读者文摘》）

文本结构："事件—背景"穿插

文本内容：文本讲述了一名十岁的男孩意外被一个约有一英尺半长的铁烧烤签穿脸而入却奇迹生还，也没有造成严重脑部损伤的故事

二、学情分析	
知识储备 （What they know）	1. 已经具备了一定的新闻阅读能力 2. 已拥有良好的寻读和略读能力
兴趣动机 （What they wonder）	想知道详细的意外和救治过程
学习目标 （What they will learn）	1. 掌握基本的新闻类文本的结构和要素 2. 能根据新闻内容续写故事 3. 掌握基本的急救方法

三、教学目标

语言能力目标：能够通过阅读文本认识并梳理生僻词，扩大相关主题词汇量
学习能力目标：能够以团队讨论和个人深思的方式完成对文本的续写
思维品质目标：能够基于文本内容完成续写，提升创新性思维
文化意识目标：能够意识到生命的宝贵，掌握急救方法

四、教学策略选择

基于英语学习活动观的"支架式教学"

五、教学重点及难点	
教学重点： 1. 梳理故事情节 2. 续写故事 3. 学习急救方法 教学难点： 续写故事	

六、教学资源
传统教具：课本，讲义练习 **新型教具**：幻灯片，希沃白板，主题语境下的视频（新闻报道）

七、教学过程

步骤 （时间）	教师活动	学生活动	设计意图	核心素养 提升点
Activity 1 (5') Watch and Predict	引导学生观看有关文本内容的新闻报道	学生观看视频，并预测文本内容	介绍背景知识，引入话题	思维品质 语言能力
Activity 2 (25') Role-play	教师引导学生分组进行角色扮演演绎事前全过程	学生分组分角色演绎新闻事件	通过角色扮演，故事的情节更加清晰，学生的参与度更高，口语表达得以提升，逻辑性思维和创新性思维能够得到很好的提升	语言能力 思维品质
Activity 3 (5') Complete the story.	教师引导学生进行故事的续写	学生续写故事然后分享	通过续写故事，学生的语言能力和思维品质尤其是创新性思维品质得以提升	语言能力 思维品质
Activity 4 (5') Discuss and share.	教师引导学生讨论应对此类意外事件的急救方法并做总结	学生小组讨论此类意外事件的急救方法并分享	通过讨论和学生的分享，树立珍爱生命，远离危险的意识，同时掌握一些基本的急救方法。	语言能力 思维品质 文化意识
Homework	Write a short essay to introduce some first aid methods			

八、板书设计

九、教学反思（课后完成）

附录二

外刊原文1

Nobel Prize Winner Tu Youyou Helped by Ancient Chinese Remedy

Tu Youyou has become the first Chinese woman to win a Nobel Prize, for her work in helping to create an anti-malaria medicine. The 84-year-old's route to the honour has been anything but traditional.

Tu Youyou attended a pharmacology school in Beijing. Shortly after, she became a researcher at the Academy of Chinese Traditional Medicine.

She started her malaria research after she was recruited to a top-secret government unit known as "Mission 523".

In 1967, Chairman Mao decided there was an urgent national need to find a cure for malaria.

At the time, malaria spread by mosquitoes was decimating Chinese soldiers fighting Americans in the jungles of northern Vietnam.

A secret research unit was formed to find a cure for the illness.

Two years later, Tu Youyou was instructed to become the new head of Mission 523. She was dispatched to the southern Chinese island of Hainan to study how malaria threatened human health.

For six months, she stayed there, leaving her four-year-old daughter at a local nursery.

Ancient Chinese texts inspired Tu Youyou's search for her Nobel-prize winning medicine.

Mission 523 pored over ancient books to find historical methods of fighting malaria.

When she started her search for an anti-malarial drug, over 240000 compounds around the world had already been tested, without any success.

Finally, the team found a brief reference to one substance, sweet wormwood, which had been used to treat malaria in China around 400 AD.

The team isolated one active compound in wormwood, artemisinin, which appeared to battle malaria-friendly parasites.

The team then tested extracts of the compound but nothing was effective in eradicating the drug until Tu Youyou returned to the original ancient text.

After another careful reading, she improved the drug recipe one final time, heating the extract without allowing it to reach the boiling point.

She first tested her medicine on herself to ensure it was safe.

After the drug showed promising results in mice and monkeys, Tu Youyou volunteered to be the first human recipient of the new drug.

"As the head of the research group, I had the responsibility, " she explained to the Chinese media. Shortly after, clinical trials began using Chinese laborers.

Tu Youyou was the one who consulted the ancient text to study how best to extract the compound for use in medicine. She is consistently cited for her drive and passion. One former colleague, Lianda Li, says Ms Tu is "unsociable and quite straightforward, " adding that "if she disagrees with something, she will say it."

Another colleague, Fuming Liao, who has worked with Tu Youyou for more than 40 years, describes her as a "tough and stubborn woman."

Stubborn enough to spend decades piecing together ancient texts and apply them to modern scientific practices. The result has saved millions of lives.

外刊原文2

Where does the Blood on the Mask Come from?

The Economist

  A South American funeral mask raises intriguing questions. A funeral mask, photographed by Yoshii Yutaka of the Sicán Archaeological Project, in Peru, was discovered 30 years ago, 800km to the north of Lima. The Sicán were a group who flourished around 500 years before the arrival, in the 1500s, of Europeans.

  The red paint adorning the mask is made of cinnabar, a compound of mercury and sulphur. But turning cinnabar into paint requires a binding agent-and in this case it must have been a good one, to keep the paint attached to the mask for so long.

  Luciana da Costa Carvalho of Oxford University therefore set out to discover what it was. Initial mass spectroscopy suggested proteins were involved, but shed no light on which. A follow-up study, however, produced the astonishing suggestion that the binder in question was chimpanzee blood-astonishing because chimps are African, not American animals.

  Further investigation revealed the mistake. The blood was actually from chimps' close relatives, Homo sapiens. Human blood is sticky when it clots, and would certainly bind cinnabar to gold for a millennium-but so would that of many other species. This suggests human blood in particular was chosen for another, presumably ritual reason. Being picked as the donor of this blood may well have been an honour, though that is impossible to tell. But given many pre-Columbian peoples' proclivity for human sacrifice, rather than mere bloodletting, it might not have been an honour that was highly sought after.

外刊原文3

Vietnam Beauty Queen Loses Crown for Inadequate Schooling

  Tran Thi Thuy Dung, Vietnam's new penchant for beauty pageants had to lose the crown after government inspectors found that the new Miss Vietnam failed to meet their scholling requirements.

Like many up-and coming nations, Vietnam has been using beauty contests to quickly make its mark on the world. In July, Vietnam played host to the Miss Universe pageant, which was presided over by Jerry Springer and former Spice Girl Melanie Brown.

For many ordinary Vietnamese, the event was more compelling evidence that the country has arrived than joining the World Trade Organization was the year before. Newspapers and TV channels repeatedly pointed out that this was the first time Miss Universe has been held in a Communist country.

But that pride crumbled after government investigators found that the new Miss Vietnam, crowned on Aug. 31, hadn't finished high school.

Shocked Ministry of Culture officials stripped 18-year-old Tran Thi Thuy Dung of her most coveted prize---the right to represent Vietnam at this month's Miss World contest in Johannesburg. Government officials in Hanoi are now trying to find a suitable candidate to send to South Africa. So far, they've drawn a blank.

In an interview in her hometown of Danang, in the center of Vietnam's long, snaking coastline, Ms. Thuy Dung fried to shake off her disappointment at staying behind. "I wish Vietnam can still find the right candidate to sent to Miss World, even if it isn't me." She said.

Other Vietnamese feel their government's rigorous enforcement o its beauty-pageant rules has botched their chances of winning the contest/ Britain and Australia don't have any minimum educational requirement for their national beauty contests, while the U.S. gives beauty queens six months to finish high school after their first competition.

"If Ms. Thuy Dung doesn't have a high school diploma, she can always make it up later." says a shop-assistant, who works in a boutique here. "If Vietnam doesn't sent a contestant to Miss World, it would be a shame and suggest we don't have anybody beautiful enough to go."

The head of the Ministry of Culture's Performing Arts Agency, having none of this criticism, says he has Vietnam's reputation to protect. "If we didn't have the education requirement, then lots of girls would drop out of school to focus on beauty pageants, and we can't let that happen," he says.

Ms. Thuy Dung and her mother first realized she had a good shot at becoming a beauty queen" When Ms. Thuy Dung turn out to be 5-feet-10-onches tall at the age of 17. Height is a major asset in Vietnamese pageants. "When we saw an advertisement in a fashion magazine inviting entrants for Miss Vietnam, I decided to enter." Ms. Thy Dung says.

After coaching in Ho Chi Minh City and armed with a rack of clothes from her mother's one-room back-alley store, Ms. Thuy Dung was ready for battle.

The annual Miss Vietnam pageant is fiercely contested, despite the contestants' avowals that they are all sisters hoping to do the country proud. The competition was first held 20 years ago as Vietnam began opening up to the rest of the world following decades of war and seclusion. Just holding a pageant was a radical departure from the "everyone's equal" ethos of the time. The Vietnam representative for the Asia Foundation think tank, who was there, says that first pageant captured the imagination of the nation. The top prize was a bicycle. She recalls that it was stolen from the winner.

The stakes have risent since then. Winners of the Miss Vietnam pageant have won scholarships to study overseas. The winner of the 2006 contest, Mai Phuong Thuy, went on to star in Vietnamese TV commercials for Procter& Gamble Co.s Pantene shampoo, as well as in a local TV drama about a beauty queen who contracted HIV. There was also a cash prize of $9000 at stake and the chance to compete in the annual Miss World contest.

During the nationally televised finals in Hoi An, a beach resort a few miles down the road form her home, Ms. Thuy Dung appeared to win over the judges with her humility and charm. "If I don't win the title, it means a friend is worthier of such an honor." Ms. Thuy Dung told the judges.

The nation was shocked, and badly divided, when news broke that Ms. Thuy Dung had dropped out of high school. "There has been a tremendous outpouring over this." Says an official at the Asia Foundation.

A famous Vietnamese writer worries that the country's traditional culture and values are jeopardized by people seeking success by any means possible. She doesn't really blame the young beauty queen in this instance, but she doesn't like cutting corners. For this writer, "our culture and education... are perhaps not strong enough to withstand the pressure."

Ms. Thuy Dung, meanwhile, says she has done nothing wrong The organizers of the Miss Vietnam contest- a group led by the state-owned Pioneer newspaper- concede they didn't specify that contestants must have graduated from high school.

"We competed in good faith in accordance with the regualations of the contest." Ms Thuy Dung says. Her mother says she took her daughter out of school earlier this year in order to prepare her for a high-school equivalency qualification that might give her a better chance of studying in the U.S.

Now Ms. Thuy Dung plans to return to school to earn her high-school diploma. If she finishes school, she could try the pageant circuit again.

外刊原文4

Does the Internet Threaten Creativity or Nurture It?

The Atlantic

Bran Ferren Co-founder of Applied Minds Inc.

"The Internet is the most important storytelling invention since the concept of language, far more important than reading and writing. Reading and writing will turn out to be a fad."

The big question: Does the Internet Threaten Creativity or Nurture It?

Jane Chu Chairman of National Endowment for the Arts.

"I do see a lot of creativity in the area of digital platforms. In fact, the National Endowment for the Arts most recent study a few months ago came out and found that the number one way that Americans participate in the arts is through digital technology."

Maurice Ashley, Chess Grandmaster & Storyteller

"Because we can have this incredible immersive experience on the Internet, those of us who want to be creative in our careers can find so many things online that helps you to enhance that process."

Brain Grazer, Film Producer

"You use the Internet to research a subject or a person or an area and get excited and then move to a conversation."

Kelly Leonard, Executive Vice President of The Second City

"The Internet is all about dialogue. It is allowing us to talk to everyone all over the world. I did a Reddit this morning. I talked to hundreds of people that I've never met in my life. Well, some of them, they knew me and they were doing bits but a lot of people I didn't know."

"Social media doesn't allow you to fully explore ideas.They want 140 characters and that's it. And you don't get too nuanced in 140 characters, you can get to a great joke.You can get to a tough-minded, you know, lashing-out statement that'll position you, but you're not going to get into dialogue in 140 Characters."

Tim Brown, CEO of Ideo

"If you treat it as a place where you can always get the answer, tends to stop people thinking about being creative, right? Because if you think, "Oh, the answer must be on the Internet, I don't have to figure it out for myself, I don't have to come up with a new answer, I just go and find it. So, in that, so in a sense, the Internet can discourage people from being creative."

Suleika Jaouad, Journalist

"Oftentimes, it ends up being more of a distraction than something that's actually helpful, and what usually ends up happening is that I spend two or three hours surfing the internet and procrastinating."

Lil Buck, Choreographer

"If you're just constantly watching videos and watching videos, you're gonna end up dancing like someone else you know. I don't just go online and watch every video and just try to do the same moves.I try to find ways of "Oh, I like that rhythm" and then, you know, feel that rhythm and try to feel a way to you know to make it something new."

Anne Libera, Director of Comedy Studies, The Second City

"There's a great George. Carlin quote where he talks about that he likes to push people's buttons. He likes to find out where they draw the line. Deliberately step across it, take them with him and make them glad they came. But the Internet and social media doesn't give you the opportunity to learn where people draw the line and to learn how to take care of them while you step across that line. And that's why it's dangerous. It's scary."

外刊原文5

Obesity, Climate Change and Hunger Must Be Fought as One, Health Experts Declare

Maybe, when it comes to finding a way out of a global crisis of obesity, we're just thinking too small.

Maybe the steps needed to reverse a pandemic of unhealthy weight gain are the same as those needed to solve two other crises of human health: malnutrition and climate change.

So instead of trying to tackle each of these problems individually, public health experts recommend that we lash the three together.

In a treatise published Sunday in the British medical journal *The Lancet*, a multinational commission argues that consumers, business leaders and policymakers must focus their efforts on steps that address at least two of these crises at a time. Only then can they can resolve this trio of emergencies fast and fully enough to make a difference, they wrote.

And no, the experts added: Tackling climate change, world hunger and obesity all at once is not an overreach.

But, the commission warned, it will require an ambitious restructuring of the economic incentives that drive the production and marketing of food. It will require new kinds of transportation systems. And it will demand that consumers demand and help pay for food that is subsidized, raised and distributed in new ways.

And, the commission said, it will require governments to stand up to the world's food manufacturing giants and the industries that support them — a collection of actors known as "Big Food."

Made up of 43 public health experts from 14 countries, the Lancet Commission on Obesity emphasized that the problems of obesity, malnutrition and climate change are inextricably linked by factors such as overconsumption, unchecked marketing and government failures.

If consumers, producers and regulators take those links into account with each choice they make, humans might stand a chance of averting global catastrophe, the experts wrote.

This way of thinking is so novel that the commission created a word for the three-headed hydra they are trying to address: "syndemic."

The World Obesity Federation's Tim Lobstein, a member of the commission, described the syndemic of obesity, malnutrition and climate change as "a synergy of co-occurring pandemics which interact with each other in place and time and have common societal and economic drivers."

Those common drivers include industries that are not required to pay for the downstream costs their products impose on the health of consumers or the environment, Lobstein said.

The result, according to the commission's reckoning:

— Roughly 2 billion people worldwide are overweight, and despite the costly health risks that come with this trend, no country has succeeded in reversing the fattening of its population.

— Chronic undernourishment afflicts 815 million people in the world, and more than 200 million of the world's children are stunted or wasted by hunger.

— The food production system that allows these trends to continue is a major contributor to climate change, which threatens to exacerbate these nutritional disparities by fueling floods, droughts and wildfires.

"A transformative social movement … is needed to overcome the policy inertia." the commissioners wrote. For that to happen, "a new narrative" is needed, they added.

They called for an international treaty — similar to those addressing tobacco use and climate change — to limit the political influence of agricultural and food production giants. And they recommend the redirection of $5 trillion in government subsidies away from harmful food products and toward sustainable alternatives.

Industries with commercial interests at stake will not yield without the kind of fight that has stymied change for decades, they wrote. Breaking their grip on policy will require funding from philanthropists to empower consumers' demands for products, services and policies that feed the world healthier food produced with more respect for the planet.

Is such ambition fanciful?

"Changes around this issue have to begin at the local level," said Dr. William Dietz, a professor of public health at George Washington University and one of the commission leaders. "To think this is going to happen right now at the national level is foolhardy."

But some of the changes needed are already underway, Dietz said: Cities and states are raising taxes on sugary drinks and also aiming to meet goals set by the Paris climate treaty

The World Resources Institute estimates that consumer demand for food that is healthier and sustainably produced is growing by at least 5 percent a year, Dietz said.

The Grocery Manufacturers Association, which represents the nation's leading manufacturers of foods and beverages, responded to the Lancet commission's report with a call for cooperation.

The U.S. food, beverage and consumer product industry "shares a commitment to the well-being of consumers everywhere," the GMA said in an emailed statement. "Only together can we solve some of the most pressing issues facing the world today."

Marlene B. Schwartz, who directs the Rudd Center for Food Policy & Obesity at the University of Connecticut, applauded the commission's willingness to look beyond the science of diet and call for broad-based action to change the way food is made and marketed.

"The food industry absolutely has to change," Schwartz said. And if scientists from disparate fields are to inform the steps that need to be taken, she said, "we need to start talking to each other."

The Lancet Commission on Obesity began with a more limited mandate: to update reports that were published in 2011 and 2015. But despite the issuance of 190 well-founded recommendations to improve diets and more than 50 to improve physical activity, Lobstein said, "barely any of these have been implemented in more than a handful of countries."

Two weeks ago, a related panel called the Lancet EAT Commission outlined global targets for a diet that is both healthy and sustainable. Those commissioners called for most consumers to double their consumption of fruits, nuts, vegetables and legumes, with a massive redistribution of meat consumption. The ideal amount of beef or lamb would be about a half an ounce per day, per person, the commission found — a small fraction of U.S. consumption.

The livestock industry denounced those recommendations as radical, and it challenged the new report as well.

"U.S. farmers and ranchers lead the world in efficient practices that deliver unmatched nutrition and continue to reduce greenhouse gas emissions from agriculture to record lows." said Kay Johnson Smith, president and CEO of the Animal Agriculture Alliance.

"The global challenge of feeding the world's growing population and keeping our climate healthy will certainly not be met by excluding farmers' experience and expertise." she said.

Commission member Corinna Hawkes of the University of London insisted "we are not trying to put the food industry out of business. But we want it to exist in a different way." she said. It should be a market in which smaller farmers and food producers can gain a foothold and thrive, she said.

Others weren't so sure that regulating the food industry is the answer to such sprawling challenges.

"I'm reminded of the adage that for every complicated problem, there is a simple — and wrong — solution, said Dan Glickman, a senior fellow at the Bipartisan Policy Center in Washington who led the Department of Agriculture during the Clinton administration. "To blame it all on Big Food — whoever that is — is not terribly helpful. How about taking on the medical world, and how few doctors know anything about nutrition? How about the role of schools and educators?"

Christopher Snowdon of the British libertarian think tank Institute of Economic Affairs denounced the members of the Lancet commission as "nanny-state zealots." With their embrace of tobacco-style regulation of food and soft drinks, he added, they "make no secret of their desire to bypass democracy and use unaccountable global institutions to further their agenda."

Here are some examples of how the factors linking obesity, metabolism and climate change build upon one another, according to the Lancet commission:

Cars: The car-dominated transportation systems that support our couch-potato lifestyles not only exacerbate obesity, they generate somewhere between 14% and 25% of the heat-trapping greenhouse gases that are a key cause of climate change. Getting out of our cars and walking to more efficient public transit systems would help solve two problems at once.

Crops: The industrialized food-production system encourages farmers to grow crops like wheat and corn-both because it's most efficient and because government subsidies encourage such specialization. Those are then used to make hyper-processed foods that do more for the bottom line than for our bodies. In addition to generating 25% to 30% of global greenhouse gas emissions, this mode of food production fuels obesity in rich countries like the United States. Meanwhile, in developing countries, there are children who are both obese from taking in too many empty calories and stunted from nutrient deficiencies.

Cattle: Red meat is consumed in unhealthy volumes by those in the industrialized West, and it requires the razing of forests and the mass production of animal feed, two drivers of global warming. Cattle production accounts for more than half of the agricultural sector's contribution to greenhouse gas emissions, and the resulting climate change exacerbates the droughts and extreme weather events that wreck crops and deepen power and malnutrition in low-income countries.

外刊原文6

The Boy Survived Miraculously

Reader's Digest

  The stainless steel skewer that Xavier Cunningham found in his backyard two Septembers ago was about a foot and a half long and the width of his pinkie. One end had four sharp prongs, and the other had a single point-it was the kind of rod used to cook rotisserie chicken over a grill.

  They then climbed up the tree house's ten-foot ladder. Apparently, the boys hadn't seen the large wasp nest wrapped around the back of the tree, for once they were in the hut they were under attack. The swarm was so aggressive that Silas kneeled in the corner and started praying. "I'll get my mom!" Xavier said as he descended the ladder. About halfway down, a wasp stung his left hand. Xavier swatted at it with his right, lost his balance, and fell, facedown. Before breaking his fall with his arms, he felt a sting just under his left eye.

  Was that a wasp? he wondered. In fact, it was the skewer. About six inches of it was now buried in his head. Screaming, he got up and ran to his home, some 50 feet away.

  Gabrielle Miller, 39, was upstairs folding laundry in the house she shared with her husband, Shannon Miller, and their four children. Shannon, a teacher, had taken two of their kids to an arcade, while Gabrielle, who manages a title-insurance business, stayed home with Xavier and his 14-year-old sister, Chayah. She heard her son screaming and thought, When will he grow out of this stuff? Xavier-called Bear by his family, after a story Shannon had told him as a toddler — always made a fuss over the smallest scratch.

  If one of their two dogs jumped up on him, he'd start screaming; he was too scared to walk Max, the coonhound he'd gotten as a puppy, because the dog pulled on the leash. Gabrielle was almost down the stairs, Chayah right behind her, when Xavier pushed the front door open, shrieking, "Mom, Mom!" Chayah took one look and fled back upstairs in horror. Gabrielle was trying to make sense of what she was seeing. "Who shot you?!" she said. It looked like there was an arrow through her son's face, and a single trickle of blood ran down from it.

On the back of his neck was a lump-the tip of the skewer that hadn't pierced the skin. "Chayah, go find the boys. I'm taking Bear to the hospital!" As Gabrielle backed the car out into the road, a neighbor watching them thought, That boy's not coming home.

Emergency room personnel acted quickly when Xavier walked in, giving him painkillers and sending him for X-rays. The skewer didn't appear to have hit his spine, but an X-ray can't show tissue damage.

They had to send him somewhere with more advanced imaging equipment-Children's Mercy Hospital in Kansas City, Missouri, about 40 minutes north of the family's home in Harrisonville. To prevent Xavier from moving his head, hospital staff put a plastic cervical collar on his neck, and they wrapped his entire head in white gauze to help stabilize the skewer. The only thing left exposed besides that mud-caked metal rod was his mouth.

At Children's Mercy, doctors performed a computed tomography (CT) angiogram to see whether the skewer had pierced one of his major blood vessels. They were amazed to find that it had barely missed every vital artery when it penetrated his head. It was like the proverbial threading of a needle, only with life-and-death consequences. But there was a wrinkle. Metal shows up on CT scans as vivid white, without defined edges.

参考文献

[1] 赵艳春.在英文报刊阅读教学中培养高中生的思维品质[J].镇江高专学报,2022,35(01):109-110,120.

[2] 罗荣良.指向核心素养的英语报刊阅读实践与研究[J].英语画刊(高中版),2021(10):35-36.

[3] 张明芳.巧用英文报刊 聚焦核心素养[J].小学教学参考,2021(09):

56-57.

[4] 沈正华.在英语报刊阅读教学中提升学生思维品质的研究[J].小学教学研究，2020（10）：90-93.

[5] 刘娟.阅读英语报刊，培养思维品质[J].语数外学习（高中版上旬），2019（06）：64-65.

[6] 许慧文.初中英语报刊深度阅读教学实践[J].校园英语，2019（06）：2.

[7] 孙志法.浅析英文报刊阅读教学中提升思维品质的问题设置[J].基础教育参考，2018（23）：45-47.

[8] 徐菲.基于培养英语核心素养的高中报刊阅读教学设计研究[J].海外英语，2018（07）：32-34.

[9] 张盛.英语报刊阅读培养学生思辨能力的研究[J].新课程（综合版），2017（07）：13-14.

[10] Wolf W，King M L，Huck C S. Teaching Critical Reading to Elementary School Children[J]. Reading Research Quarterly，1968，3（4）：435-498.

[11] Milan D. Developing Reading Skills（2nd edition）[M]. New York：McGraw-Hill，1983.

[12] Paul R，Linda E. Critical thinking：Learn the tools the best thinkers use[M]. Pearson Prentice Hall，2006.

[13] 文秋芳.论外语专业研究生高层次思维能力的培养[J].学位与研究生教育，2008（10）：29-34.

[14] 文秋芳，王建卿，赵彩然，刘艳萍，王海妹.构建我国外语类大学生思辨能力量具的理论框架[J].外语界，2009（1）：37-43.

[15] 陈则航.批判性阅读与批判性思维培养[J].中国外语教育，2015（2）：4-11，97.

[16] 权文馨.批判性英语阅读及相关教学探讨[J].课程教育研究，2017（43）：109-110.

[17] 张冠文.利用报刊开展批判性阅读教学的实践[J].中小学外语教学（中学），2021，44（9）：11-15.

[18] 端木义万.报刊教学与外语教改[J].外语研究，2005（1）：36-39.

[19] 陈潇潇.我国报刊英语教学研究现状述评[J].大学英语（学术版），2006（02）：394-396.

[20] 戴军熔. 新课标下的高中英语报刊阅读教学[J]. 中小学外语教学（中学），2007，30（11）：1-5.

[21] 曾亚军，李泽娟. 元认知策略在报刊英语阅读教学中的应用[J]. 牡丹江大学学报，2012，21（2）：171-174.

[22] 兰仁加. 高中英语课堂教学中思维品质的培养策略[J]. 校园英语，2021（46）：116-117.

[23] 郭梦雨. 大连市某高中学生英语思维品质现状调查研究[D]. 大连：辽宁师范大学，2021.

[24] 王雪茹. 高中英语教学中学生思维品质培养现状调查研究[D]. 天津：天津师范大学，2021.

[25] 陈纯. 基于英语学科核心素养的高中思维品质培养调查研究[D]. 桂林：广西师范大学，2021.

[26] 陆献安. 贵港市普通高中学生英语思维品质素养现状调查研究[D]. 桂林：广西师范大学，2021.

[27] 齐安. 拉萨市高中英语学科核心素养培养现状研究[D]. 拉萨：西藏大学，2021.

[28] 刘才琪，解冰. 基于课堂观察的高中英语阅读教学思维品质培养现状研究[J]. 基础外语教育，2021，23（01）：31-38，109.

[29] 江琰. 英语学科核心素养培养[D]. 重庆：西南大学，2020.

[30] 冯小函. 高中生英语阅读思维品质提升的策略研究[D]. 重庆：西南大学，2020.

[31] 肖中春. 高三英语教学思维品质培养现状调查[D]. 重庆：重庆师范大学，2020.

[32] 冯洋. 基于英语学科核心素养的高中英语写作教学设计研究[D]. 湘潭：湖南科技大学，2020.

[33] 黄远振，黄睿. 英语深读教学读思言模型构念与实践研究[J]. 福建基础教育研究，2019（04）：62-67.

[34] 李洪源. 关于"思维"研究的回顾[J]. 天津市经理学院学报，2008（06）：33-34.

[35] 林崇德. 国外关于思维品质发展与培养的研究[J]. 外国心理学，1984（04）：2-4，20.

[36] 刘道义.谈英语学科素养——思维品质[J].课程.教材.教法，2018，38（08）：80-85.

[37] 黄晓生，李晓琴.基于多模态学习理论的多媒体课件设计[J].南昌高专学报，2012，27（02）：102-104，115.

[38] 陆锋.ACTIVE教学模式在初中英语阅读教学中的实践与思考[J].中小学外语教学(中学)，2017，40（09）：23-27.

[39] 教育部.普通高中英语课程标准（2017年版）[M].北京：人民教育出版社，2018.

[40] 梅德明，王蔷.改什么？如何教？怎样考？——高中英语新课标解析[M].北京：外语教学与研究出版社，2018.

[41] 梅德明，王蔷.普通高中英语课程标准（2017年版）解读[M].北京：高等教育出版社，2018.

[42] 商务印书馆.现代汉语词典[M].北京：商务印书馆，2002.

[43] 文旭.英语报刊阅读教程[M].北京：中国人民大学出版社，2021.

[44] 徐雁光.依托高考英语语料，培养学生逻辑思维能力[J].中小学英语与教学研究，2012（7）：21-25.

[45] Grellet F，Frsncoise G. Developing Reading Skills[M]. Cambridge：Cambridge University Press，1981.

[46] 彭聃龄.普通心理学[M].北京：北京师范大学出版社，2001.

[47] 陈凤梅.高中英语阅读教学中学生创新性思维能力的培养[J].中小学外语教学（中学），2012，35（2）：1-7.

[48] 皮连生.教育心理学[M].上海：上海教育出版社，2011.

[49] Karplus R. Science teaching and the development of reasoning[J].Journal of Research in Science Teaching，1977，14（2）：169-175.

[50] Demirel Ö. Öğretimde planlama ve değerlendirme: Öğretme sanatı[M]. PegemA Yayıncılık, 2004.

[51] 罗娟.聚焦逻辑性思维的英语说明文阅读教学——以"Puzzles in Geography"教学为例[J].教学月刊·中学版（教学参考），2020(7)：8-12.

[52] 陈世清.超越中国主流经济学家[M].北京：中国国际广播出版社，2015.

[53] 葛炳芳.英语阅读教学的综合视野：内容、思维和语言[M].杭州：浙江教育出版社，2013.

[54]林崇德.培养思维品质是发展智能的突破口[J].国家教育行政学院学报，2005（09）：21-26，32.

[55]田金茹.中学英语教学中学生创新思维能力的培养[J].教育教学论坛，2012（S2）：76-77.

[56]朱永生.多模态话语分析的理论基础与研究方法[J].外语学刊，2007（05）：82-86.

[57]陈琳.颂"学生发展核心素养体系"[J].英语学习（教师版），2016（01）：5-6，4.

[58]安德森等（编著）.学习、教学和评估的分类学：布卢姆教育目标分类学修订版（简缩本）[M].皮连生（主译）.上海：华东师范大学出版社，2008.

[59]雷明，黄文利.基于思维品质培养的高中英语阅读教学实践[J].英语教师，2018，18（09）：65-70.

[60]孙志法.浅析英文报刊阅读教学中提升思维品质的问题设置[J].基础教育参考，2018（23）：45-47.

[61]李亚男.基于英文报刊阅读发展学生思维品质的实践探究[J].基础教育参考，2019（05）：58-59.

[62]廖明久.新课程背景下的高中英语报刊阅读策略[J].中学生英语(高中版)，2010（16）：47-48.

[63]龚亚夫，罗少茜.任务型语言教学[M].北京：人民教育出版社，2003.

[64]文秋芳.英语学习策略[M].上海：上海外语教育出版，1996.

[65]刘电芝.学习策略研究[M].北京：人民教育出版社，2001.

[66]李岳秋.中学生英语阅读障碍调查报告[J].中小学外语教学（中学），2003（4）：8-10.

[67]陈立华.高中英语泛读教学初探[J].中小学英语教学与研究，2002（4）：7-9，14.

[68]王秀丽.高中英语新课程背景下的高中英语"教与学"策略——探讨有效的教学和有效的学习[J].语文学刊（外语教育与教学），2011（02）：140-142.

[69]Krashen S D, Terrell T D. The Natural approach: Language Acquisition in the Classroom[M]. New York: The Alemany Press, 1983.

[70] Di Pietro R J. Strategic interaction: Learning languages through scenarios[M]. Cambridge: Cambridge University Press, 1987.

[71] Mezirow J. Fostering critical reflection in adulthood[M]. San Francisco: Jossey-Bass Publishers, 1900.

[72] Via R A. English in Three Acts[M]. Honolulu: The University Press of Hawaii, 1976.

[73] Smith S M. The Theater Arts and the Teaching of Second Languages[M]. Reading: Addison-Wesley Publishing Company, 1984.

[74] Boud D, Keogh R, Walker D. Reflection: Turning experience into learning[M]. London: Routledge, 1985.

第二章

"双新"背景下高中英语读后续写课堂教学策略

第一节　读后续写题型概述

一、读后续写的定义

　　读后续写早已存在，但由谁发明难以考证（王初明，2015）。20世纪90年代末期，学界提出"外语写长法"的写作训练模式，可视作是读后续写题型的雏形（陈凤芝、王璐瑶，2018）。"写长法"教学要求学生不断地满足教师所设置的最低词数的要求，而经过"写长法"训练后，学生普遍增强了对英语写作的信心和成就感。2000年，王初明等进行了一项指导大学生写长作文的教学实验；学生需要对教师布置的练习进行写作，写作的篇幅越长越好。而通过实验，王初明发现，舍去结尾的故事能避免学生的抄袭，同时提升了学生的写作水平，开发了学生的潜力。随后越来越多的研究者发现，读后续写不仅能促使学生发挥想象力，还能提高学生的语言表达能力。2013年，王初明和亓鲁霞对高中生进行取样，取样结果从效度和信度上肯定了读后续写作为外语水平考试题型的作用。读后续写，作为一种通过利用读写协同效应提高学生书面表达能力的方式，逐渐引起相关研究者和英语教师广泛关注。

　　2015年，教育部考试中心发布了《普通高等学校招生全国统一考试英语科考试说明》，标志着读后续写作为普通高等学校招生全国统一考试（以下简称"高考"）英语试题新题型开始出现。2016年10月，浙江省开启了高考改革后的第一次英语高考，读后续写这一新题型第一次被正式运用在高考中。改革后的浙江省英语高考，总分虽然不变，但部分题型的分值发生了很大的变化，如写作题型，从原来的写一篇议论性应用文，变成了写一篇应用文（满分15分），再加上一篇读后续写或是概要写作（满分25分）。山东省自2020届开始推行新高考，其中写作部分由原来的一篇100词左右的应用文（满分25分），变成了一篇80词左右的应用文（满分15分）和一篇150词左右的读后续写（满分25分）。随后，山东、辽宁、江苏、福建、河北、湖北、湖南、广东、重庆等省份也陆续加入高考改革的阵营，纷纷开始进行读后续写题型的教学实践。

　　在《普通高等学校招生全国统一考试英语科考试说明》（高考综合改革试验省份试用）中，教育部考试中心（2015）规定："高考中的读后续写题型提供一段350词以内的语言材料，要求考生依据材料内容、所给段落开头语和所标示关键词进行续写（150词左右），将其发展成一篇与给定材料有逻辑衔接、情节和结构完整的短文。"由此可见，读后续写将语言输入与输出、模仿与创造有机地结合在一起，既能培养学习者的阅读能力，更能锻炼其写作能力，正如王初明（2012）所言："读后续写最大的优势在于将语言的模仿和内容的创新有机结合，在释放使用者想象力的同时提高其准确运用外语的能力。"

二、读后续写题型的特点

第一，读后续写题型的原文材料在350词以内，要求续写的文章在150词左右。第二，从文章体裁来看，读后续写所选材料以记叙文和夹叙夹议的文章为主。一般来说，记叙文浅显易懂，具有一定的故事性，学生续写的部分多是故事发展的高潮和结局，读后续写所提供的短文有一定的趣味性和延展性，便于学生发挥想象力。此外，读后续写所选的材料上下文连贯性较强，语言难度适中，便于学生感知品读和借鉴使用。第三，在浙江卷的读后续写当中，原文还给出了10处左右标有下划线的关键词语，要求所续写的短文应使用5个以上，而在全国卷的读后续写当中并没有相关词的要求。第四，读后续写部分一般分为两段，每段开头语已经给出。

三、读后续写的能力要求

《标准》指出，读是理解性技能，写是表达性技能，两者在语言学习中相辅相成、相互促进。学生应该通过大量专项和综合性语言实践活动，熟练掌握语言技能。综合语言应用能力一直是高中英语课程强调的能力，这点可以从高中英语新教材的板块安排上直接体现出来。在听说结合方面，人教版（2019年）和外研版（2019年）的教材中都出现了listening and speaking板块，旨在让学生听一段对话后了解对话的语用意图，并通过学习对话中的表达结构，实现语言的输出；在读写结合方面，人教版出现了reading for writing的板块，通过学习模仿所给文章的结构和语言风格，仿写一篇类似的文章。可以看出，在新课标、新教材的背景下，高中英语课程在不断发展学生语言听说结合、读写结合的综合运用能力。而作为新高考"皇冠上的明珠"的读后续写，以读写结合为背景，更加注意提升学生用英语获取信息、处理信息、分析问题和解决问题的综合能力。

读后续写要求学生先读后写、先理解后表达、先欣赏后模仿。从阅读理解到写作表达，学生自然而然地会向阅读文本靠拢，在阅读文本提供的语境下进行创造性的模仿，产生读与写的协同效应。相较于应用文写作题型，读后续写这一题型更加考察学生的阅读、逻辑思维、发散思维、语言运用、词汇积累、想象等综合能力。

总的来说，读后续写将阅读理解与写作产出紧密结合，考察学生对记叙文文体的阅读理解能力、由读到写的思维能力，以及记叙文书面表达能力等英语核心能力。

（一）对记叙文的阅读理解能力

记叙文是以记人叙事为主要内容的写作文体，其覆盖的范围很广，包括日记、游记、新闻报道、人物传记、小说等。读后续写题型中的记叙文，以故事类记叙文和传记类记叙文为主，因此要求学生至少对于这两种记叙文有基本的阅读能力。

记叙文的阅读能力即理解故事、厘清故事发展脉络的能力，包括浅层的信息定位能力和深层的文本分析能力。在浅层的信息定位方面，要求学生在阅读记叙文时，准确定位文中的关键信息从而明确故事的来龙去脉。故事类记叙文的关键信息一般围绕着"背景"和"事件"两部分展开，其中背景包括时间、地点、人物；事件包括故事的开端、发展、结局。这类文章的情节性比较强，随着时间、地点的转移，情节也在不断地发展变化。传记类记叙文的关键信息一般围绕着人物、时间与事件、成就、评价展开，按照时间顺序进行发展，如记叙一个人的童年、青年、壮年时期。所以学生在初读文章时，就应该定位上述基本要素，以厘清故事发展脉络。

学生在阅读过程中，不仅要理解故事情节等表层信息，更要试着建立文本信息呈现、语言表达、人物情感、作者态度等各要素之间的联系，挖掘文章中蕴含的价值，因此深层的文本分析能力非常重要。在情节方面，不仅要在理清故事的基本要素之后明确故事的明线，更应该注重故事的暗线，重视情节转折点、故事矛盾点；在人物方面，不仅要明确主人公是谁，更要通过外貌、语言、动作、神态等细节感受人物的性格特点，理解人物在故事中的定位和内涵；在情感方面，除了要关注人物本身的情感变化外，也要体会作者的情感，所以学生应该注意一些感情色彩明确、褒贬意义明显的词语，注意人物的一些细节描写所反映的作者态度，注意环境描写所体现的故事整体基调，从而更好地明白作者的写作意图；在语言表达方面，学生首先要注意细节描写的偏好，如是否侧重用对话式语言描写来推动故事的发展，是否侧重心理描写来展示人物的性格，是否喜欢用大量的形容词来描述人物的外貌，等等。此外，学生还应该注意文章的写作风格是偏口语一些，还是正式一些；是幽默活泼一些，还是沉稳厚重一些。除了语言风格外，为了后续的续写，学生可以注意一些复杂的语言结构，如定语从句、名词性从句、状语从句、非谓语做状语和定语、倒装句、强调句等。

（二）由读到写的思维能力

《普通高中英语课程标准（2017年版）》将语言能力、文化意识、思维品质、学习能力统称为英语学科核心素养，其中，思维品质指思维在逻辑性、批判性、创新性方面所表现的能力和水平。逻辑性思维技能包括分析综合、分类比较、归纳演绎、抽象概括；批判性思维技能包括判断推理、质疑解疑、求同辨异、评价预测；创新性思维技能包括纵横思维、联想想象、隐喻通感、模仿创生（黄远振等，2014）。读后续写作为一种由读到写、读写结合的题型，需要用到逻辑性、批判性、创新性方面的思维能力。

读后续写的不同阶段要求掌握不同的思维能力。在读后续写的品读文本阶段，学生通过获取文本基础信息、细读两段续写的开头语、理顺续写段落的逻辑关系，解构语篇框架，分析文本情节走向，梳理人物的情感变化，研读人物性格，发散了分析综合、归纳演绎、抽象概括的逻辑性思维能力；在解读主题阶段，学生通过寻找主题句、分析人物善恶特征、解读作者写作基调等方法合理推测作者的写作意图，对文章所提出的观点、拥有的价值观念、人物的动机等内容进行质疑解疑，内化并拓展文本内涵，发散了判断推理、质疑解疑、评价预测的批判性思维能力；在尝试写作阶段，学生通过分析原文的语言风格、语言结构、衔接手段等，在和原文语言风格相近、逻辑一致的基础上进行续写，体现其创新性思维能力。同时学生运用有效的段落间、语句间的衔接手段，如使用表示因果、转折、递进等的词语或前后呼应等技巧，发展逻辑性思维能力；学生合理地发挥想象、构建新颖的且情理之中意料之外的情节，重构语篇，输出新知，迸发出创新性思维能力；在学生自评、学生互评、师生共评等评价环节中，学生通过评价量表判断习作的优缺点，明确写作任务和要求，发展批判性思维能力。

（三）记叙文书面表达能力

《普通高中英语课程标准（2017版）》对高中生的英语表达能力提出了明确要求，"根据表达的需要选择词汇和语法结构；运用语篇衔接手段，提高表达的连贯性"。一方面，语言表达应该准确、熟练、得体；另一方面，语言表达应该有连贯性。读后续写作为一种以写作为主要产出的题型，可以满足语言技能的要求。从读后续写的评价标准可以看出，除了语言表达的准确性和丰富性之外，读后续写还对学生写作的连贯性提出了具体的要求。

语言的准确性体现在词汇、语法和中式表达三个维度。从词汇的角度来说，学生应该注意词汇意义的准确使用，词汇意义包括"所指意义（一词多义和隐喻意义）、情感意义（词语的内涵意义）、语用意义（词语的语境意义）"，所以在续写中，学生应该措辞得体，合理搭配词组，准确理解词语在特定语境下的语义，较少地出现拼写错误；从语法的角度来说，学生应该注意时态、主谓一致、冠词、名词单复数、句子成分等语法的准确性；从中式表达的角度来说，学生应该理解什么是中式英语，避免使用中式英语表达。

语言的丰富性体现在词汇、句式、语法的丰富性，情感表达的丰富性，动词使用的丰富性三个方面。首先，在词汇、句式、语法方面，学生能够运用同义词、反义词等构词法知识，结合各种主题语境积累词块，准确表达比较复杂的主题意义，能够在应用简单句和复合句表达基本意思的基础上，有意识地运用倒装句、强调句等特殊句式来表达自己的想法，使文章长短句结合，错落有致，能够灵活地使用虚拟语气、动词的各种时态、独立主格等比较复杂的语法结构充分表达自己的意思；其次，在情感表达方面，学生不仅需要通过一些表示情感的形容词来进行语言表达，更应该通过一些动作细节、神态细节、心理活动细节、环境细节等表达复杂的情感；最后，特别要注意动词使用的丰富性，如"说""走""看""听""哭"等动作可以用哪些动词和语法结构替代。

语言的连贯性体现在内容连贯、语言风格连贯、结构连贯三个方面。在内容方面，学生应该以原文为基础，合理创造故事情节，保持原文故事的延续性；在语言风格方面，学生要注意与原文在叙事方式上保持一致，例如，如果原文主要用间接引语表达人物的内心思想，就不应该在续写中大量使用直接引语，学生还要注意词汇、句法的连贯性，不要刻意追求高级词汇，也不要强行运用复杂句型，而忽略了与原文语言环境的连贯度；在结构方面，学生应该在句内和段落内使用语篇中显性和隐性的衔接手段，如通过使用连接词、代词、同义词、省略句等来实现衔接，或者说在不使用but等连接词的情况下实现转折这一语义逻辑关系，由于读后续写的材料多是以时间顺序发展的记叙文，所以一些表示时间顺序的逻辑词能够给段落之间的衔接增添光彩。此外，学生还应该注意所写内容与所给段落开头语的衔接、续写的第一段末尾和第二段开头的衔接、所写内容与续写材料的前后呼应。

四、读后续写的评价标准

新高考英语全国卷读后续写题型的评分原则如下：

（1）总分为25分，按七个档次进行评分。

（2）评分时，应根据作答的整体情况确定其所属的档次，然后以该档次的要求来综合衡量，确定或调整档次，最后给分。

（3）评分时，应主要从内容、词汇语法和篇章结构三个方面考虑，具体为：续写内容的质量、完整性及与原文情境的融洽度；所使用词汇和语法结构的准确性、恰当性和多样性；上下文的衔接和全文的连贯性。

（4）评分时还应该注意：词数少于130的，酌情扣分；书写较差以致影响交际的，酌情扣分；单词拼写和标点符号是写作规范的重要方面，评分时应视其对交际的影响程度予以考虑，英式、美式拼写及词汇用法均可接受。

读后续写各档次的评分范围及要求见表2-1。

表2-1 读后续写各档次的评分范围及要求

档次	要求
第七档 （22—25分）	1. 创造了新颖、丰富、合理的内容，富有逻辑性，续写完整，与所给短文情境融洽度高； 2. 使用了多样且恰当的词汇和语法结构，表达流畅，语言错误很少，完全不影响理解； 3. 自然有效地使用了段落间、词句间的衔接手段，全文结构清晰，前后呼应，意义连贯
第六档 （18—21分）	1. 创造了比较丰富、合理的内容，比较有逻辑性，续写比较完整，与所给短文情境融洽度比较高； 2. 使用了比较多样且恰当的词汇和语法结构，有些许语法错误，但不影响理解； 3. 比较有效地使用了段落间、词句间的衔接手段，全文结构比较清晰，意义比较连贯

续表

档次	要求
第五档 （15—17分）	1. 创造了基本合理的内容，有一定的逻辑性，续写基本完整，与所给短文情境相关； 2. 使用了比较恰当的词汇和语法结构，表达方式不够多样，表达有些许错误，但基本不影响理解； 3. 使用了词句间的衔接手段，全文结构比较清晰，意义比较连贯
第四档 （11—14分）	1. 创造了基本完整的故事内容，但有的情节不够合理或逻辑性不强，与所给短文情境基本相关； 2. 使用简单的词汇和语法结构，有部分语言错误或不恰当之处，个别部分影响理解； 3. 尚有语句衔接的意识，全文结构基本清晰，意义基本连贯
第三档 （6—10分）	1. 内容和逻辑上有一些重大问题，续写不够完整，与所给短文情境有一定程度的脱节； 2. 所用的词汇有限，语法结构单调，错误较多且比较低级，影响理解。 3. 未能有效地使用衔接语，全文结构不够清晰，意义缺少连贯性
第二档 （1—5分）	1. 内容和逻辑上有较多重大问题，或有部分内容摘自所给短文，续写不完整，与所给短文情境基本脱节； 2. 所使用的词汇非常有限，语法结构单调，错误较多，严重影响理解； 3. 几乎没有使用衔接语，全文结构不清晰，意义不连贯
第一档 （0分）	未作答；所写内容太少或无法看清以致无法评判；续写内容全部摘自所给短文或与题目要求完全不相关

总体来看，读后续写以读为辅，以写为主，其目标是考察学生的综合语言运用能力，包括阅读理解能力、由读到写的思维能力和语言表达运用能力三个方面。阅卷教师在进行阅卷时，需要考虑学生所写短文与所给短文及段落开头语的衔接程度、学生所写内容的丰富性及应用语法结构和词汇的丰富性和准确性、上下文的连贯性这几个方面。

第二节 读后续写研究综述

一、读后续写教学策略现状研究

由于新课标、新教材、新高考的原因，国内对读后续写教学模式的研究较多，而在国外几乎很少提及。笔者通过在中国知网中输入"高中英语读后续写教学策略"，共搜索到555条结果（截至写稿时），剔除一些重复文献和一些与主题不相关的文章后，还有424篇期刊与论文。根据教学策略的特点，可以把这些研究主要分为教学实践类与理论依据类。

（一）读后续写教学策略之教学实践类研究

教学实践类研究往往结合教学案例，提出实施读后续写的步骤与方案，例如，张强（2021）提出了"读—析—写—评"的教学路径，并通过课例详细诠释了"解构语篇逻辑，理解主题""梳理关键信息，搭建支架""建构情节发展，表达主题""立足评价标准，反思修改"的教学步骤；罗桂玲（2021）基于过程教学法提出"D—D—F—R—R"教学模式，具体为：文本解读（decode）、初稿创作（draft）、反馈完善（feedback）、修改润色（revise）、二稿写作（rewrite）。总的来说，学者们的教学路径和模式都可以划分为续写选材、教学实施和评价反馈三个阶段。

学者们关于读后续写文章选材的研究主要集中在体裁上，且主要集中在体裁对写作的影响上。刘伽睿（2021）、冷超越（2018）、陈慧和张娜（2018）分析了不同体裁的文章对于读后续写的促学效应，得出议论文体裁的读物比记叙文体裁的读物更具有促学效应，学生的语言偏误少，更有助于提高学生的书面表达能力。而郭奕奕、王芯怡（2018）从阅读材料的体裁、篇幅、语言难度（由词汇复杂度和句法复杂度体现）和语言凸显这四个维度分析了其对读后续写的影响。张秀芹、张倩（2017）探讨了记叙文和议论文续写在协同效应与偏误频率方面的差异性，得出议论文续写比记叙文续写的协同效应更强，偏误频率更低，但记叙文续写的语言产出量大于议论文续写。

在读后续写的实施阶段，学者们分析了多轮续写对于高中生写作词汇的丰富性（关鹏飞，2020）、英语写作焦虑（何媛媛，2021）、写作语言复杂度（白秀敏，2021）、写作连贯性（杨彤，2021）的影响，以及多轮续写与对比续写的策略（范晓虹，2021）等。薛海燕（2021）基于读后续写的内涵及其基本特征，从产出导向法的视角出发，尝试建构以续写为输出导向的英语读写课堂，结合教材实例搭建从"学"到"用"的过程性路径，即产出驱动，激发学生的动机和兴趣；分层促成，实现理解和产出的协同。边丽美、陈柏华（2017）围绕"文体互动"教学策略，提炼续写关键词、推进故事发展并进行协同评估，在不同的读写阶段，通过设计相应的阅读和写作活动进行语言提炼、思维训练和谋篇布局，从而提高故事性题材续写教学的有效性。此外，还有一些学者针对思维导图法、搭建脚手架等促进协同的手段在高中英语读后续写中的应用进行了研究。

最后，在读后续写的评价方面，学者们主要讨论了同伴互评对高中英语读后续写教学的影响。严茵妮（2017）通过实证研究证明，增加同伴互评环节的合作续写能够提高协同强度，并且有助于学生增进对文本的理解，提升写作兴趣和写作质量。李楠（2019）通过前测、后测、问卷调查和访谈的形式收集数据，结合SPSS 19.0对数据进行分析，得出结论，同伴互评的有效应用能提高学生对读后续写的兴趣，增强对文章的理解，学生的写作成绩也会有一定程度的提高。徐敏娟（2021）选取了厦门市L中学高二年级的两个平行班级的学生作为研究对象进行了实证研究，结果表明，同伴评价模式可以有效提高学生的读后续写成绩，提升的内容主要体现在学生对续写文本内容和情节的构建、语言的丰富程度等方面。

（二）读后续写教学策略之理论依据类研究

理论依据类的读后续写教学策略研究主要指从语篇分析的角度，剖析文章的结构和语言特点，为合理续写提供理论支撑。

汤泉（2015）从系统功能语言学视角下的语境理论出发，对读后续写这一种新兴语言学习方法进行理论研究和探索，并通过实例来说明读后续写的操作方法和实效性。钟雅馨（2018）探讨了语境理论视角下读后续写教学的应用对高中生英语写作策略、写作动机和写作成绩的影响。谢瑾、李家翼（2020）结合实践操作说明如何运用主位推进理论提升学生的读后续写能力，引导他们把握主旨大意，理清脉络，明晰结构，了解文章的逻辑发展方向，进而有效地提高英语写作质量。孙凌博（2017）认为词块理论对于读后续写教学具有提高续写语言的准确性和地道性，提高续写文章的连贯性和逻辑性，以及快速搭建文章框架、从整体上组织篇章三个作用。顾茜茜（2021）提出将"输出理论"应用在读后续写教学中能够保障输入和输出切实落实，从而提升学生的阅读与写作水平。

综上所述，可能是由于在实践中更能检验高中英语读后续写的教学策略的实效性，因此对于读后续写教学策略的实践研究成果要比理论研究更加丰富。在对于高中英语读后续写教学策略的研究中，已经有很多一线教师根据某一个课例而提出了可供参考的教学路径或将某一理论应用在读后续写的教学中，然而这些教学策略能否普遍应用在所有的高中英语读后续写的教学中，仍然需要深入课堂进行长期的调研，在持续的课堂观察和反复实验中揭示读后续写教学策略的有效性。目前通过行动研究法探究出高中英语读后续写教学模式的研究多数来自硕士研究生，他们缺乏教学经验，且以完成硕士论文为主要目的，对于读后续写教学策略的有效性缺乏后续和持续研究，这为我们的研究留下了空间。

二、读后续写课堂教学现状研究

（一）教师问卷分析

为了调查一线教师的读后续写教学现状存在的具体问题难点，2022年5月13日研究者通过问卷星对参与本课题问卷调查的教师发放问卷共计66份，有效回收66份。教师的问卷共有19道题目，采取单选题和多选题相结合的方式。问卷题目共涉及以下几个方面：教师自身情况反馈（表2-2）、教师对读后续写题型的看法态度（表2-3）、读后续写教学中的重难点（表2-4）、读后续写的课堂教学策略（表2-5）、是否写"下水"文章及对其评价（表2-6）。

表2-2 教师自身情况反馈

问题	选项
1. 您所教的年级是	A. 高一 39.39% B. 高二 39.39% C. 高三 21.21%
2. 您的教龄是	A. 5年以内 27.27% B. 6—10年 13.64% C. 10年以上 59.09%
3. 您的学历是	A. 大专及以下 无 B. 本科 71.21% C. 硕士及以上 28.79%

在教学过程中，教师的自身情况会在一定程度上影响教学方式和策略。从表2-2的数据我们可以得出，高中三个年级的教师都参与了调查，其中高一和高二的教师稍微居多。此外，超过一半的教师都是从教10年以上有一定教学经验的一线教师。在学历方面，大学本科占到了绝大多数，另有28.79%的教师具有硕士学历。因此研究者尽量涵盖了不同年级，不同学历和不同教龄的一线教师，切实了解他们的读后续写教学现状及教学困惑和难题，从而在今后更好地实施课堂教学！

表2-3　对读后续写体型的看法态度

问题	选项：
4.您认为读后续写难么	A. 很难 31.82% B. 有点难 60.61% C. 适中 7.58% D. 不难　无
5.您认为多久进行一次读后续写教学合适	A. 每周两次 13.64% B. 每周一次 37.88% C. 每两周一次 31.82% D. 每月一次 16.67%
6.您是否会主动阅读学习读后续写的期刊文章或课例	A. 经常 15.15% B. 有 78.79% C. 从不 6.06%
7.您是否认为读后续写课比单纯的写作课更能提升学生的写作能力	A. 非常赞同 28.79% B. 比较赞同 56.06% C. 都一样 9.09% D. 不赞同 6.06%

教师对读后续写板块的重视程度和理解深度决定了其在教学过程中对此板块的投入，继而影响学生续写文章的质量。从表2-3的数据来看，有超过85%的教师都认为读后续写课比单纯的写作课更能提升学生的写作能力，足见教师们都意识到了读后续写课的重要性。而且94%的教师都会主动学习读后续写的期刊文章或课例，这说明教师们对读后续写教学都持非常重视，也在不断想办法提升自己以更好地驾驭此部分教学。然而，有近93%的一线教师都认为读后续写有点难或很难。在日常教学中，超过一半的教师选择每周一次或每两周一次进行读后续写教学。在所调查的66名教师中，有9名教师坚持每周进行两次读后续写教学，有11名教师是每月进行一次读后续写。教师们在读后续写教学频率方面存在差异。

表2-4　读后续写教学中的重难点

问题	选项
8.您认为以下哪个方面在读后续写教学中最重要	A. 文本选材 3.03% B. 文本解析 53.03% C. 谋篇布局 31.82% D. 语言优化 10.61% E. 习作评价 1.52%

续表

问题	选项
9.您认为以下哪个方面在读后续写教学中的难度最大	A. 文本选材 12.12% B. 文本解析 13.64% C. 谋篇布局 45.45% D. 语言优化 27.27% E. 习作评价 1.52%

根据表2-4的数据,我们可以看出读后续写教学的重难点分布。在读后续写教学过程中,有53.03%的教师认为文本解析是最重要的方面,31.82%的教师选择了谋篇布局。也就是说大部分教师认为,在读后续写的教学过程中,应该把教学重点放在对已有文本的阅读理解分析和对后续故事的合理布局上。对于读后续写教学的难点,有45.45%的教师选择了谋篇布局,而27.27%的教师选择了语言优化。这说明教师认为学生进行合理续写的能力及语言表述和优化能力是令人头疼的,在今后的教学过程中需要在这两个方面投放大量的时间和精力。

表2-5 续写的课堂教学策略

问题(多选题)	选项
10.您在选择读后续写的文本时,会关注以下哪些方面	体裁 50% 主题(人与自然/社会/自我)63.64% 语篇难度 74.24% 篇幅长度 34.85% 文章结构 43.94% 趣味性 28.79% 情感态度 59.09% 价值观 46.97% 是否符合高考题型要求 62.12% 其他 无
11.您倾向于选择以下哪些类型的文本	小说类 60.61% 散文类 16.67% 诗歌类 3.03% 戏剧类 9.09% 记叙文类 81.82% 说明类 13.64% 议论类 15.15% 应用类 6.06% 其他 无

续表

问题（多选题）	选项
12. 您会从以下哪些方面分析读后续写的文本	体裁　48.48% 主题意义/作者写作目的　68.18% 文章结构　54.55% 文章内容/情节　89.39% 语言风格/特色　60.61% 人物情感线　77.27% 人物性格　60.61% 文化内涵　42.42% 其他　无
13. 您在读后续写课堂中会采用什么样的教学方法	交际法　18.18% 任务驱动法　62.12% 讨论法　69.7% 讲授法　56.06% 演示法　36.36% 情境教学法　50% 问答法　30.3% 启发法　51.52% 其他　无
14. 您在读后续写课堂中如何引导学生构思续写段落内容	提示学生续写段开头语的关键信息　78.79% 引导学生梳理故事情节并启发学生预测故事发展　86.36% 引导学生关注人物情感、性格特点并启发学生预测故事发展　72.35% 引导学生关注作者的写作目的从而推断故事发展　78.79% 引导学生关注阅读文本中与故事发展相关的细节信息　77.27% 其他　无
15. 您在读后续写教学中会从哪些方面分析文本语言	修辞手法　56.06% 细节描写　90.91% 高级句型　69.7% 高级词汇　59.09% 语言特点　69.7% 其他　无
16. 您对读后续写习作的评价方式是什么	学生自评　62.61% 生生互评　69.7% 师生共评　87.88% 教师独评　45.45%
17. 您对于读后续写习作的评价标准有哪些	书写美观　77.27% 与所给开头语的逻辑融洽度　95.45% 语法结构与词汇的丰富性和准确性　90.91% 内容的丰富性　77.27% 其他　无

其中第10—12题是调查教师们在读后续写教学中对文本的关注点和选择。我们从数据中可以看到，有超过一半的教师选择了对体裁、主题（人与自然/社会/自我）、语篇难度、情感态度、是否符合高考题型要求的关注，当然教师们还同时关注了篇幅长度、价值观、文章结构及文本的趣味性。这说明一线教师在进行读后续写教学的过程中对文本都是经过精心选择和仔细思考的。在文体上，有60.61%和81.82%的教师选择了小说类和记叙文类体裁。在文本分析上，有89.39%的教师选择对文章内容/情节进行剖析，77.27%的教师选择分析人物情感线，此外，多数教师还选择了对主题意义/作者写作目的、语言风格/特色、人物性格、文章结构等方面对文本进行全方位分析。

第13—15题是调查教师们在续写教学中的教学方式和策略。在选择读后续写课堂中采用的教学方法时，讨论法、任务驱动法、讲授法、启发法和情境教学法都是教师们比较青睐的方法，分别占到69.7%、62.12%、56.06%、51.52%和50%。在14题中，所有选项都得到了大部分教师的选择，这说明教师们都在不断尝试不同的教学方式和手段，以提高学生读后续写的能力。在15题中，超过90%的教师选择了细节描写，可见教师们对文本中细节描写的关注程度极高。还有大量教师选择了修辞手法、高级句型、高级词汇、语言特点，这表明教师们在日常课堂中不断尝试从多个方面和角度引导学生对已有文本分析。

第16和17题为教师对读后续写习作的评价方式和标准。从表中数据来看，教师对读后续写习作的评价方式是多样化的，87.88%的教师选择了师生共评的评价方式，62.12%、69.7%和45.45%的教师分别选择了学生自评、生生互评和教师独评的评价方式。在评价标准方面，有95.45%和90.91%的教师选择了与所给开头语的逻辑融洽度和语法结构与词汇的丰富性和准确性。

表2-6 是否写下水作文及对其评价

问题	选项：
18. 您会自己写读后续写的"下水"文章吗	A. 总是 4.55% B. 经常 13.64% C. 有时 71.21% D. 从不 10.61%
19. 您会和学生一起评价自己写的续写下"水文"章么	A. 总是 4.55% B. 经常 10.61% C. 有时 57.58% D. 从不 27.27%

实践出真知，只有自己去操作和感知才能更真切地体会学生在读后续写中的问题和困难。所以，教师自己写"下水"文章就是一个很好的机会。从表2-6中的数据来看，只有4.55%和13.64%的教师总是或经常写"下水"文章，10.61%的教师从没写过；只有15%左右的教师总是或经常和学生一起评价自己的"下水"文章，27.27%的教师从不评价自己的"下水"文章。这一点需要广大一线教师在今后的读后续写教学中持续关注。

（二）学生问卷分析

为了调查学生在读后续写中存在的具体问题，让一线的教师们能更好地针对学生的问题来帮助学生提高读后续写能力，

2022年5月13日研究者通过问卷星对参与本课题问卷调查的学生发放问卷共计342份，有效回收342份。学生的问卷共20道题目，均为单选题。问卷题目共涉及以下几个方面：对读后续写的习惯和态度（表2-7），对读后续写文本材料的理解（表2-8），对读后续写段落的构思（表2-9），读后续写文章的语言（表2-10），对读后续写评价标准的认识（表2-11）和完成读后续写需要的时间（表2-12）。

表2-7 对读后续写的习惯与态度

问题	选项：A.总是 B.经常 C.偶尔 D.没有
1.续写前是否会列提纲、打草稿	A. 8.48% B. 9.06% C. 36.84% D. 45.61%
18.是否会在教师布置的作业之外自主练习读后续写	A. 4.39% B. 4.39% C. 35.09% D. 56.14%

通常来说，态度与习惯决定成败。从表2-7的数据来看，只有8.48%的学生会坚持在续写前列提纲或打草稿，有9.06%的学生经常这么做，总量仅占17.54%。因此，我们可以得出结论：绝大多数的学生可能因为考试时间紧张偶尔或从不打草稿或列提纲，因此在学生的读后续写文章中会出现大量思路不明、逻辑不清、续写语言时态混乱、单词拼写错误的现象。对于第18题，总是或经常在教师布置的读后续写任务之外自主加练读后续写的学生仅占不到10%。这个数据一方面说明学生对于读后续写这一题型的兴趣并不浓厚，另一方面也说明学生会因为读后续写题型较难而产生畏难情绪，从而不愿意练习，对于读后续写能力的提升完全依赖教师的课堂教学，所以学生读后续写的能力高低则完全取决于教师的读后续写课堂的实施情况。而教师读写课

堂实施的好坏又取决于对读后续写课堂的研究，因此读后续写课堂教学的策略研究势在必行！

表2-8 对读后续写文本材料的理解

问题	选项：A.总是　B.经常　C.偶尔　D.没有
2. 是否能看懂读后续写文本材料的情节	A. 20.76%　B. 41.52%　C. 31.87%　D. 5.85%
3. 是否能把握住读后续写文本材料的情感线	A. 13.74%　B. 38.89%　C. 38.3%　D. 9.06%
4. 是否能把握住读后续写文本材料中的人物性格特点	A. 14.04%　B. 37.43%　C. 39.77%　D. 8.77%
5. 是否能在文本材料中捕获续写的关键细节	A. 9.65%　B. 28.95%　C. 50.29%　D. 11.11%
6. 是否能明白作者的写作意图/文本材料的主题意义	A. 12.87%　B. 38.01%　C. 40.06%　D. 9.06%

学生对于读后续写文本材料的理解深度决定了学生续写文章的好坏。从表2-8的数据来看，有近40%的学生偶尔或不能看懂续写文本材料（以记叙文为主）的故事情节，偶尔或不能把握情感线、人物性格特点、续写关键细节及文本材料主题意义的学生占比分别为47.36%、48.54%、61.4%和49.12%。这说明英语教师在平时的阅读教学中还需要更加重视让学生分析记叙文文本的情节、情感线、人物性格特点及作者的写作意图，让学生在阅读完读后续写的文本材料后有意识地去挖掘文本的这些必要信息，从而提升读后续写能力。

表2-9 对读后续写段落的构思

问题	选项：A.总是　B.经常　C.偶尔　D.没有
7. 是否能合理分析续写提示段落的信息	A. 16.37%　B. 36.55%　C.38.3%　D.8.77%
8. 续写时是否关注续写段落之间及与原文的衔接	A. 26.02%　B. 39.18%　C.26.61%　D.8.19%
9. 续写部分是否具有逻辑性	A. 19.59%　B. 38.89%　C34.21%　D.7.31%
16. 续写段落的结尾是否有情感升华	A. 20.47%　B. 28.36%　C.35.96%　D.15.2%

从表2-9的数据来看，总是或经常能合理分析续写提示段落信息的学生占比为52.92%，总是或经常能做到上下文衔接的学生占比为65.2%，总是或经常能够保证续写部分具有逻辑性学生占比为58.48%，总是或经常在续写结尾中有感情升华的学生占比为48.83%。第7题的学生占比情况与表28中第2、3、4题的学生占比情况相近，在50%上下波动。这是因为学生在读懂了文本材料的情节、情感线及人物性格特点后才能合理分析出续写段落的信息，这一点正印证了读后续写的构思是建立在对于文本解析的基础上的这一事

实。而第8、9题有关上下文衔接与续写文章的逻辑性，这两点一部分取决于学生解读文本材料的能力，还有一部分取决于学生的语文水平。很明显，在高中这一学习阶段，学生的母语水平是远远高于外语水平的。因此，分别有65.2%和58.48%的学生在这两方面做得较好。而第16题续写段落的结尾是否有情感升华，这一点与表2-8中的第6题有一定的关联。学生只有在读懂了作者的写作意图或文本材料的主题意义后才会有意识地升华情感、得出启发等，因此这两道题目在选项比例上基本相似。

表2-10 读后续写文章的语言

问题	选项：A.总是 B.经常 C.偶尔 D.没有
10. 续写时是否正确使用时态	A. 17.54% B. 46.21% C. 28.36% D. 7.89%
11. 续写时是否有生动的细节描写	A. 7.89% B. 19.59% C. 54.97% D. 17.54%
12. 续写时是否使用修辞手法	A. 4.39% B. 10.23% C. 50% D. 35.38%
13. 续写的语言是否符合语法规则	A. 13.16% B. 48.54% C. 30.12% D. 8.19%
14. 续写的语言是否句式多变、用词丰富	A. 8.48% B. 17.84% C. 51.46% D. 22.22%
15. 续写时是否会模仿文本材料中好的词汇、句式和表达方法	A. 11.11% B. 21.35% C. 48.83% D. 18.71%
17. 是否擅长用英语表达自己的想法	A. 8.19% B. 23.98% C. 43.27% D. 24.56%

表2-10主要是针对学生在读后续写中的语言表达问题。第10题与第13题分别调查学生习作中的时态与语法错误。这两部分是自初中阶段以来的作文教学中强调最多的部分，因此多数同学在这两个方面做得不错，总是或经常正确使用时态与语言符合语法规则的学生占比分别为63.74%和61.7%。第11、12和14题分别调查学生在读后续写中关于细节描写、修辞手法和句式的使用，这三个方面对于高中生来说是最难的部分，需要学生平时积累大量的句式与词汇，掌握各种修辞方法。因此总是或经常能做到的学生很少，它们的占比分别为27.48%、14.62%和26.32%。第15题续写时是否会用模仿文本材料中的语言，这一点一方面取决于读后续写文本材料本身的语言表达是否丰富、是否有学生可以借鉴的地方，另一方面取决于英语教师在读后续写教学中是否给学生强调要有意识地模仿原文的表达。第17题总是或经常用英语表达自己的想法的学生占比为32.17%。很多学生在写作文时都是先在大脑中构思出中文，然后再翻译为英文，因此续写的文章中会大量出现中式英语的

表达或词不达意的情况，贫瘠的语言表达限制了学生丰富的思想。因此英语教师在平时的课堂教学中要强化学生的地道表达及对好词好句的积累。

表2-11 对评价标准的认识

问题	选项：A. 完全了解　B. 比较了解 C. 了解一点　D. 完全不了解
19. 是否了解读后续写的评价标准	A. 8.48%　B. 32.75%　C. 44.15%　D. 14.62%

学生对于读后续写评价标准的认识越多，续写习作就越会是向标准靠拢。从表2-11的数据来看，完全了解及比较了解读后续写评价标准的学生占比为41.23%，仍有大多数的学生对于评价标准不熟悉，这说明教师在课堂上对于读后续写评价不够重视，抑或是并没有经常以生生互评或师生共评的方式进行习作评价，从而导致学生不清楚什么样的续写才能得高分。

表2-12 续写所用时间

问题	选项：A. 15-20　B. 20-25　C. 25-30　D. 30分钟以上
20. 完成读后续写（加上阅读的时间）大概需要多少分钟	A. 15.79%　B. 27.49%　C. 35.96%　D. 20.76%

鉴于以上已分析的数据，读后续写是一个有挑战性的题型，学生完成读后续写所需的时间不会很短。从表2-12的数据来看，需要25分钟以上才能完成习作的学生占比为56.72%。然而在考试时，学生通常并不会有这么宽裕的时间，所以读后续写这一题交白卷或未完成的学生不在少数。一部分原因是学生在解读文本材料时花费的时间太长，另一部分原因是不知如何构思或不知道如何更好地用语言表达想法。

由以上的调查分析我们可以得出以下结论：

（1）学生对于读后续写并没有特别大的热情及良好的写作习惯；

（2）仍有近半数学生不知从哪些方面对文本材料进行分析解读；

（3）学生对于读后续写如何构思取决于对文本材料的解读到哪个程度；

（4）学生读后续写时最大的难题在于语言表达，尤其是写作高级技能的使用（修辞、细节描写等）；

（5）大多数学生对于读后续写的评价标准不熟悉；

（6）学生需要大量的时间（25—30分钟以上）去完成读后续写这一题型，而在现实的考试中又往往不允许学生花费这么多的时间。

因此，针对以上的结论，高中英语教师应当在以下几个方面予以重视：

（1）在平时的作业或读后续写的课堂中培养学生良好的读后续写习惯，列提纲或打草稿，为学生有结构性和逻辑性地习作打好基础；

（2）在读的板块强化学生文本解析的能力，形成固定的模式与体系，再加以练习，让学生在短时间内把握篇章结构、情节、情感、主题意义等信息，从而能够在考试中提高分析语篇的效率；

（3）在构思方面，有意识地培养学生在语篇中寻找能与续写部分形成呼应的关键信息，更加强调上下文的衔接与逻辑性，寻找正确的点进行情感的升华；

（4）在平常的读写课教学中，要重视续写习作的评价方式，更多地采用师生共评或生生互评的方式，而非教师单独评价，以便让学生熟悉评价标准。

（三）教师访谈分析

本研究通过一对一的形式采访一线教师，以展示读后续写教学的真实教学现状。本次访谈共采访了来自两所学校的7名一线高中英语教师。7名教师中教龄最少的是10年，最多的是30年，包含了在教学领域有一定经验的中青年教师。本次访谈共6个问题，涵盖了教学整体难度、材料选择、教学过程、教学评价、日常词汇表达输入策略和希望获得的帮助6个方面。根据采访结果分析如下。

所有教师都表示读后续写教学有难度，有难度的原因主要是两个：一是学生读不懂文本材料，分析不了情节脉络和思想，很难有续写的整体构思；另一个是学生的语言表达能力很欠缺，常常词不达意或表达不出心中所想。

在选择读后续写材料时，不管是教材中依托单元设计的读后续写文本，还是考试中单独的读后续写材料，所有教师都表示两者各有利弊。具体来说，高一和高二的教师认为依托大单元设计的读后续写文本更有效，因为单元词汇对学生的写作输出具有很大的促进作用。而高三教师普遍认为单独的读后续写材料会更有针对性，因为考试中使用的读后续写材料文本新，话题广，不局限于课本中的主题。学生阅读各种各样的故事有助于发散思维。在读后续写教学中，教师可以在依托单元设计读后续写练习的基础上再补充其他新颖的材料，双管齐下，逐步提升学生的续写能力。

对于读后续写的具体教学步骤，受访教师们的基本思路都很一致：首先选择续写材料，然后带领学生分析故事线和情感线，再通过分析两句开头语来确定情节走向，最后是学生续写和评价环节。其中，1位教师提到，选材之后会自己写"下水"作文；1位教师提到，分析文本材料时，会让学生关注细节，这些细节可以用来在续写中呼应原文，以及帮助学生找出升华主题的点；3位教师提到，在读后续写教学中会专门引导学生分析文本材料中人物角色的性格或动作，需不需要在续写中增加人物，在没有很多故事情节的时候如何丰富续写内容，如增加心理描写、环境描写等。由此可以看出，在读后续写的教学思路方面，教师们都大同小异，说明目前读后续写的教学方法得到了广泛的共识。此外，这种不够多样化的教学思路也说明我们的研究可以从多角度切入，同时教师们也可以从更多的角度进行读后续写教学。

帮助学生提升读后续写语言表达能力的措施中，所有教师都强调了语言输入的重要性，教师会引导学生积累好词佳句，印发一些描写细节的表达和句型，如描写情绪的表达，描写动作的表达等。一位教师提到，除了词汇表达，掌握写作手法和描述性写作技巧也很有必要。另一位教师提到，可以通过阅读时事新闻来积累叙事描写，并通过听写和写作来巩固。由此可以看出教师们都深刻认识到学生的语言表达能力较差，还有教师也认识到自己英语表达能力的不足。因此，除了印发一些常用表达和句型外，我们还需要思考，是否还有其他更有效的方式帮助学生提升语言表达的能力。

对于习作评价方式，教师们一致认为，三种评价方式应结合使用，但在优先顺序上出现了明显的分歧：5位教师认为应当教师优先评价，一方面是因为学生有时候不愿意去评价，另一方面是因为很多学生的语言基础有限，没有能力评价；2位教师认为应当学生先行评价，其中有1位教师认为不用教师来评价。笔者认为教师应当根据学情，灵活选用一些评价方式，做到以评促学。

对于读后续写的教学，教师们都表示需要很大的提升，一是系统的理论指导，如讲座、书籍等；二是聆听优秀教师的经验分享和课例欣赏。此外，教师们希望能获取一些针对不同阶段学生的高质量的文本材料，如书和课件等。由此可以看出，教师们都非常渴望在理论和实践方面得到专家和优秀教师的帮助。

综上所述，一线的教师，包括教龄很长的老教师，都对读后续写教学给予了非常大的重视，都在摸索这一题型的特点、教学思路，分析学生的问题，并试图找出更有效地提升自己引导能力和学生续写能力的方法。因此，本课题的研究价值不言而喻。

第三节 读后续写的教学策略

一、文本选材策略

读后续写是测试手段，也是一种学习方法，教师在日常教学中可以引导学生在阅读时认真分析文本的内容和语言，并将分析结果应用于之后的续写中，帮助学生通过语言模仿和内容创新不断提升自己的写作能力。任何难度适宜、内容恰当的短文都可以作为读后续写的素材，但需要注意，我们要结合学生的实际情况寻找合适的文章。

（一）读后续写题型对阅读材料的要求

王初明（2012）认为，读后续写中的阅读材料会影响学生的读后续写表现，如果材料选得好，就可以直接产生良性学习效应。在设计读后续写时应该注意：阅读材料要有趣，内容能延伸；长度应适宜；难度要适当，易于理解和模仿。在常见的阅读材料中，说明文和议论文难以符合有趣的原则，且往往要求学生对阅读材料的主题有一定的背景知识，能够续写出内容丰富、具有一定说服力的语言材料。对于高中毕业生而言，这样的要求显然偏高。此外，英语考试中的读后续写题型更关注学生的语言运用能力。因此说明文和议论文不宜用于高考英语的读后续写题型中。相比而言，记叙文的话题一般更贴近生活，且有一定的趣味性，给学生的想象空间较大，上下文连贯性较强，语言难度较易把握，更适合用于高考英语的读后续写题型中。值得注意的是，当用于大规模的考试中时，读后续写的阅读材料一定要使不同水平、背景的考生都能找到自己的切入点，有内容可写。

综合而言，要注意以下三个方面。

1.阅读材料要有趣，内容能延伸

有趣的阅读材料能够吸引学生，激发他们的想象力和续写冲动。同时，阅读材料的内容要给学生留下足够的想象空间，刺激他们创作，并且使他们愿意写，能够写，写得长。阅读材料可以是曲折动人的故事，也可以是需要一定推理和评价的哲理文章，还可以是与学生所学内容、生活体验密切相连的材料。从英语学习的角度看，读后续写从趣味性故事开始更好些，因为趣味性故事能够提供丰富的语境，贴近生活，有助于培养语感，而且大多数学生都能写。

2. 阅读材料不宜过短

阅读材料是模仿的样板，如果长一些内容就会丰富一些，语言变化也会多一些。这样续写思路更加明确，协同更易发生，内容更加连贯，注意不易偏离。此外，在续写遇到语言困难时，足够大的语言样本可以为学生提供更多可选的语言表达方法。

3. 阅读材料的语言需要控制难度，易于模仿

所选择阅读材料的语言难度应视学生的英语水平而定，不宜超越学生的文字驾驭能力，宁可容易一些也不要过难。新词新句的数量要适度，不要影响阅读理解，学生能根据上下文猜出其意思。只有将阅读材料的语言难度控制在可以理解的范围内，学生才会读下去，才会模仿，才会产生写作成就感。

（二）读后续写选材现状

笔者通过整理和分析教师的调查问卷及访谈内容，以及英语读后续写课程的实施情况，得出读后续写选材现状如下。

在读后续写的阅读材料来源和准备方面，教师们觉得手头可以利用的读后续写阅读材料比较少，这就很难为学生提供足够的练习机会。只能在课下通过不同途径寻求适合学生读后续写的阅读材料，而这也比较困难。所以目前大部分的读后续写材料来源于历年高考题，教辅材料中阅读理解题型中的记叙文、完形填空题型中故事性题材的文章等。然而，这些材料远远不能满足学生训练读后续写的要求。在读后续写材料的选择方面，大部分参与调查问卷的教师表明，到目前为止历年高考的读后续写材料都是记叙文，尤其是可以很好地传递核心价值观和相应主题的记叙文。所以在选择读后续写材料时，普通教师仍然趋向于有一定故事情节，有表达提升的主题，能够使学生拓展发挥自由想象的记叙文文本。在读后续写材料的内容方面，教师们认为续写材料应该贴近学生的学习、生活背景，难度适中，学生能够理解其基本脉络和结构。这样在续写的过程中才不会出现学生因为无法理解文章内容或抓不住故事情节而无从下笔或跑题偏题的情况。

综上所述，大部分教师们都选择记叙性文章作为读后续写材料，因为相对于其他文体，记叙文能够更好地为学生展现故事的脉络情节和线索，同时唤起学生的背景知识，使其充分发挥想象力和创造力。在记叙文的内容方面，大多教师都重点关注文本的故事性及其传递的主题和核心素养是否有利于学生形成积极向上的价值观。

二、文本解析策略

读后续写，以读懂为基础，以续写为目的，文本解读的深度决定了续写文章的质量。因此读后续写材料的解读是读后续写教学中最重要的环节。而有效的教学首先取决于教师对于教学语篇的解读，教师的语篇解读水平直接影响学生学习体验的程度、认知发展的维度、情感参与的深度和学习成效的高度（王蔷、钱小芳、周敏，2019）。

研读语篇就是对语篇的主题、内容、文体结构、语言特点、作者的观点等进行深入的解读。根据新课标的观点，英语教师在解读语篇时需要关注三个要点，即what、why、how。What指的是语篇的主要内容及主题；why指的是作者想要通过语篇达到什么目的，表达怎样的态度或价值观，即语篇的主题意义；how指的是为了达到what与why的目的，使用了什么样的文本，通过什么结构或方式去组织语言、表达观点，即语篇的文本结构、文体形式及语言特点。

就读后续写课堂教学而言，大部分教师选择记叙文为主要的语篇进行教学。记叙文主要是围绕人来展开故事，以顺叙、倒叙或插叙的方式交代故事的起因、经过和结尾。教师为了引导学生进行续写，需要分析记叙文的主要内容和主题（what），主题意义（why），以及文本结构与语言特点[①]（how）。记叙文的主要内容包括故事的情节线、情感线及人物的设定（人物性格与人物关系）。图2-1是对上述读后续写语篇分析的一个可视化信息。

从对一线教师的访谈中得知，大多数教师在分析读后续写材料的故事情节时都是让学生寻找"5W+1H"信息。然而通过这种方式获得的信息仅仅是语篇的表层信息，对语篇缺乏深度理解，从而导致学生出现续写情节与原文脱离的情况。只有在深入解读文本的基础上设计教学活动，教师才可能有效

---

① 语言特点的内容将放在语言优化的章节进行讲解，本小节不涉及。

引导学生领悟隐藏读后续写材料的深层含义。笔者将采用拉波夫叙事分析模式对读后续写材料进行分析，把握内容与逻辑的联系，挖掘文本的主题意义与作者的写作目的等。

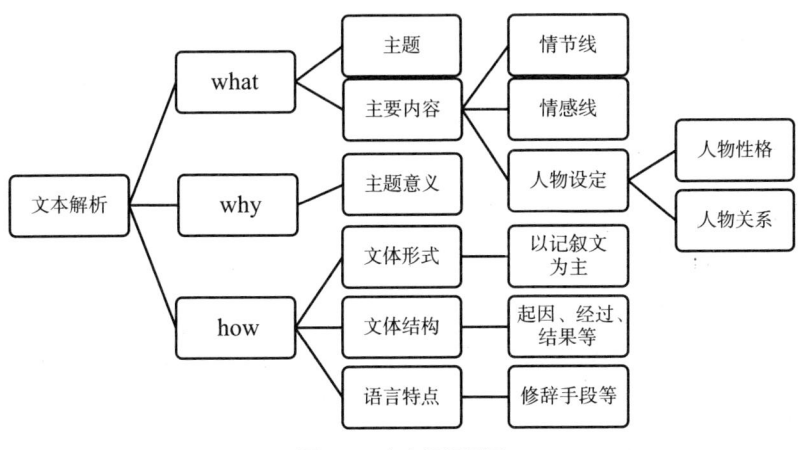

图2-1 文本解析图示

美国语言学家拉波夫1972年在 Language in the Inner City 一书中提出了："A complete narrative begins with an orientation, proceeds to the complication action, is suspended at the focus of evaluation before the resolution, concludes with the resolution, and returns the listener to the present time with the coda"。即他将一个完整的叙事结构分为点题、指向、进展、评议、结局和回应六个部分。

点题（Abstract）指的是文章中能够概括全文大意的一句或几句话，通常会出现在开头，也可能是标题，即 what was this about。

指向（Orientation）主要指故事的背景，包括故事发生的时间、地点、人物、活动和环境等，即 who、when、what、where。

进展（Complicating action）是整个叙事环节最不可或缺的一部分。它交待了故事发展的经过，先发生了什么，然后怎样了，即 then what happened。进展的叙述主要是以顺叙为主，也有倒叙与插叙。在这一部分中，学生需要格外关注故事的矛盾和冲突，梳理故事的情节线。

评议（Evaluation）是作者对于某个行为或情况的看法与心理，包括对于故事起因、经过、人物等做出的评价，即 so what。评议的内容可能贯穿全文，"一个优秀的写故事的人不会光写发生了什么，而是会在特定情节后加入这样的情节发展对人物的影响及与读者的关系。评议是对情节动态呈现的一种搁置与静止，从而使后文的结局的出现更具有震慑力"（Labov，1972；转引自赵伟雯，2019）。评议的内容能够让学生了解作者的写作意图。因此认真分析并理解评议对学生续写与原文协同的文章至关重要。

结局（Resolution）即 what finally happened。它交代了故事中人物的下场，事情的结果、目的等。结局并不是记叙文的必备要素，有些故事的结局是开放性的，会留白让读者自行想象。

回应（Coda）通常出现在文章的末尾，是作者用来预示文章结束的标志。它是故事与现实的一个连接纽带，是作者通过这个故事获得的启发或学会的道理，作用在于升华主题，与前文主题相互照应。但回应也不是记叙文的必备要素，有些故事写到结局就戛然而止，让读者自己去思考故事的启示。

以上的六个部分并非按照顺序出现在记叙文中。图2-2展示了拉波夫叙事分析模式六个部分之间的关系。

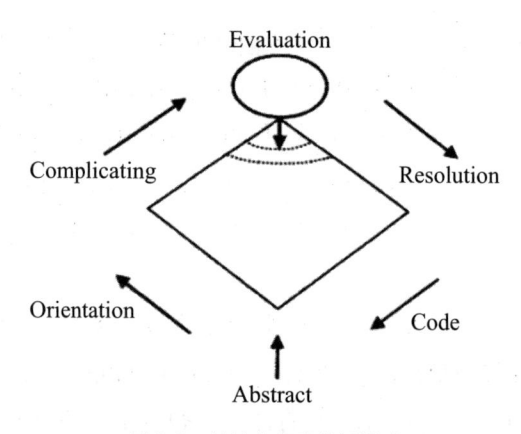

图2-2 拉波夫叙事分析模式

（一）情节线

下面将以2007人教版高中英语必修二Unit 2中Using Language板块的 The Story of Atlanta（案例1）为例，使用拉波夫叙事分析模式来分析语篇的情节线。故事的情节线主要集中于叙事分析模式中的指向和进展，而评议中的内容对于续写部分的情节构思有一定的帮助。因此对这三个要素会着重分析。语篇原文见附录1。

1. 点题

点题就是对全文主要内容的概括，通常出现在文章的开头部分、结尾部分或标题。在案例1中，标题The Story of Atlanta就能够起到点题的作用，宏观把控故事的大意，而标题往往是学生在进行续写材料阅读时最容易忽略的。因此在读后续写课堂教学中应该要突出语篇标题的点题作用。如果在一个语篇中既没有标题，也没有在文中给出概括性的语句，那么这样的语篇就要求学生在阅读全文后对文章形成一个整体的认知，这对学生概括归纳信息的能力是一种锻炼。

2. 指向

指向是故事的背景。通常叙事文本第一段的前两句即为指向，学生能从中快速捕捉到故事发生的背景信息。案例1中并没有交待故事发生的时间与地点，因此指向部分只包含人物（Atlanta, a beautiful Greek princess and her father, the King）及背景信息（Atlanta could ran faster than any man in Greece but the King didn't allow her to run and win glory for herself in the Olympic Games）。

3. 进展

进展部分指故事先发生什么，然后又发生了什么。教师引导学生根据事情发生的先后顺序或隐含的因果关系去梳理语篇中的故事情节。具体情节见图2-3。

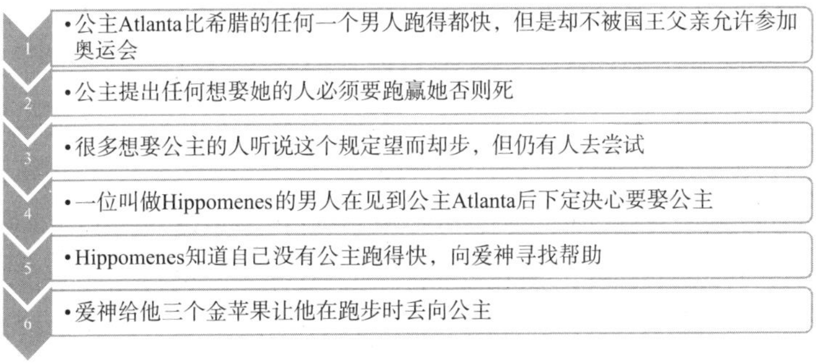

1. 公主Atlanta比希腊的任何一个男人跑得都快，但是却不被国王父亲允许参加奥运会
2. 公主提出任何想要娶她的人必须要跑赢她否则死
3. 很多想要娶公主的人听说这个规定望而却步，但仍有人去尝试
4. 一位叫做Hippomenes的男人在见到公主Atlanta后下定决心要娶公主
5. Hippomenes知道自己没有公主跑得快，向爱神寻找帮助
6. 爱神给他三个金苹果让他在跑步时丢向公主

图2-3 案例1进展

故事都是从起因、经过、对立或冲突而起，从而展开到高潮最后到结尾，而记叙文中的重要情节都是围绕着矛盾或冲突展开的，很明显这个故事到了矛盾就结束了。因此找到语篇的冲突或矛盾，对于高潮部分的续写很重要。

教师引导学生发现了故事的矛盾：Hippomenes知道自己没有公主Atlanta跑得快，但是却又想赢得比赛，成功求娶公主，因此他去向爱神求助。在清楚了故事的矛盾后，学生自然而然分析出故事的高潮部分应该是Hippomenes如何利用苹果赢了Atlanta。

4. 评议

评议是叙事者通过故事中的人物来描述当时的感受或期望及对某种情况的看法和判断。故事的第二段话中有一处评议，"Hippomenes was amazed to hear Atlanta's rules. 'why are these men so foolish?'"，通过"amazed"可以看出Hippomenes对于公主制定的规则的惊讶，"foolish"则表现了他对那些冒着生命危险去和公主比赛的人的看法，与后文他下定决心参加比赛去赢娶公主的行为形成了鲜明的反差。在故事的第三段也有一处评议，"King was sad to see another man die"，这句话反映出国王对于Hippomenes跑赢Atlanta并不看好，内心不愿看到悲剧重演，与续写部分内容的构思（Hippomenes赢得比赛）又一次形成反差；并且Hippomenes在别人不看好的情况下依然坚持自己的决定，突出了Hippomenes执着不放弃的特点。通过以上分析我们可以发现，评议并不是出现在文中固定的位置，而是交织在叙事过程之中，它为相对单调的叙事过程增添了一定的感染力，并且生动刻画了人物的形象，突出了人物的性格特征等。

5. 结局和回应

结局交待了故事人物的下场或结果，回应则是对故事主题的点明或升华。由于这是一篇没有结局的文章，根据拉波夫叙事分析模式，续写的重点要放在故事的后续进展（高潮）、结局和回应这三个方面，并且可以在过程中穿插评议的内容。根据续写第一段段首句"When the race started, Atlanta ran faster than Hippomenes"及第二段段首句"When she finally caught up with him, Hippomenes had to throw the last apple"，学生可以分析得知续写的第一段主要是故事的高潮部分：Hippomenes如何在比赛中用前两个金苹果赶超或拉近与公主Atlanta的距离；第二段中应该写比赛分出了结果，即Hippomenes巧胜公主Atlanta，并且通过这一故事得出启发，升华主题：在面对困难时不要轻言放弃，巧用智慧就能获得最终的胜利。

从以上的分析来看，拉波夫叙事分析模式能够很好地帮助学生清晰地梳理文本和深度挖掘语篇信息，提高学生的语篇分析能力：指向和进展能帮助学生理清故事的情节脉络；评议部分能协助学生摸清作者对于事件的态度，把握作者所塑造的人物形象，并且为学生更好地在续写部分构思情节及升华主题做好铺垫。学生在熟练掌握了拉波夫叙事分析模式后可以在此框架下对任何一篇记叙文进行分析，经过不断的练习能更快速地提高学生的读写能力。

（二）情感线

记叙文的情感描写是在文章叙述故事时，人物在故事的进展中表现出来的不同的情绪，这些情绪串起了文本的情感线。

接下来，仍然还是利用拉波夫叙事分析模式来探索语篇情感线。情感线的梳理主要落脚点在于进展和评议部分。因此将以 *A Cookie Thief*（案例2）为例从进展和评议这两个方面来分析情感线，语篇原文见附录2。

1. 点题

在语篇中，标题很明显起到了点题的作用，告诉读者这篇文章讲述了一个偷饼干的贼的故事，然而在文章的正文部分却并没有概括文本大意的语句。

2. 指向

文本的第一段第一句清楚明白地交待了故事的背景，具体信息如表2-13。

表2-13　案例2指向

Place	Person	Activity
At an airport	A young woman	She was waiting for her flight and leaving for London

3. 进展和评议

案例2的文本进展主要是以男女主人公的动作行为展开的，并没有多少具体的事件发生。在文本中，作者运用了大量的细节描写生动地刻画了男女主人公的行为，清晰地反映出他们的形象及性格特点。文本中适时的评议能够激发读者的阅读兴趣，并且帮助读者理解故事情节，以及人物的观点和态度。为了直观地展示每一个进展动作引发了作者怎样的评议，以及在进行文本分析时，笔者将两部分内容放在一起对比，具体细节见表2-14（P代表Paragraph，L代表Line）。

表2-14 案例2进展和评议

进展	评议	情感线
（P1, L1—2）（指向）She was waiting for her flight and leaving for London	（P1, L2—4）It was said that her new boss was a typical English gentleman — polite, modest, humorous and considerate. She was excited as well as a little nervous about her new life	excited and nervous
（P2, L1—5）The woman hunted for a book, bought a packet of cookies, found a place to sit, started to read and happened to see a man grabbing a cookie from the bag in between them	（P2, L4—5）as bold as he could be… （P2, L5—6）Educated to be well-mannered, she tried to ignore it to avoid an argument	surprised and tolerant
（P2, L7）she started to take cookies from that bag too （P2, L8）the man didn't stop grabbing the cookies	（P2, L7）Unfortunately （P3, L1）"How annoying," she thought	annoyed
（P3, L1—2）As the greedy cookie thief kept eating, the woman munched cookies and watched the clock （P4, L2）With each cookie she took, he took one, too	（P4, L1—2）She was getting angrier, thinking, "if I weren't so nice, I would blacken his eyes"	angrier
（P5, L1—2）he took the last cookie, broke it in half, offered her a half and ate the other （P5, L2—3）She grabbed it from him and glared at him	（P5, L1）With a smile on his face, and a nervous laugh, （P5, L3）with flames burning in eyes and her lips pressing tightly （P5, L4—6）She had never known when she had been so angry, thinking "Oh, brother. This guy has some nerve and he is so rude! Why didn't he even show any gratitude?"	can't be angrier/ angry to death
（P6, L2—3）She gathered her belongings and boarded the plane	（P6, L1—2）She sighed in relief when the announcer broadcast that her flight was called, which, to her, sounded just like the sweetest call from an angel （P6, L3—4）refusing to look back at the rude thief	relieved but unpleasant

从表2-4中我们可以看出，这是一篇夹叙夹议的文章，进展中几乎所有的动作行为都有作者带有感情色彩的细节描写。学生通过拉波夫叙事分析模式梳理分析了情节线和评议的内容后，可以得出清晰的文章情感线。全文以女士的角度展开叙事，因此本文的情感线就是女士的情感态度变化。从点题开始，文章直接描述了女士的心情为excited and nervous；接着在第二段中，作者在评议中描写了女士的心理状态，用"as bold as he could be"表现出女士对于男

士拿饼干的行为的吃惊，以及决定"ignore it"时的容忍态度，因此把她的情感归纳为surprised and tolerant；然后女士想通过从饼干袋中拿饼干的行为对饼干宣示主权，然而男士并未领会当中的意思，"how annoying"直接反映了女士的情绪，而"unfortunately"一词间接地表现出女士对于男士仍不停拿饼干行为的愤懑，因此在这个情节中女士的情感为annoyed；随着男士吃饼干的动作不停，作者通过动作描写和心理描写表现出女士更加生气的情绪，在进展中作者用"greedy""munch"两个词分别反映女士对男士的评价与女士生气时"咬牙切齿"的心态，在评议中作者通过心理描写"如果我不是这么善良的话，我就会弄瞎他的眼"间接表现出女士的情绪angrier；当饼干只剩下最后一块时，男士分了一半给女士，此时作者通过进展中的动作描写"grab""glare"及评议中的神态描写（with flames burning in eyes and her lips pressing tightly）和心理描写（she had never known when she had been so angry…even show any gratitude）表现出女士的情绪can't be angrier/angry to death；最后，当广播声响起时，作者通过动作描写"sigh in relief"直接表现女士可以不用面对"厚颜无耻"的男士时解脱的心情，以及环境描写"like the sweet call from an angel"从侧面表现出女士认为无感情的广播声像是她的"救赎"，可以马上离开现场，而评议的第二处"refusing to look back at the rude thief"又表现出女士并没有完全放下这件事而是仍有一些愤愤不平。因此可以归纳女士的情绪为relieved but unpleasant。

由此可见，利用拉波夫叙事分析模式分析出语篇的进展与评议能够帮忙学生更加快速地梳理出情感线索，一步一步地呈现因情节的推动而引发的情感变化过程。

（三）主题与主题意义

《普通高中英语课程标准（2017年版）》指出，主题可以为语言学习提供主题范围或主题语境。学生对主题意义的探究是学生学习语言最重要的内容，直接影响学生对语篇的理解程度、思维发展的水平和语言学习的成效。主题作为英语课程内容的六大要素之一，其重要性不言而喻。然而在现实情况中，很多学生未能把握文本的主题或作者的写作意图，虽然能使用大量的好词好句和生动的细节描写进行续写，但续写的文章偏离主旨，或不能够充分考虑到事情的发展是否和语篇的主题语境一致。因此续写的文章与原文并不协同，不能算是符合要求的续写。因此，教师在进行读后续写课堂教学时应该把引导学生探究语篇的主题意义放在首位，挖掘出语篇想要传递的深层涵义，使学生续写出的情节紧紧围绕主题，并在结尾点题，升华主题。

主题就是语篇讨论的核心议题，它渗透、贯穿于语篇的全部内容，体现作者写作的主要意图及其对文章中所反映的客观事物的基本认识和态度（张秋会、王蔷，2016）。而主题意义是在个人与文本、个人与他人、个人与自我的积极互动中建构形成的，因此具有很大的开放性和多元性（张金秀，2019）。结合拉波夫叙事分析模式来看，点题可以为分析文章的主题提供关键信息，回应与主题意义相似，都是对故事主题的点明与升华。

因此教师可以通过以下两种方式分析主题与主题意义。

其一，定位文章标题或文本中能够提纲挈领的主旨句来识别关键信息并提炼出文本的主题。例如，前面已经分析过的 A Cookie Thief（案例2）一文，文章的标题即点题，讲述了一个偷饼干贼的故事。接着进展的第一部分交待女士购买了一包饼干，会让读者认为饼干的主人是女士。随着剧情的推进，女士在发现男士拿饼干吃并且丝毫没有停止的打算时，表现出的愤怒的神态、动作和心理，让读者更加确定偷饼干的贼是男士。然而在所给续写段落的第一段段首句 "As she reached in her baggage, she gasped with surprise" 中，"surprise" 一词让读者对谁是小偷的认知发生了反转，学生会因此猜测到女士打开包发现自己的饼干仍然纹丝未动地放在包中，偷饼干的贼不是别人正是自己。因此可以判定，这个语篇的主题为"谁是偷饼干的贼"。基于这个主题，大多数的学生可以探索出主题意义：在事情弄清楚之前，不能武断地作出判断或评价。此外，对比男士与女士就饼干被吃时的表现，更加突出了男士的绅士风度和宽容的品质。由此可知，文本在同一主题下，根据读者的不同生活体验和认知结构可以得出不同的合理的主题意义。

其二，当文本没有标题或主旨句时，教师需要引导学生概括语篇的大意，从而进一步分析得出主题。

接下来将以2020年新高考山东卷的读后续写真题（案例3）为例，通过拉波夫叙事分析模式梳理出点题、指向、进展和评议后概括文本大意，进而得出文本主题。语篇原文见附录3。

1. 点题

案例3的文本并没有向读者提供标题，但是通读全文后发现文本第一段的两个句子 "Many of their families were struggling to make ends meet. People were trying to help each other meet the challenges"，提供了文本大意的关键信息，再结合全文的叙事内容，可以将点题的内容归纳为："people try to help each other make ends meet"。

2. 指向

本文的指向出现在第1段，故事的背景信息见表2-15。

表2-15 案例3指向

Place	Person	Activity
A small community	The Meredith family and people in the town	The economy was in decline, so people lost their job, and were struggling to make ends meet

3. 进展

在通读全文后，案例3的文本进展梳理结果见图2-4。

1. Meredith太太总是乐于帮助穷人。
2. Meredith太太了解到Bernard的家庭情况并想让她的孩子们也施予援手。
3. 孩子们同意了帮助Bernard，并且想出了一个好主意——制作爆米花让Bernard去卖。

图2-4 案例3的文本进展

从图2-4所示的进展来看，整篇文章主要围绕Meredith一家人帮助Bernard挣钱展开。结合点题的内容，可以确定本文的主题是帮助穷人脱困。

4. 评议

在文本第2段第一句 "Mrs. Meredith was a most kind and thoughtful woman"，直接点明了Mrs. Meredith的优秀品质。从第5段中孩子们的对话 "I wish I could help him to earn money. His family is suffering so much." 可以得出，受到母亲善良品质的影响，孩子们听到Bernard家的情况后内心深表同情，想要为他做些什么，侧面影射出孩子们善良的品质。在文本的最后一段中写道，"When John had an idea, it was sure to be a good one"，这句话预示了John为帮助Bernard而想出的好办法最后一定会取得成功，作者想让这种善意的行为最后有一个好的结果。因此，结合文本的主题可以得出，作者想通过这样一个叙事的文本宣扬善良的美德，人与人之间彼此关照、和谐相处之美。

（四）人物设定

在读后续写中，人物是承担故事情节的载体、推动故事发展的动力。因此作者总是要着力塑造特定人物，所以对于人物的分析就显得至关重要。对于人物的分析，我们主要关注两个部分——人物关系与人物形象。一篇成功的读后续写常常会涉及各色的人物描写，如外貌描写、心理描写、神态描写、对话描写等。这对于人物形象的展开至关重要，在对人物形象的探索过程中，学生会对人物的把握更加准确，在续写过程中才会更加切合人物本来的形象特点，不至于让读写文章中的人物跟原文差异太大。人物关系在读后续写原文中也扮演着十分重要的角色，学生只有对人物关系清晰明了，才能在续写过程中紧扣文章线索，不至于杂乱无章，一团乱麻。

对于人物关系和人物形象，我们采用思维导图的形式进行分析。思维导图又叫心智导图，"是记录发散性思维的笔记工具，是一种新的思维模式。它结合了全脑的概念，能增强思维能力，启发联想与创造力。它的理论基础是大脑功能的研究与开发，能充分发挥大脑的联想功能，聚焦目标并借助发散性思维，清晰地反映信息之间的层级关系。制作思维导图的过程也是思维拓展训练的过程，可以改善学生的思维方式"（时晓珍，2020）。利用思维导图的方式对读后续写材料进行分析可以使阅读更有效率，对人物形象和人物关系有更加清晰和深刻的认识。

接下来我们以2017年6月浙江省高考读后续写真题（案例4）为例，语篇原文见附录4，文章记叙了Mac和几个朋友从家里出发骑行去阿拉斯加，途中遇险的故事。具体情节为：小学教师Mac和他的朋友们从家里出发，骑自行车去阿拉斯加，路途中他的一个朋友停下来修理自行车，但不幸遇到了狼，他们奋力驱赶，但是那只狼一直穷追不舍，更糟糕的是沿途路过的车都没有准确识别出Mac的求救信号。就在Mac快要骑到一处陡坡、看似穷途末路的时候，Paul和Becky驾车经过并注意到了狼，而Mac也在Paul和Becky的汽车经过时迅速把自行车停在了他们的汽车前。从所给的两段续写的段首句"The car abruptly stopped in front of him."和"A few minutes later, the other two cyclists arrived"，我们可以推断第一段的重点应该放在 Paul 和 Becky 是否对 Mac 施加援手上。如果第一段 Paul 和 Becky 帮助了 Mac，那么第二段的发展方向可能是 Mac 和后来赶到的朋友就刚刚发生的惊险一刻的交流互动或仍未完成的旅途展开。如果第一段中 Paul 和 Becky 并未出手相救，那么第二段可能是来自于朋友的帮助使得 Mac 脱离险境，或者 Mac 没有得到帮助但通过自身努力仍然摆脱了困境。从这篇文章的情节发展来看，对文章中所出现的人物形象的分析显得尤其重要，因为只有对出现的人物形象有一个准确的分析才能在续写阶段做到前后一致。同时，对文章中人物关系的分析也十分必要，因为文章中出现了大量人物，学生极其容易搞混。

显然 Mac 是本文的主人公，而 wolf 是主人公 Mac 的问题所在及文章的线索。从故事情节的推动来看，Mac 是否获救的关键在于 Paul 和 Becky 的做法，同时朋友也有可能对主人公是否脱离困境起到关键作用，因此也在关键人物的考虑之列。在这里我们用思维导图对人物关系进行分析，使其更加清晰（图2-5）。

图2-5 人物关系图

在丰富人物形象和营造阅读"真实感"的同时，可以更好地表现主旨。这里我们把文章中对人物的细节描写以思维导图形式展开（图2-6）。

Mac

1. On a bright, warm July afiernoon, Mac Hollan, a primary school teacher, was cycling from his home to Alaska with his friends. 通过环境的描写侧面烘托人物，表现在旅途出发前主人公 Mac 的心情非常期待和快乐。同时直接表明他的身份是小学教师，让读者明确主人公 Mac 的身份定位，也对于后面他的朋友和所遇到的路人可能会帮助他作出暗示，因为教师的形象可能会更加容易得到帮助。

2. As Mac pedaled along alone, he thought fondly of his wife and two young daughters at home. He hoped to show them this beautiful place someday. 通过动作描写将一个好爸爸、好丈夫的形象鲜明地刻画了出来，更加暗示后面在遇险过程中主人公 Mac 肯定会获得帮助，化险为夷。

3. "Man, that's a big dog!" he thought. 通过心理描写，展现出主人公 Mac 天真的一面，同时暗示后面即将有危险降临，描绘出一幅暴风雨前的宁静的图景，与后面主人公的心态形成反差。

4. Mac's heart jumped. He found out his can of hear spray. With one hand on the bars, he fired the spray at the wolf. A bright red cloud enveloped the animal, and to Mac's relief, it Jell back, shaking its head. But a minute later, it was by his side again. Then it attacked the back of Mac's bike, tearing open his tent bag. He fired at the wolf a second time, and again, it fell back only to quickly restart the chase. 通过心理描写和动作描写将主人公当时恐惧的心理状态和勇敢与狼斗争的人物形象刻画了出来，这也暗示了主人公 Mac 有可能自己渡过难关。

Friend

One of his friends had stopped to make a bicycle repair, but they had encouraged Mac to cany on, and they would catch up with him soon. 虽然文章中对于朋友的描述只有这一句，但是朋友这一角色却在文章起到非常重要的作用。这里用动作描写将朋友们的善良刻画了出来。这也暗示了朋友们在主人公 Mac 遇到困难时是绝对不会不管不顾的。

Wolf

...but a wolf, quickly catching up with him...
Then it attacked the back of Mac's bike, tearing open his tent bag. 文章中这两句是对于狼的描写，主要是动作描写。通过动词的准确使用，将一只凶猛的狼的形象展现出来，把当时的危险情况渲染得更加生动。

Poul and Becky

At this moment, Paul and Becky were driving their car on their way to Alaska. They didn't think much of it when they saw two cyclists repairing their bike on the side of the road. A bit later, they spotted what they, too, assumed was a dog running alongside a man on a bike. As they got closer, they realized that the dog was a wolf. Mac heard a large vehicle behind him. He pulled in front of it as the wolf was catching up fast, just a dozen. 这段是对于路人 Paul and Becky 的描写，主要用了心理描写和动作描写。虽然他们不是文章中最主要的角色，但是对于情节的发展也起了关键作用。这里把两位路人的细心和善良体现了出来，对后文续写的方向给出了相应的提示。

图2-6 人物细节描写

从以上的分析来看，对人物关系和人物形象的分析在读后续写文本分析中至关重要，这对情节发展与续写内容都有非常重要的辅助作用。而通过思维导图的形式可以将文本中的角色视觉化和逻辑化，从而使文本内容更加清晰化，学生对情节的发展和走向能够理解得更加深刻。在对于原文细节刻画的探索过程中也能归纳总结出语言的风格特点。

三、谋篇布局策略

谋篇即文章主旨的选择，作者想要表达什么思想；布局即怎样将主旨通过不同的论证方式进行合理布置，包括总体布局、段落之间的逻辑结构和衔接手段。俗话说，写文章要言之有物、言之有理，还要言之有序，序即文章的结构。完整合理的结构能让读者感受到作者的写作思路和主旨。因此，谋篇布局策略对于读后续写的教学是重要且必要的。

（一）学生在谋篇布局方面的常见问题

通过解析文本的这一节，学生能梳理出阅读材料的基本要素，但故事类文本情节发展的多元性给续写带来了困难（凌勇，2017）。续写部分的极大空间，也让学生很容易偏离整体情节。学生通常只考虑合情合理地完成续写，而忽略了续写部分是和原文不可分割的整体，文章缺乏逻辑性和连贯性。很多学生平时的阅读量不大，没有积累相关知识，在完成续写时，草率乱编，毫无条理。从学生问卷的数据来看，我们了解到，平均只有20%的学生能在读后续写时顾虑到谋篇布局的要素，这是由于大部分学生没有丰富的生活经验和深刻的体悟，想象力匮乏，对文本理解肤浅零碎。还有少数学生不能灵活运用日常所学进行表达，基础语言知识薄弱，导致整篇续写无从下手。总结起来，续写时学生在谋篇布局方面的问题主要有：篇章结构不完整，内容选择不当，要点展开不合理，详略不当，立意不高，等等。这就要求教师必须帮助学生掌握谋篇布局策略。

（二）谋篇布局策略涵盖的三方面

谋篇布局策略是建立在语篇基础上的。在读后续写教学中，教师可以通过介绍常见的语篇模式梳理出文本常见框架来帮助学生在考场上"短平快"地掌握续写内容和确立主题，提高情节设计的合理性和逻辑性。

事实上，不同类型的语篇在长期使用中都已形成一种特定的模式。Hoey（1998）和 Mc Carthy（1991）认为英语语篇结构有三种模式：①概括——具体型（General—Specific pattern），这种模式在英语文章中很具代表性，类似汉语的总分结构，出现在议论文和说明文中较多；②问题解决型（Problem—Solution Pattern），这种模式是首先说明情况，然后出现问题，继而采取措施，最后作出评价；③对照——匹配型（Matching—Pattern）这种模式用来比较两个事物的相同之处和不同之处，或者同一人物或事物的前后变化以表达主题。三种模式均具有"先抽象，后具体；先综合，后分析；先概括，后细节"等特点。换言之，英语语篇的组织和发展呈"直线型"。

通过研究大量文献，观看大量课例，综合笔者的一线教学经验，特总结出谋篇布局策略涵盖的三方面：常见叙事模式，关键词和段首句在情节走向的作用，以及结尾的呼应和升华。

1. 常见叙事模式

（1）问题/冲突——解决方法——结果（problem/conflict—solution—result）类叙事模式。这一模式属于问题解决型模式。文本中作者会先介绍故事的发生背景，说明一些情况，接下来会出现问题或冲突（人与人之间，人与环境之间），最后问题和冲突得到合理的解决（读后续写对于解决方案的要求必须是正能量的）。问题和冲突的解决方法正是文本作者想要表达的思想，如友情、善良、乐于助人等。教师需要引导学生识别作者的这一创作思维模式，从出现问题，尝试性去解决，然后排除错误，出现新的问题，直到解决（涂美媚，2021）。这类叙事模式也可称作起因结果模式，和詹恩超提出的"负—转—正"模式也很相似。詹恩超指出，没有矛盾，就没有精彩的故事。在"双新"的框架下，这些矛盾包括在人与自然、人与社会和人与自我这三大矛盾中。矛盾就是"负"，需要给主人公设置矛盾；"转"是指故事的转折，是之前积累的矛盾、冲突、负面情绪的集中释放；转折之后故事达到高潮，进入"正"能量结尾。如果一个矛盾不够，可以增加新的矛盾，形成"负—转—负—转—正"模式。

问题/冲突——解决方法——结果类叙事模式可以让学生快速进行情节布局：创设困难，任务失败，再创设困难。需要强调的是，创设矛盾时一定要紧扣原文，学会利用文中的细节，切忌自己胡乱编造，情节离奇。

（2）讲述主人公成长的正反对照模式。这一模式属于匹配型模式。用讲述主人公成长的正反对照模式安排文本结构，能形成强烈的反差，给读者留下极深的印象。

（3）游记模式。游记是记录游览经历的一种文体，带有抒情色彩。但因为是记录，所以很容易写成流水账，如果能在文章"明晰的游览活动"这根红线上，巧妙地缀上几颗闪亮的事件"珍珠"，就能摆脱流水账般的记录，拓展内涵，使文章有强劲的主题穿透力。

2. 通过关键词和段首句预测情节走向

谋篇布局的最终目的，是通过识别常见叙事模式，根据所给的两句段首提示句进行合理的情节推测。合理的情节预测分三步：第一步是通过与常见叙事模式对号入座，明确全文的整体布局；第二步是梳理叙事的基本要素，确定关键词；第三步是分析段首句，明确两段续写的情节走向。

第一步参照前文详解的叙事模式便可完成。第二步确定关键词，有些省份勾划了10个关键词，有些省份没有，这时就需要通过叙事模式进行深层的文本分析来提取。常见的梳理文本故事框架、提取关键词的方法有：根据故事发展描画思维导图（时间线、空间线、流程线、因果线等）、列表、人物关系图、表格、故事图等。关键词包括故事的情节，也包括人物形象的品格、性格和情感，动作、景物、环境和氛围描写，文化因素，修辞手法，体裁等。第三步分析段首句。段首句起着承上启下的作用，是推断情节走向、揣摩作者写作意图的重要突破口，只有找出段首句的关键信息，才能确保续写部分与原文的合理性和逻辑性，实现内容协同。根据确定的叙事模式和提取的关键词，可以快速准确地判断续写的两段在全文中的地位，确定文章情节走向的起点和终点。续写两段之间的逻辑结构和衔接手段通常情况下是：续写第一段的段首语是续写部分的起点，第二段段首语决定了第一段续写的故事的走向，是第一段续写的终点；第二段段首语是第二段的起点，第二段的终点也是全文的终点。

3. 结尾的呼应与升华

读后续写题型中涉及的结尾有两个：第一个是续写第一段的结尾；第二个是续写第二段的结尾，也是全文的结尾。本部分主要探讨的是后者。第二段的结尾取决于学生是否正确揣摩出了作者意图，与前文的搭配是否合情合理。结尾的完成便是让全文的谋篇布局圆满地达成。结尾的表现手法多种多样，可以是一波三折式、抑扬转折式，也可以是欧亨利式。笔者提出两个好的结尾方法。第一种结尾的方法是与前面的细节呼应，尤其是和开头呼应。故事的开头通常是矛盾或冲突的开始，结尾以矛盾或冲突得以解决而结束，有始有终。具体的呼应方法也多种多样，可以呼应开头出现的那件事，也可以是呼应文中主人公说过的一句话、提到的一个愿望或诺言等。第二种结尾的方法是升华主题，包括作者对某事的观点、态度和意图。读后续写并不一定需要升华主题，有很多时候按照汉语思维，想进行一个"拔高度"的升华并不妥当。因此，在升华主题时需要认真分析能否拔到这么高的高度。一个很好的判断方法是，看读后续写是否给出标题。呼应标题是非常合理的主题升华技巧，通过与文中细节和标题等呼应并适当升华，可以将续写部分与前文更融为一体，实现内容协同。

通过常见叙事模式、段首句分析和结尾呼应与升华三方面的介绍，我们对谋篇布局策略已经有了大体了解。读后续写是"带着镣铐跳舞"，"镣铐"就是固定的叙事模式，但依然有创作空间，学生可以从多种角度发散思维，让主人公经历不同的事件，升华多种角度的主题。

如图2-7所示为谋篇布局策略的总教学设计一览表，总结概括了上文笔者提出的整个教学过程。

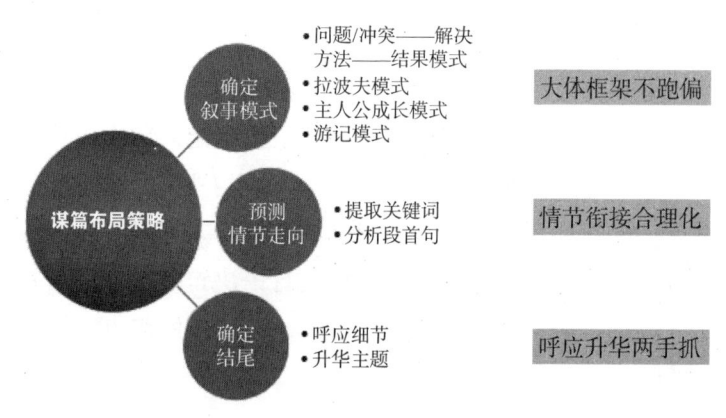

图2-5　谋篇布局策略的总教学设计一览表

4.具体案例应用

（1）2016年10月浙江卷读后续写。

前文情节：Jane和Tom夫妻周末去森林的湖边露营，但因为某件事吵了一架，Jane负气而走，什么东西都没带，最后在森林里迷了路。第二天一早，用溪水和野果充饥以后，Jane听到直升机的声音，但树木把Jane挡住，直升机没有发现她。于是沮丧的Jane只好脱掉黄色衬衫走到空旷之处，期待直升飞机飞回来营救她。语篇原文见附录5。

两句段首句分别是：But the helicopter didn't come back again, and the day became darker.

Jane woke up at the daybreak.

第一步：确定叙事模式。阅读完文本材料和段首句，我们可以发现，这个故事非常符合"问题/冲突—解决方法—结果"类叙事模式。因此我们确定续写部分应是女主在求生过程中遇到的困难，她的解决方案及最终会获救这一叙事思路。

第二步：提取关键词，分析段首语，预测情节走向。关键词：文中勾划的10个词。根据第二段段首语我们可以得出以下结论：第一段续写的结尾应该是Jane睡着了，也说明她此时仍未获救。因此第一段的情节就应当给女主人公先创设希望再制造困难，导致她没有获救。创设困难时，最好从前文中寻找切入点，让文章整体更合情合理。第二段的情节走向肯定是Jane获救。

第三步，呼应与主题升华。我们也可以根据前文Jane和Tom吵架这一细节推测出作者的写作意图：如作者想通过这个故事让夫妻珍惜感情，不要因一时意气用事而酿成不可挽回的结局。因此结尾升华处可与开头Jane感到后悔并更珍惜彼此感情这一主题呼应。表2-16是续写部分的写作思路。

表2-16 续写部分的写作思路

"问题/冲突—解决方法—结果"叙事模式					
问题/冲突（负）	解决办法（转）	结果（负）	解决办法（转）	结果（正）	
Jane荒野求生	如前文提到的湖泊、直升机再飞来一次等	方法失败，最后Jane睡着了	创造新的获救方法，如出现一个渔民、Tom前来营救等	Jane获救了。创作空间：怎么获救的？主题升华：与开头呼应，和Tom和好	

（2）2021年1月八省联考读后续写。

前文情节：我的吉普车半路上抛锚了，我在车窗上贴上需要1个千斤顶的付费求助牌，但近3个小时都无人提供帮助，直到一家墨西哥人主动帮助了我，我还不小心弄坏了他们的轮胎扳手，于是我给了他们20美元表达感谢，但被拒绝了。后面我又悄悄塞给他的妻子，并和他会说英语的女儿闲聊了起来。

语篇原文见附录6。

两句段首句分别是：When I was about to say goodbye, the girl asked if I'd had lunch.

After they left, I got into my jeep and opened the paper bag.

第一步：确定叙事模式。阅读完文本材料和段首句，我们可以发现，这个故事没有明显的冲突，符合拉波夫叙事模式。故事一开篇就告知读者：这是一个关于好人帮我修车的故事。路边，我和一家墨西哥人，吉普车半路抛锚需要千斤顶。进展指向：一家墨西哥人帮助我把车修好了。评议：在文中第一段，我对大多数不愿意提供帮助的人感到很不爽。根据拉波夫叙事模式，我们知道了续写部分应是墨西哥家庭的女儿邀请我吃午餐的情节，以及最后的故事结局和回应，同时可以在续写部分穿插我的评议，即我对被帮助整件事的感悟，可以通过心理描写来表达。

第二步：提取关键词，分析段首语，预测情节走向。关键词：I, a Mexican family, NEED A JACK, Lunch, paper bag, $20。根据第一段的段首语，出现关键词"lunch"。因此我们合理预测第一段的情节是他们一起吃午餐的情景。在第二段段首语中我们发现一个关键词：paper bag。我们需要思考，为什么会有这个东西出现？结合前面的细节，我悄悄地给了墨西哥人的妻子20美元（gave it to his wife as quietly as I could），文中并没有提到钱的去向。因此我们推测，纸袋里肯定就是那20美元。同时确定第一段结尾是作者收到了这个纸袋。第二段的合理情节应是"我"的评议。

第三步，呼应与主题升华。文中第一段提到作者的评议，即大多数人没有主动提供帮助。而一家墨西哥人却无偿地帮助了他。因此作者的写作意图是表达对他们善良的感恩，与开头呼应。表2-17是续写部分的写作思路。

表2-17　续写部分的写作思路

拉波夫叙事模式					
点题	指向	进展	评议	结局	升华
好人好事：好人帮我修车的故事	路边，我和一家墨西哥人车半路抛锚需要千斤顶	1.一家墨西哥人帮我把车修好了 2.续写第一段：一起吃午餐 3.衔接：纸袋	开头：was sick of 不爽 结尾：be grateful 好人是存在的	呼应前文细节 线索：我的钱被退回	多角度： 世上还是好人多； 心存善念常感恩

（3）2022年重庆市二十九中学校半期考试读后续写。

前文情节：我（Kristi）和我的高中好友Beth想在高中最后一年做一些"改变世界的事情"，于是我们注意到了被大家忽视的刚从越南来美国的Leourn。她英语差、没有朋友、自卑，经过我和Beth的努力，最终帮助Leourn获得友谊和自信。语篇原文见附录7。

两句段首句分别是：

We sat with Leourn at the freshman girls' table.

From then on, Leourn began to change.

第一步：确定叙事模式。阅读完文本材料和段首句，我们可以发现，这个故事是典型的讲述主人公经过别人的帮助获得自信的故事，符合描述主人公成长的正反对照的叙事模式。前文用了很大篇幅描述了变化之前的Leourn，确定了模式，我们很快能确定续写部分应当写变化之后的Leourn。

第二步：提取关键词，分析段首语，预测情节走向。关键词：Kristi、Beth、Leourn，自卑的具体表现，改变。根据第一段的段首语推测情节：Kristi和Beth，决定去帮助Leourn，具体的方法可以多种多样，如呼应前文细节，Leourn英语不好于是帮助她提高英语等。从第二段段首语可以推测，读写第一段Leourn接受了她们的帮助并表示了感谢。第二段就是改变之后的Leourn。具体内容可以仿照前文的描写方式，如作者是从哪些细节描述变化之前的Leourn，呼应前文的同时实现语言协同。

第三步，呼应与主题升华。结尾可以与开头呼应：她们通过帮助Leourn做了一件"改变世界的事情"。表2-18是续写部分的写作思路。

表2-18 续写部分的写作思路

讲述主人公成长的正反对照的叙事模式			
之前的Leourn	我们提供的帮助	改变之后的Leourn	主题升华
英语不好 自卑：坐在角落，眼睛不敢上抬，其他女孩的取笑，渴望被关注	做她的朋友； 教她英语； 教她自信的方法	英语有所提高 自信：不再坐在角落，眼睛和其他女孩有交流，被关注，获得友谊	多角度：助人为乐 呼应开头：改变世界

（4）2019年人教版高中英语必修三第一单元的Reading for Writing：My Amazing Naadam Experience。

前文情节：我第一次参加了内蒙古的那达慕大会，观看并听朋友Burin介绍了那达慕大会开幕式、摔跤、赛马这三个活动。回家以后再次收到Burin的邀请去参观蒙古特色帐篷和品尝蒙古火锅。语篇原文见附录8。

两句段首句分别是：

It was the first time for me to spend winter in a Mogolian tent.

I also enjoyed the Mogolian hot pot.

第一步：确定叙事模式。阅读完文本材料和段首句，我们可以发现，这是一个典型的游记。作者讲述了自己参加那达慕大会的所见所闻所感。前文用了很大篇幅依次描述那达慕大会开幕式、摔跤、赛马的具体过程，以及自己的感想。续写部分也应当仿照前文模式描述两项新的活动：观赏特色帐篷和品尝蒙古火锅。

第二步：提取关键词，分析段首语，预测情节走向。关键词：开幕式，摔跤，赛马，以及作者描述这三个活动的词语。从续写第一段和第二段的段首语可以推测，续写部分应当写观赏特色帐篷的具体情景，包括自己看到的，听（闻）Burin介绍的，再加上自己的感悟。语言上可以模仿具体的写作手法，应用比喻、重复、引用等修辞手法。

第三步，呼应与主题升华。结尾可以与开头呼应，表达这又是一次难忘的经历，也可以呼应文中的the heart of Mogolian culture，结合这几个活动总结蒙古精神。表2-19是该续写的写作思路。

表2-19 续写部分的写作思路

游记模式				
活动	所见	所闻	所感	主题升华
开幕式	I saw.. Some...Others...	Burin told me...		
摔跤	Dance into... ...as if...	No...not...	I was quited moved by...	与标题呼应：这是一次非常难忘的经历 与文中细节呼应：蒙古精神
赛马	I was surprised to see...	I heard... Burin said...	I was a little worried I absolutely enjoyed...	
帐篷	根据上面的语言表达结合实际参观的情况仿写			
蒙古火锅				

（三）谋篇布局策略可用的几种教学模式

为了让学生熟练掌握读后续写谋篇布局策略，教师可运用以下4种教学模式进行引导：产出导向模式、WWHCC教学模式、多轮读后续写模式、文体互动模式。这些教学模式都可以对文本进行深层次挖掘，让学生可以从需要引导到独立梳理出文本的叙事框架，并完成续写。

1. 产出导向模式

产出导向模式的教学流程分为三个环节为驱动—促成—评价（文秋芳，2015）。驱动环节激发学生兴趣；促成环节分析语言、内容和结构；评价环节进一步促进续写与原文在语言和内容方面的协同。教师可以在驱动和评价环节让学生逐步分析出文本的谋篇布局。

2. WWHCC教学模式

在进行读后续写课堂教学时，教师可以按照WWHCC模式（米占东，张振敏，2019）进行，即What（语篇的主题内容是什么）；Why（语篇的深层含义是什么，包括作者的写作意图、情感态度或价值取向）；How（语篇具有什么样的文体特征、内容结构和语言特点）；Critical thinking（对所读文章内容进行分析、阐述和评价，也可以对作者的观点、态度和写作手法进行赏析与评价，属于阅读的最高层次）；Creative thinking（读后迁移创新阶段，通过续写可以将语言的理解和表达紧密结合起来）。

3. 多轮读后续写模式

多轮读后续写模式指教师讲解文本第一节，学生续写第二节，续写完成后，教师给予反馈，教师讲解第二节后，学生续写第三节或结尾段。多轮读后续写模式为学生提供了反思、改进的机会，有效增强了学生与文本的互动，值得教师在教学实践中灵活运用，并予以完善。

4. 文体互动模式

文体互动模式是指学生在进行续写时可以寻找原文题材中的价值理念、层次结构、思想情感间的联系，保证创作出的续写内容能够与文本材料和谐统一（丁芳，2021）。教师想要帮助学生更好地提升写作质量，可以通过文体互动模式有针对性地帮助学生锻炼思维意识、积累阅读经验及提升语言应用能力。

（四）在谋篇布局策略方面给学生的建议

为了更好地落实普通高中《新课程标准》（2017年版）的新理念，做好新高考背景下的读后续写题型，教师和学生都需要转变传统教学思维，改变自己的教学模式和学习模式，适应新时代基础教育的理念，重阅读，强输出，讲思维。就谋篇布局策略方面来说，教师应引导学生做到以下几点。

1. 提高阅读能力

阅读不仅仅是单词、短语、句型和表达，更多的是从语篇角度进行深层次挖掘。因此，一定要引导学生充分认识到新高考对于阅读的要求，落实"双新"背景下英语核心素养的培养。

2. 提高逻辑创新能力

在日常教学中，教师必须有意识地对学生开展思维能力的训练活动，只有通过深层思考和实践才能提高学生的逻辑创新能力和想象力。

3. 加强输入

在对师生问卷和教师访谈的分析中，我们已经知道，输入是最重要的一方面，而目前大部分高中学生的输入远远不够。怎样才能加强输入呢？教师除了日常在教学内外补充材料外，另一个好办法便是引导学生读名著（基础差的可以从书虫版开始）。山东省的教育专家陈元宝教师进行了多地多学校的调研与尝试，提出了"读名著促续写"的指导方案，并取得了非常好的效果。一线教师也不妨在自己的日常教学中借鉴这一好方法，让学生和地道的"原汁原味"的材料中实现文体互动，获得新的语言和思想，以加强语言输入，让续写不再无从下手。

读后续写不仅要求学生具备扎实的英语基础知识，同时也要求学生具备阅读理解的分析能力，其中的重中之重便是把握全文的谋篇布局。只有充分把握作者想表达的主旨及表达主题的布局，才能实现续写与原文在语言和内容上的协同。

四、语言优化策略

一篇优秀的读后续写离不开高水平的语言表达，然而笔者在实际调查问卷中发现，学生在续写文章中会出现大量中式英语的表达或词不达意的情况，而其贫瘠的语言表达则限制了丰富的思想，导致续写文章总是平铺直叙、平淡无味。所以在读后续写的课堂教学过程中，教师应该引导学生优化写作的语言。结合前文分析的读后续写的题型特征和能力要求，笔者认为，读后续写的语言优化可以从语言的准确性、语言的丰富性、语言的连贯性三个方面入手。

（一）语言的准确性

语言的准确性体现在语法的准确性和语言表达手段的合理使用上。尽管读后续写的文本材料给学生提供了准确且丰富的语言环境，但学生在语法的准确性和语言表达的准确性上仍需要教师的引导。

衡量语法准确性的方式有很多，包括制作整体量表、观察一篇文章中没有错误的T单位的数量、将语法错误分类、计算单个语法错误的数量等。Polio（2014）通过实验发现，将语法错误分类和观察没有错误的T单位的数量，这两种方法具有更高的可靠性，这为我们在续写中提高语言的准确性提供了建议。首先，教师应该引导学生归纳写作中常见的语法错误，如时态是否使用准确（续写常见时态为一般过去时）、主谓是否一致、定冠词和不定冠词的使用是否正确、连词是否使用恰当等。其次，教师应该在日常教学中向学生构建分类清晰且内容完整的语法体系，将语法的准确性落实到动词、名词、限定词、冠词、代词、数词、主谓一致、形容词、副词、介词、比较结构、句子种类、名词性从句、定语从句、状语从句、直接引语和间接引语、省略与强调等具体的知识讲解中。再次，教师应该重视句法层面语言准确性的表达，这种重视，不单单是指以简单句为单位分析上述语法内容的准确性，更应该以T单位（T-unit）进行分析。T单位是指由一个主句和依附于该主句的从属性句子所构成的单位，除了简单句外，复合句也是一个T单位，并列句中的单个简单句也是一个T单位。经过初中知识的学习，高中学生已经能够写出简单的句子，但是当他们用从句或非谓语动词来表达复杂内容的时候往往会出现错误，所以教师在教学中，应该重视学生在写长句子时遇到的困难，从句子成分分析等方面规范学生的表达。最后，教师应该注意多种模式的英语语言输入，通过鼓励学生阅读英文小说、看原版英文电影、听英文歌曲等方式让学生接触纯正流畅的英语；教师还可以进行专题讲座，讲述中英文化的差异，进而提及语言表达的差异，引导学生使用无灵主语、谚语等特色英语表达，避免中式表达。

语言表达的准确性则体现在细节描写的准确性上。以动作描写为例，英语中的动作词汇十分丰富，在描写一个动作时往往有许多动词可供选择，但在这些词中通常只有一个是最准确的。因此，教师要注重引导学生学会把这个最准确的词挑选出来，用以刻画特定的动作。首先，教师可以归纳教材词汇，如"说"这个动作，在2019年人教版高中英语必修一中，出现了add（补充）、disagree（不同意）、command（命令）、request（命令）、persuade（劝告）、congratulate（恭喜）、beg（乞求）等表达；在必修二中，出现了debate（辩论）、admit（承认）、appreciate（感激）、bargain（讨价还价）、analyze（分析）、threaten（威胁）、respond（回复）、charge（指控）等表达；在必修三中，出现了apologize（道歉）、announce（宣布）、remind（提醒）、consult（咨询）、sigh（长叹）、narrate（叙述）、bet（打赌）、permit（允许）、scream（尖叫）、chat（聊天）、confirm（证实）等表达；在选择性必修一中，出现了argue（争论）、inspire（鼓励）、support（支持）、comment（评价）、summarize（总结）、translate（翻译）、conclude（总结）、enquire（询问）、blame（责备）、instruct（指导）等表达；在选择性必修二中，出现了clarify（阐明）、quarrel（争吵）、inform（通知）、accuse（指控）、deny（否认）、demand（要求）、approve（同意）等表达；在选择性必修三中，出现了appeal（呼吁）、subscribe（赞同）、oppose（反对）、state（陈述）、advocate（宣扬）、guarantee（保证）、disagree（不同意）等表达。这些词都包含着"说"的含义，而且教材中含有具体的语境，因此教师在遇到这些词后，可以借助课文的具体语境举出不同的例子，让学生更好地理解其内涵，从而更自如地使用。其次，教师在教学中应该特别注重学生词块的积累，根据Lewis（1997）的研究，词块有以下四种类型：第一种是聚合词，指的是具有习语性质的固定词组；第二种是搭配词，指的是在一起出现频率很高的词组；第三种是惯用话语，即形式固定或半固定，具有语用功能的单词的集合；第四种是句子框架和引语。读后续写语言的积累离不开准确的词组搭配，而学生准确的描写也离不开连词成句、连句成段、连段成篇的参与，所以教师应该重视动词词组的搭配。最后，教师在教学中可以组织具体的有针对性的学习活动来促进学生多角度使用不同的动词，如让学生从30个意思相近的动词中选择部分词汇来编写一则小故事，让学生积累优秀的记叙文段落，并在此之后通过朗读、理解、体会、欣赏优秀段落提高动词使用的准确性，让学生角色扮演体会不同动词所适应的情境等等。这些手段都能够让学生区分近义词汇，从而更准确地运用词汇。

（二）语言的丰富性

语言的丰富性体现在词汇的丰富性、句法的复杂性、衔接手段的丰富性、思维发展的丰富性4个方面。首先是词汇的丰富性，如"走"这个动作，可以用walk（走）、run（跑）、wander（漫步）、dash（冲）、stroll around（闲逛）、pace back and forth（来回踱步）、step into（迈进）、make one's way to（艰难前进）、dance out（蹦蹦跳跳）等单词来表达，又如"看"这个动作，可以用see（看）、watch（看）、observe（观察）、peep（窥视）、look around（四处张望）、look back（往回看）、stare at（凝视）、glare at（怒视）、glance at（一瞥）、catch sight of（瞥见）等单词来表达。其次是句法的复杂性，例如，要想在一个句子中加入其他动词来传达更复杂的意思时，需要添加从句或使用非谓语，如要想强调句子中某个部分的内容时，需要运用强调句和倒装句，再如要想表达说话者不同的语气时，需要运用虚拟语气、感叹句、祈使句等。再次是衔接手段的丰富性，如使用表示增补、对比、对照、递进、因果、强调、让步、例证、总结、推断、时间和空间等的逻辑词进行句子之间的衔接，又如使用代词、上义词和下义词、近义词和反义词、同义词来提高语句之间的关联性。最后是思维发展的丰富性，如逻辑性思维、批判性思维、创造性思维在续写文本中的体现。

根据上述分析，笔者对于如何提高语言的丰富性提出以下建议。

1. 注重修辞手法，提高词汇和句法的丰富性

余立三（1985）将修辞手法从词汇、句法、语音三个维度进行了分类，词汇层面的修辞手法有明喻、暗喻、转喻、提喻、拟人、比较、夸张、移就、委婉语；句法层面的修辞手法有排比、重复、对照、反问、倒装；语音方面的修辞手法有拟声词、压头韵、压尾韵。在读后续写的课堂教学中，教师可以引导学生通过一些修辞手法来进行某种角度的细节描写。例如，教师可以举例如何使用不同的修辞手法进行环境描写，比喻——Clusters of stars decorated the vast sky like sparkling jewels；拟人——Immediately, an absolute darkness ruled the forest；夸张——The icy wind started howling, cutting my face fiercely；对照——Freezing cold as the night was, it seemed like spring to Robin；排比——Sunshine of autumn glittered from the gap of leaves, shone warmly on the grass, and touched their souls；头韵——The fragile flowers' smells blanked the room。

2. 注重细节描写，提高表达的丰富性

细节描写是指抓住生活中的细微而又具体的典型情节，加上生动细致的描绘（曹红梅，2010）。大部分的读后续写体裁为记叙文，而记叙文的核心是写人叙事，这要求学生要塑造出饱满的人物形象，写出情节曲折、含义深刻的故事。但是在实际教学中，高中学生在进行读后续写时，往往止步于"将故事写出来"，却忽视了要对文章内容做出一定的修饰，所以续写的文章往往如白开水一般平淡无味，例如，在描写人物心理变化的时候都是使用sad、happy、worried、excited这种简单的词汇，并不能完全描绘出人物内心丰富的情感。要想把人物塑造得饱满，情节更加生动，就必须要有支撑人物和故事情节的各类细节描写。最常见的细节描写有五类，即环境、动作、情感、心理、语言。环境描写可以起到交代故事背景、侧面烘托人物情感、推进故事情节发展等作用，例如，"Cold as the rain was, great warmth filled his heart like never before"解释了故事背景是下雨，但是人物之间因为善意的帮助而关系变得温暖。动作描写是文章中最容易出现的描写，因为英语句子的核心就是动词，人物的不同动作能够深刻反应人物的内心思想，推动故事情节的发展，例如"Steve then shouted to Margarito to move away from the window"体现出了当时人物内心的焦虑。因此教师在日常教学中需要引导学生积累关于身体各部位动作描写的语料，并指导他们将动作描写和心理描写、情感描写、语言描写结合起来，串连一系列动作以写出画面感。情感描写就是刻画喜怒哀乐，它可以有很多种途径，如直抒胸臆，寓情于景，用身体动作来展现，用语言来表达。教师可以针对情绪描写让学生进行一些句式的练习，wg如，用表示情绪的形容词做状语：Tired and exhausted, he went to bed; to+ sb's+情绪类名词的结构：To her relief, her husband was rescued from the water; out of+情绪类名词的结构：Out of curiosity, she followed the man to see what would happen; with+情绪类名词的结构：She was choked with sorrow。此外，教师可以强化情感描写和动作描写之间的联系，引导学生用手心出汗、双手颤抖、如坐针毡、抓耳挠腮等动作来表达紧张、害怕、焦虑等情绪，用瞪大双眼、张大嘴巴、下巴掉了等动作来表达惊讶等情绪。正如古人所云："感时花溅泪，恨别鸟惊心"，教师还可以引导学生写出环境和情绪之间的关系，

如 "The rain had soaked through my jacket, leaving me chilled to the bone"，用雨水来展现出人物内心绝望的情感；"The moon washed the woods in a gentle light. The stars twinkled like a child's curious eyes blinking with anticipation."用夜晚平静的景色来表达人物内心的轻快和希望。除了情感描写以外，心理描写也十分重要，但是值得注意的是，心理描写并不等同于情感描写，心理描写主要是在描写人物的"内心戏"，即脑海里的画面和想法，这种描写特别容易和故事情节相结合，展示人物的行为逻辑，从而推动故事的发展，例如，it strikes/hits/occurs to sb. 这个句型的出现，就暗示着人物将要去解决问题，类似的还有 sb. determine/resolve/make up mind to do 这种短语，所以建议教师在实际教学中可以将回忆、灵感、后悔、决心等表达内心感受的词句分类，让学生能自如地造出句子，从而丰富人物形象并推动故事情节的发展。最后，教师还得让学生体会语言描写的丰富性，例如，在进行大段对话中如何让不同的人进行不同的表达：The headmaster said: "A good actor must be able to speak aloud on the stage." At that moment, Rigo saw his father. "By the way, a good actor knows he should use his quiet voice off the stage", added the teacher. Rigo ran to his father's cheerfully. "Dad, the headmaster said I was going to become an extraordinary actor!" He yelled proudly. 从上面这段内容可以看出，在大篇幅对话中，对于直接引语和间接引语标点符号的使用，以及"说"的不同表达都是有要求的，普通的"说"是 said，补充说明是 added，而随着说话内容不断推动情节发展，这种"说"又变成了 yelled proudly。此外，读后续写的内容需要有"画面感"，也就是说，所有的细节描写都不是单独成段、互不干扰的，教师需要让学生在写作中不断切换细节描写，避免出现"我说、你说、他们说""我做、你做、他们做"这种重复且单调的描写，就像是在拍电影一样，学生可以选择不同的机位，用不同的摄像机将一个画面流畅且完整地记录下来，例如："Give me a rock!"［语言描写］With the rock, he hit the window over and over but had little success［动作描写］. Steve then shouted to Margarito to move away from the window［语言描写］. He balanced himself on the truck, leaned back and threw the rock at the window［动作描写］. Finally, the glass broke and Steve kicked in the remaining pieces of glass［动作描写］. Relieved, Margarito reached out for Steve's hand and was rescued［心理描写］.

3. 注重提高思维的丰富性

首先，教师可以利用思维导图这一教辅工具来引导学生们分析文本主题、故事发展过程、作者传递的思想感情等，并设置相应的后续拓展问题，鼓励他们在原文逻辑的基础上进行创新思考，从而连贯且逻辑严密地完成读后续写。其次，教师得重视对于学生预测能力的培养，因为这有利于学生发散性思维的提升。值得注意的是，除了读后续写的文本以外，教师还可以充分利用故事类的阅读理解或完形填空来帮助学生释放创造力和想象力。教师在讲述这类作业时，可以短暂停止，根据已读部分文章的脉络，对文章进行发散思维，设想可能的几种结尾，最后对照原文的结尾，看自己的设想是否与原文一致。最后，教师要加强文化讲解和文化熏陶，文化多样性是现代世界的一个显著特征，而英语作为一种通用语言，更是承担着搭建不同国家之间文化桥梁的作用，在续写的篇目中也不乏有不同文化背景的故事，如果学生有相关文化背景知识的积累，就能更深入地挖掘文本内涵，提高思维的发散性和批判性。例如，在2021年1月的八省联合考试英语卷中，读后续写的文本内容为"我"（在美国）的车坏在了路上，而此时来自墨西哥的一家三口对"我"施以援手，"我"想表达感激，在墨西哥人家的爸爸拒绝了酬金之后，偷偷将钱塞给了墨西哥人家的妈妈。学生在基于此内容进行续写时，需要注意文章中的"我"是美国人，而助人者是墨西哥人，两个国家在语言、社交方式、饮食习惯等方面是不一样的，如果学生在续写部分中能体现出这种文化差异，如构思"我"邀请这一家人到家吃墨西哥的Tacos，就能给阅卷者耳目一新的感觉，而学生也能深挖文本内涵，有的放矢地进行思维发散。

（三）语言的连贯性

写作的连贯性是衡量文章整体质量的一个重要指标。一篇文章的连贯与否主要体现在文章的段落与句子之间存在的内在逻辑关系上。写作者可以通过语言衔接手段来达到连贯的目的，也可以从意义方面的自然过渡展现连贯。而读后续写第七档次的评分标准指出，学生的续写需要自然有效地使用段落间、句子间的衔接手段，全文结构清晰，前后呼应，意义连贯。由此可见，如果学生想要提高文章的连贯性，就必须在词汇、句子、篇章结构、内容上达到统一连贯。

第一，利用衔接理论，引导学生使用语法衔接和词汇衔接手段。Halliday

和Hasan提出的语篇衔接理论认为，衔接可以分为语法衔接和词汇衔接，前者主要包括替代、照应、省略和连接词四类，后者包括复现关系和同现关系两类。词汇的复现关系指一个词以原词复现、近义/同义词、上义词和概括词等形式出现。对于高中生来讲，使用词汇复现手段和语法衔接手段这两种显性的衔接更加方便，而某些省份的读后续写则正是通过设立关键词让学生不断复现文章关键词汇以达到连贯，所以教师在日常教学中一定要注意续写段落所给的关键词，鼓励学生对关键词所展示出来的信息进行照应、复现等，而对于没有设立关键词的读后续写，教师应该帮助学生梳理文章关键信息，确定关键词。例如，2021年全国II卷读后续写的 *A Mother's Day Surprise*，讲述了一对双胞胎在母亲节为了给母亲惊喜而共同制作早饭的故事，经过初步分析，文章的关键词可以有主人公the twins，目标breakfast，情绪类词汇pleased、thankfully等，学生在尝试写作时就可以复现这些词汇，用代词they代替the twins，用下义词bread来代替breakfast，用近义词delighted来替换pleased，用discouraged来反衬pleased等。

第二，引导学生抓住重要细节，重视伏笔和铺垫。要在续写内容中实现连贯，最好的方式就是呼应文本材料中的细节。例如，2016年浙江卷的续写内容是荒野求生，而主人公第一次错过获救机会就是因为有树木遮挡，那这个细节可以使用到续写中，帮助学生构思如何解决这个问题，也能使整个文章的逻辑更加流畅。又如2021年浙江卷的续写原文中提到了妈妈喜欢用视频拍摄记录"我们"的生活，而续写第二段的段首句中就提到了视频，如果学生有比较好的对于整体连贯性的意识，就应该想到这个视频不是别人拍的，正是妈妈拍的。

五、习作评价策略

写作是一个渐进的过程。一篇作品，无论它有多好都能通过熟练的修改而提高质量。修改阶段是写作过程中的必要环节，在提高作文质量的同时，也使学习者通过不断组织想法、发现和改进，提高认知能力、监控能力、思维能力、创造能力和书面表达能力。促进修改的途径之一是同伴评价。学生之间的同级修改能够实现信息交互的多向性，有利于学生的认知发展和二语习得。同学互改可以促进学生独立思考，通过相互交流、启发，为对方的作文提供修改意见，可以培养学生分析和修改自己作文的能力。多角度的反馈可以加深学生对自我的认识，了解自己和他人的差距可以激励他们尽力缩短差距。同学互改还可以培养学生写作时为读者服务的意识，帮助他们养成修改作文的习惯。多次修改使学生对评价标准更加了解，这有利于学生反思自己的作文。同时，同学互改也是一种合作学习，能够极大地提高学生学习的参与度，从而增进教学效果。

同伴评价的具体操作方法如下。

（一）互评组的合理组织

互评组的合理组织是互评活动顺利进行的保证。互评组的组建是有目的的、灵活的。为使组与组之间的水平相当且保证竞争性，组内成员之间能够相互帮助达到共同提高的教学目的，教师可根据学生的英语知识水平、语言学习能力分别挑选优生1人（甲）、中等生2人（乙1、乙2）和学困生1人（丙），（共计4人）组成互评小组，并分前后两排。在活动初期，为确保活动顺利进行，教师可以指派学业好、组织能力较强的优生负责组织、管理、主持讨论工作，担任互评组组长；中等生承担主要批改工作；学困生负责记录批改结果等。经过一段时间的适应后，教师可以根据需要灵活对组内的角色进行轮换，甚至对各个小组进行重组，这将帮助每个学生从不同的岗位上得到体验、锻炼和提高。

（二）制定互评项目表

读后续写总分为25分，按照7个档次评分，鉴于7个档次的定档较为复杂，在同伴互评过程中，笔者依据评分标准总则分阶段设计项目评价表，见表2-20。

表2-20 评价项目表

评价项目	优秀	良好	合格	仍需努力
内容完整，情节合理				
人称、时态正确				
文章自然连贯，连接词使用恰当				
单词拼写、句子结构无低级错误				

续表

评价项目	优秀	良好	合格	仍需努力
能使用一些较高级的词汇和句式来增强文章亮点				
字数恰当，书写整洁美观				
本文亮点（用简短的文字表达）				
本文不足（用简短的文字表达）				

（三）同伴课堂互评

同伴课堂互评活动操作程序见表2-21。

表2-21　同伴课堂互评活动操作程序

步骤	学生活动
一	由同学丙朗读同学乙1的作文，其余同伴（包括作者本人）根据自己对文章的理解按照评价项目表为同学乙1初步评价并署名
二	同学乙2负责对文章进行整体把握，修改文章中与内容、情节相关的不足之处； 同学甲对乙1作文内容及乙2的发言进行解释说明并由同学丙负责记录； 同学乙1自批，批改结束后交于组长，组长协同同伴探讨、交流，共同找出遗漏的语言、知识方面的错误，再引导同伴思考作者的句子结构、主题要点、篇章布局及其上下连贯等问题，每次举例说明一两点并加以修改； 甲、乙2与丙同学一起找出最喜欢的一个词、短语或句子，做标记，并讨论是否可以将一些词汇或句式用高级词汇或句式（如倒装句、强调句，非谓语动词、虚拟语气）进行替换
三	同学乙1整理有价值的反馈，借助同伴的反馈及时修正文章中的语言、知识等基础错误，并适当调整要点顺序和添加信息，尽快完成对文章内容的修改，并由组长上交给教师
四	实物投影其中一篇作文，由其组长大声朗读，各互评组组长打分，然后各组进行讨论，在组长的带领下，经过畅所欲言、共同探究、相互启发、互相补充后，教师先让讨论得比较成熟的小组代表发言，进行全班交流，其他各组作出补充、质疑和评价

（四）学生英语写作阶段性相互评价

为了帮助学生经常反思自己的学习进程，提高学生的主体意识和自主学习能力，引导学生对同伴评价的教学评价方式形成一种正确、积极的认识，笔者设计了"学生英语写作阶段性相互评价量表"（表2-22），主要用来评价学生在写作过程中参与小组合作、同伴评价的表现，从而使合作学习、同伴评价模式对学生写作能力的提高起到最佳的促进作用。

表2-22　学生英语写作阶段性相互评价量表

1. 优秀　2. 良好　3. 合格　4. 仍需努力

序号	内容	姓名	姓名	姓名	姓名
1	积极主动参与小组讨论和同伴互评活动				
2	能在规定的时间内认真完成同伴互评任务				
3	对同伴作文的评价客观、准确、细致				
4	善于发现同伴作文中的闪光点				
5	乐于听取同伴对自己作文的评价和建议				
6	愿意根据同伴评价反思自己的作文，并及时修改				

虽说本次实验的重点是学生在写作中的互评，但并不是说教师对于学生的评价过程完全放手，教师的作用是多方面的。互评期间，教师要充分发挥主导作用，教师可巡视全班或参与某个小组的讨论，了解情况并有针对性地进行指导，促使学生在活动中互相切磋、取长补短。当学生有困难时，教师要设法引导，保证学生有充裕的时间完成所布置的任务，使批改不流于形式。在各个步骤进行的过程中，教师应记下同学们的语言错误，并及时给予反馈讲评：对于典型错误，有针对性地进行讲解；对于措辞表达不当的问题，应采取个别与集中相结合的方法指导学生修改。教师要对各组的观点做出公正的评价，要善于发现各个小组的可取之处，尤其要多鼓励学困生，接纳其个性观点，将小组评价和个体评价紧密结合起来，引导学生将各组的观点、理由进行整理、分析、归纳和概括，形成一致意见。

在每次学生完成互评后，通过阅读学生作文、评价项目表、学生英语写作阶段性相互评价量表，对本次作文作出总结性评价，给学生作文提出更有针对性的评价和建议，并根据各表反馈及时调整教学策略，不断改进和完善同伴评价模式。

附录

附录1

The Story of Atlanta

Atlanta was a Greek princess. She was very beautiful and could run faster than any man in Greece. But she was not allowed to run and win glory for herself in the Olympic Games. She was so angry that she said to her father that she would not marry anyone who could not run faster than her. Her father said that she must marry, so Atlanta made a bargain with him.

She said to him, "These are my rules. When a man says he wants to marry me, I will run against him. If he cannot run as fast as me, he will be killed. No one will be pardoned."

Many kings and princes wanted to marry Atlanta, but when they heard of Atlanta's rules, they knew it was hopeless. So many of them sadly went home, but others stayed to run the race. There was a man called Hippomenes who was amazed when he heard of Atlanta's rules, "Why are these men so foolish?" he thought. "Why will they let themselves be killed because they cannot run as fast as this princess?" However, when she saw Atlanta come out of her house to run, Hippomenes changed his mind. "I will marry Atlanta-or die!" he said.

The race started and although the man ran very fast, Atlanta ran faster. As Hippomenes watched he thought, "How can I run as fast as Atlanta?" He went to ask the Greek Goddess of Love for help. She promised to help him and gave him three golden apples. She said, "Throw an apple in front of Atlanta when she is running past. When he stops to pick it up, you will be able to run past her and win." Hippomenes took the apples and went to the King. He said, "I want to marry Atlanta." The King was sad to see another man die, but Hippomenes said, "I will marry her-or die!" So the race began.

When the race started, Atlanta ran faster than Hippomenes.

When she finally caught up with him, Hippomenes had to throw the last apple.

附录 2

A Cookie Thief

A young woman was waiting for her flight at an airport. She was leaving for London because she got a new job there. It was said that her new boss was a typical English gentleman — polite, modest, humorous and considerate. She was excited as well as a little nervous about her new life.

With several long hours before her flight, the woman hunted for a book in the airport shops, bought a packet of cookies and found a place to sit. She took out a book and started to read. Although she was absorbed in her book, she happened to see that the man sitting beside her, as bold (大胆的) as he could be, grabbed (抓) a cookie or two from the bag in between them. Educated to be well-mannered, she tried to ignore it to avoid an argument. But to show that she was the owner, she started to take cookies from that bag too. Unfortunately, the man didn't get that hint (暗示), since he didn't stop grabbing the cookies.

"How annoying!" She thought. As the greedy cookie thief kept eating, the woman munched (用力咀嚼) some cookies and watched the clock.

She was getting angrier as the minutes went by, thinking, "If I weren't so nice, I would blacken his eyes." With each cookie she took, he took one, too; when only one was left, she wondered what he would do.

With a smile on his face, and a nervous laugh, he took the last cookie and broke it in half. He offered her a half, and ate the other. She grabbed it from him, and glared at him with flames burning in eyes and her lips pressing tightly. She had never known when she had been so angry, thinking "Oh, brother. This guy has some nerve (厚颜) and he is so rude! Why didn't he even show any gratitude?"

She sighed in relief when the announcer broadcast that her flight was called, which, to her, sounded just like the sweetest call from an angel. She gathered her belongings and headed to the gate in no time, refusing to look back at the rude thief. She boarded the plane, sank in her seat, and looked for her book, which was almost complete.

As she reached in her baggage, she gasped（喘气）with surprise.

Surprisingly, she found the man sitting just besides her.

附录3

案例3

The Meredith family lived in a small community. As the economy was in decline, some people in the town had lost their jobs. Many of their families were struggling to make ends meet. People were trying to help each other meet the challenges.

Mrs. Meredith was a most kind and thoughtful woman. She spent a great deal of time visiting the poor. She knew they had problems, and they needed all kinds of help. When she had time, she would bring food and medicine to them.

One morning she told her children about a family she had visited the day before. There was a man sick in bed, his wife, who took care of him and could not go out to work, and their little boy. The little boy — his name was Bernard — had interested her very much.

"I wish you could see him," she said to her own children, John, Harry, and Clara. "He is such a help to his mother. He wants very much to earn some money, but I don't see what he can do."

After their mother left the room, the children sat thinking about Bernard. "I wish we could help him to earn money." said Clara. "His family is suffering so much."

"So do I," said Harry. "We really should do something to assist them."

For some moments, John said nothing, but, suddenly, he sprang to his feet and cried, "I have a great idea! I have a solution that we can all help accomplish（完成）."

The other children also jumped up all attention. When John had an idea, it was sure to be a good one. "I tell you what we can do, " said John. "You know that big box of corn Uncle John sent us? Well, we can make popcorn（爆米花）, and put it into paper bags, and Bernard can take it around to the houses and sell it."

When Mrs. Meredith heard of John's idea, she thought it was a good one, too.

With everything ready, Bernard started out on his new business.

附录4

案例4

On a bright, warm July afternoon, Mac Hollan, a primary school teacher, was cycling from his home to Alaska with his friends. One of his friends had stopped to make a bicycle repair, but they had encouraged Mac to carry on, and they would catch up with him soon. As Mac pedaled along alone, he thought fondly of his wife and two young daughters at home. He hoped to show them this beautiful place someday.

Then Mac heard quick and loud breathing behind him. "Man, that's a big dog!" he thought. But when he looked to the side, he saw instantly that it wasn't a dog at all, but a wolf, quickly catching up with him.

Mac's heart jumped. He found out his can of bear spray. With one hand on the bars, he fired the spray at the wolf. A bright red cloud enveloped the animal, and to Mac's relief, it fell back, shaking its head. But a minute later, it was by his side again. Then it attacked the back of Mac's bike, tearing open his tent bag. He fired at the wolf a second time, and again, it fell back only to quickly restart the chase.

Mac was pedaling hard now. He waved and yelled at passing cars but was careful not to slow down. He saw a steep uphill climb before him. He knew that once he hit the hill, he'd be easy caught up and the wolf's teeth would be tearing into his flesh.

At this moment, Paul and Becky were driving their car on their way to Alaska. They didn't think much of it when they saw two cyclists repairing their bike on the side of the road. A bit later, they spotted what they, too, assumed was a dog running alongside a man on a bike. As they got closer, they realized that the dog was a wolf. Mac heard a large vehicle behind him. He pulled in front of it as the wolf was catching up fast, just a dozen yards away now.

The car abruptly stopped in front of him.

A few minutes later, the other two cyclists arrived.

附录5

2016年10月浙江卷读后续写

One weekend in July, Jane and her husband, Tom, had driven three hours to camp overnight by a lake in the forest. Unfortunately, on the way an unpleasant subject came up and they started to quarrel. By the time they reached the lake, Jane was so angry that she said to Tom, "I'm going to find a better spot for us to camp" and walked away.

With no path to follow, Jane just walked on for quite a long time. After she had climbed to a high place, she turned around, hoping to see the lake. To her surprise, she saw nothing but forest and, far beyond, a snowcapped mountain top. She suddenly realized that she was lost.

"Tom!" she cried. "Help!"

No reply. If only she had not left her mobile phone in that bag with Tom. Jane kept moving, but the farther she walked, the more confused she became. As night was beginning to fall, Jane was so tired that she had to stop for the night. Lying awake in the dark, Jane wanted very much to be with Tom and her family. She wanted to hold him and tell him how much she loved him.

Jane rose at the break of day, hungry and thirsty. She could hear water trickling(滴落)somewhere at a distance. Quickly she followed the sound to a stream. To her great joy, she also saw some berry bushes. She drank and ate a few berries. Never in her life had she tasted anything better. Feeling stronger now, Jane began to walk along the stream and hope it would lead her to the lake.

As she picked her way carefully along the stream, Jane heard a helicopter. Is that for me? Unfortunately, the trees made it impossible for people to see her from above. A few minutes later, another helicopter flew overhead. Jane took off her yellow blouse, thinking that she should go to an open area and flag them if they came back again.

Paragraph 1:
But the helicopter didn't come back again, and the day became darker.

Paragraph 2:
Jane woke up at the daybreak.

附录6

2021年1月八省联考读后续写

During this past year, I've had three instances of car trouble. Each time these things happened, I was sick of the way most people hadn't bothered to help. One of those times, I was on the side of the road for close to three hours with my big jeep. I put signs in the windows, big signs that said NEED A JACK (千斤顶), and offered money. Nothing. Right as I was about to give up, a Mexican family in a small truck pulled over, and the father bounded out.

He sized up the situation and called for his daughter, who spoke English. He conveyed through her that he had a jack but that it was too small for the jeep, so we would need something to support it. Then he got a saw (锯子) from the truck and cut a section out of a big log on the side of the road. We rolled it over and put his jack on top, and we were in business.

I started taking the wheel off, and then, if you can believe it, I broke his tire iron. No worries: He handed it to his wife, and she was gone in a flash down the road to buy a new tire iron. She was back in 15 minutes. We finished the job, and I was a very happy man.

The two of us were dirty and sweaty. His wife prepared a pot of water for us to wash our hands. I tried to put a $20 bill in the man's hand, but he wouldn't take it, so instead I went up to the truck and gave it to his wife as quietly as I could. I asked the little girl where they lived. Mexico, she said. They were in Oregon so Mommy and Daddy could work on a fruit farm for the next few weeks. Then they would go home.

注意：
1. 续写词数应为150左右；
2. 请按如下格式在答题卡的相应位置作答。

When I was about to say goodbye, the girl asked if I'd had lunch.

___

After they left, I got into my jeep and opened the paper bag.

___

附录7

2022年4月重庆市二十九中半期考试读后续写

We were out to change the world. This was our time, our senior year. My best friend Beth and I had big dreams and hopes for our last year in high school.

"Kristi, did you see the girl standing by us in the lunch line—she looks so lost, so out of place." We had heard of a family that had just moved to our town from the country of Cambodia. We knew there was supposed to be a new girl at our school from that family, but we had yet to meet her until now.

Leourn was a small dark-haired beauty. She was starting her freshman year in this new country. She struggled with the little English she knew and that made it very hard for her to get to know people in our small town.

We watched in the lunchroom from our "Senior Table". This table was reserved for our "senior sports jock(运动健将)friends", and no one else. Leourn would get her lunch tray with the rest of the students but she always kept her head down with her eyes focused on the floor. She would then head to the only table of girls she recognized. Unfortunately, it was the table for the most popular girls in the freshman class. Every single day Leourn would sit at the very edge of her seat and eat as fast as she could. She kept her eyes fixed on her food and we never, ever saw her look up. We would watch quietly as the other girls were interacting with each other at her table. They would make gestures to one another and laugh at Leourn while she ate.

As we paid attention over the next week, we never heard anyone so much as say "Hi" to Leourn. We decided to try our hardest to let one lonely girl know that there were people who knew she existed.

注意:

1. 续写词数应为150左右;

2. 请按如下格式在答题卡的相应位置作答。

We sat with Leourn at the freshman girls' table.

From then on, Leourn began to change

附录8

My Amazing Naadam Experience

I experienced the Naadam Festival in China's Inner Mongolia Autonomous Region for the first time this year. The festival falls on the fourth day of the six month of the lunar calendar, usually lasting for three days. Naadam means "games" in Mongolian, and it is represented by three events: horse racing, wresting, and archery, which are all so exciting to watch!

On the first day, I set off to the games early with my friend Burin. I saw a lot of people wearing fancy Mongolian robes. Some others were chatting or taking photographs. Burin told me that Mongolians travel every year from near and far to attend the festival, just as their ancestors had done for centuries.

After the opening ceremony and some amazing performances, the wrestling competition began. Mongolian wrestling is different from the wrestling in the Olympic Games. There are no rounds, and wrestlers are not separated by weight. The wrestlers loses if any part of his body above his knee touches the ground. After singing some songs, the competitors danced onto the green field, waving their arms in the air as if they were eagles. I was quite moved by their show of strength and grace.

I absolutely enjoyed the archery, too, but the horse races were my favourite part. However, I was surprised to see that the riders were boys and girls! I heard it is because children are lighter and the horses can run faster and farther. At first, I was a little worried about the children's safety, but Burin said, "Don't worry. They've been riding horses all their lives. They'll be just fine." That was the moment I started to understand why people say "Horses are at the heart of Mongolian culture". …

I'm finally back home now, feeling really tired, but celebrating Naadam with my friend was totally worth it. He invited me back for the winter to stay in a traditional Mongolian tent and eat hot pot. I can't wait!

It was the first time for me to spend winter in a Mogolian tent.

I also enjoyed the Mogolian hot pot.

参考文献

[1] Labov, W. *Language in the Inner City* [M]. Philadelphia: University of Pennsylvania Press, 1972.

[2] Rimmon-Kenan, S. *Narrative Fiction* [M]. London: Methuen & Co. Ltd, 2002.

[3] Toolan, M. *Language in Literature: An Introduction to Stylistics* [M]. London: Hodder Education, 1998.

[4] 边丽美,陈柏华.高中英语读后续写"文体互动"教学策略例析[J].基础外语教育,2017(16):51-59.

[5] 陈浩,文秋芳.基于"产出导向法"的学术英语写作名词化教学研究——以促成教学环节为例[J].外语教育研究前沿,2020(1):15-23,86,87.

[6] 陈慧,张娜.读后续写中英语读物体裁的促学效应差异研究[J].广西民族师范学院学报,2018(2):147-149.

[7] 陈燕.浙江新高考英语读后续写教学策略[J].佳木斯职业学院学报,2018(6):296-297

[8] 陈玉娟,张树勇.高中英语读后续写研究述评及启示[J].中小学教师培训,2021(8):55-58

[9] 陈玉娟.语境理论在高中读后续写教学中的应用策略[J].中小学英语教学与研究,2020(3):24-28.

[10] 丁芳,高中英语读后续写"文体互动"教学策略研究[J],外语教学与研究,2021(12):53

[11] 范晓虹.高中英语多轮和对比续写策略实证研究[J].校园英语,2021(38):135-136.

[12] 严茵妮.同伴互动修改对协同效应影响的实验研究——以高中英语读后续写任务为例[D].广州:广州大学,2017.

[13] 白秀敏."续"论视域下多轮续写任务对高中生英语写作语言复杂度影响的实验研究[D].石家庄:河北师范大学,2021.

[14] 郑鹏飞.多轮续写对高中生英语写作词汇丰富性影响的实验研究[D].石

[15] 张秀芹，张倩.不同体裁读后续写对协同的影响差异研究[J].外语界，2017（3）：90-96.

[16] 何媛媛.多轮续写模式对高中生英语写作焦虑的影响[D].昆明：云南师范大学，2021.

[17] 顾茜茜."输出理论"在高中英语"读后续写"教学中应用研究[J].高考，2021（9）：15-16.

[18] 郭奕奕，王芯怡.阅读材料对英语读后续写的影响[J].东华大学学报（社会科学版），2018（4）：425-435.

[19] 贺佳欣.高中英语读后续写教学策略探究[J].上海课程教学研究，2019（2）：44-48.

[20] 黄远振，兰春寿，黄睿.为思而教：英语教育价值取向及实施策略[J].课程·教材·教法，2014（4）：63-69.

[21] 姜林，陈锦.读后续写对英语写作语言准确性、复杂性和流利性发展的影响[J].现代外语，2015，38（03）：366-375，438.

[22] 蒋颖超.读后续写"学""思""辩""达"教学策略研究[J].现代中小学教育，2021（3）：49-53.

[23] 金建良.例谈高中英语读后续写教学策略的四个维度[J].基础外语教育，2017（4）：77-87，110.

[24] 冷超越."读后续写"中体裁对英语续写协同影响研究——以记叙文、议论文两种体裁为例[D].重庆：重庆师范大学，2018.

[25] 李楠."输入—输出"理论下，同伴互评对读后续写任务影响的实证研究[D].大连：辽宁师范大学，2019.

[26] 凌勇.例谈读后续写中关键词的作用及其运用策略[J].中小学外语教学（中学篇），2017（4）：1-4.

[27] 凌勇.读后续写的教学策略[J].中小学外语教学，2016（5）：31-35.

[28] 刘丽萍.核心素养导向下高中英语读后续写能力的培养[J].科学咨询，2021（46）：91-93.

[29] 罗桂玲."D—D—F—R—R"：一种有效提升高中生读后续写能力的方法[J].英语教师，2021（16）：24-30.

[30] 茅蔚霞.拉波夫叙事分析模式在英语叙事语篇教学中的运用[J].英语教

师，2021（21）：177-180.

［31］米占东，张振敏. 基于读后续写的高中生英语学科核心素养培养的教学实践与思考——以第三单元 Reading Task 阅读课文 A Night In The Mounting 为例［J］. 英语教师，2019（19）：85-93.

［32］牟金江，顾芳园，罗晓杰. 高中英语读写整合教学设计读后续写［M］. 上海：复旦大学出版社，2021.

［33］时晓珍. 在名著阅读指导中应用思维导图的策略初探——以《骆驼祥子》阅读指导为例［J］. 教育界，2020（51）：6-7.

［34］孙凌博. 基于词块理论的高中英语读后续写教学探究［J］. 英语教师，2017（22）：42-48.

［35］汤泉. 系统功能语言学视角下的读后续写［J］. 湖北经济学院学报（人文社会科学版），2015（1）：182-183.

［36］涂美媚. 基于产出导向法的高中英语读后续写教学模式设计与实践［J］. 英语教师，2021（1）：77-80，85.

［37］王初明. 读后续写——提高外语学习效率的一种有效方法［J］. 外语界，2012（5）：2-7.

［38］王静文. 我国高中英语读后续写研究述评与启示［J］. 基础外语教育，2021（1）：3-11.

［39］王蔷，钱小芳，周敏. 英语教学中语篇研读的意义与方法［J］. 外语教育研究前沿，2019（2）：40-47.

［40］王晓亭，陈荣泉，高中英语写作教学多轮读后续写模式的构建——以 Unit 3 Life in the future 写作课为例［J］. 英语教师，2022（19）：75-79.

［41］吴玉婷. 例谈高考英语书面表达如何谋篇布局［J］，高考，2019（14）：229-230.

［42］谢瑾，李家翼. 主位推进理论在高中英语写作教学中的实践研究［J］. 英语教师，2020（10）：56-59.

［43］徐敏娟. 同伴评价对高中英语读后续写教学影响的实证研究［D］. 厦门：集美大学，2021.

［44］薛海燕. 产出导向法指导下的高中英语读后续写教学实践［J］. 中小学教材教学，2021（3）：32-36.

［45］虞丽华. 高三英语"以读促写"课例研究［D］. 南京：南京师范大学，2013.

[46] 高途高考研究院.高中英语读后续写[M].北京:清华大学出版社,2022.

[47] 张金秀.主题意义探究引领下的中学英语单元教学策略[J].中小学外语教学(中学篇),2019(7):1-6.

[48] 张强.读—析—写—评:高中英语读后续写的教学路径[J].中小学课堂教学研究,2021(3):22-26,45.

[49] 赵伟雯.拉波夫叙事分析模式在英语读后续写中的运用[J],中小学外语教学(中学篇),2019(1):39-43.

[50] 中华人民共和国教育部.《普通高中英语课程标准(2017年版)》[M].北京:人民教育出版社,2018.

[51] 钟雅馨.语境理论下的读后续写法在高中英语写作教学中的研究[D].大连:辽宁师范大学,2018.

[52] 周庭华,何敏琪.任务复杂度视角下的英语读后续写教学策略研究[J].黑龙江教师发展学院学报,2021(40):132-134.

[53] 周庭华.任务复杂度视角下的英语读后续写教学策略研究[J].黑龙江教师发展学院学报,2021(40):132-134.

[54] 李建平.中学生英语写作中词汇运用情况研究[J].中小学外语教学(中学篇),2004(11):37-42.

[55] 彭红英.英语学习者写作连贯性的实证研究[J].解放军外国语学院学报,2017(4):87-92.

[56] 杨华.读后续写对中高级水平外语学习者写作修辞的学习效应研究[J].外语教学与研究,2018(4):596-607,641.

第三章

主题意义下依托多轮续写提升高中生读写能力的教学实践

第一节　理论基础

一、读后续写的理论基础

（一）学伴用随原则

学伴用随原则的基本原理是，"学相伴"会促进"用相随"（王初明，2009）。简单来说，学伴用随指的是在二语学习的过程中，与学习者相关联的各个变量绝不是孤立的，而是相互联动、互相影响的，它们共同构成一个整体，形成打包效应，这个整体中的任何一个变量都会影响中介语的提取。"学相伴"，即所有的学习内容及其影响因素的综合，为"用相随"提供了前提和保障。"用相随"，即综合体中的任何一个因素一旦被启动，学习内容就会被伴随提取，它是"学相伴"的目的和结果。

学伴用随原则的提出让人们对二语习得理论和语言学习理论有了更深刻的认识，具有重大理论意义。首先，它与基于使用的语言习得理论倡导的语言结构抽象化一脉相承。在学生学习语言的过程中，他们最先接触的是具体的单个语言，随后逐渐形成体系、归纳类化，从而形成抽象的概括的句型。成人每一次重复该语言时，都会强化学生对这一语言结构的印象。从心理语言学的角度讲，即一个具体语言结构的次数（实例频率）决定这个结构的强化程度或固着度；而反复体验同类语言结构的多种不同表达方法（类型频率）决定了这个结构的概括性和抽象化程度。学习语言知识，不仅需要归纳概括，即从具体到抽象，还需要语境的参与。有不同的情境是语言结构抽象化的重要促变因素，也是类型频率的重要成分。在学习语言时，首先在互动中体验语言的使用，然后根据具体运用中的相同点归纳出抽象概念，所以语境的伴随作用和规则的抽象化形成对于语言学习至关重要。

其次，学伴用随原则挑战了直接语法教学的地位。在外语教学中，难免会有教师直接将语法规则抛给学生，脱离了语境，让学生死记硬背。这种方法也有好处，如比隐晦的语法教学更直接。但这种方式没有语境中各个变量的加持，虽然能够提高语法规则的记忆效率，但是无法保证语言的正确使用。归根结底，语言学习的目标是使用。离开了语言情境和人际互动，语法规则就失去了生机。"学相伴、用相随",只有在语言学习的过程中使用语言,才能真正学会语言。

在读后续写中,学习者要在阅读一篇含有故事情境的文章时,学习相关语法结构和语言的使用。在此阶段,语言与语境中的各个变量相互黏合。语法规则和单词短语不再是单个的语言知识,而是和相应语境结合的产物,带上了语境标记。当学习者再次遇到相似语境时,便更容易提取语言知识,使用语言。续写为即时的语言使用提供了可能。在进行读后续写时,学习者在同一主题下的相关语境下补充故事情节,使用语言。读后续写能够让学习者即时唤醒语境记忆,提取目标语言,从而习得语言。读后续写能够提高语言结构的出现频率,巩固语法的正确使用,归纳句型的使用情境。重复出现的生词,因有多重语境相伴,能够烘托其意义,有助于学生猜到其意思,即使猜测困难,翻翻词典,一经查找也容易记住。词句的反复接触无异于在丰富的语境中进行心理操练,对掌握语言极有帮助。相比之下,阅读多篇由不同作家撰写的短作品,则由于语言使用的风格不同,尽管长度相当,但词语和句型的重复率必然不如长篇,所产生的学习效果也难与之相比。读后续写实现了语言输入与输出的交互,实现了动态语境和静态语言的黏合,语境中各个变量的启动频率才会提高。

启动效应指说话者更易于产生刚刚听到或说到的句法结构（Ferreira & Bock, 2006）。结构启动是一种隐性学习（Chang et al, 2006）,启动具有长时效应,并随接触频次增加而增强（王敏、魏行,2018）。加罗德和安德森（Garrod & Anderson, 1987）发现,对话双方的语言很容易相互影响。例如,在表达"厨师"这一概念时,如果一方使用的是"chef",另一方也倾向于使用"chef";如果一方使用的是"cook",另一方也倾向于使用"cook"。又如,如果A用英语表达"她给了我一个苹果"时,用的是介宾结构,则B在话语中也倾向于用介宾结构,而不是双宾结构。日常生活中,我们在对话中也常常重复他人的语言,以寻求语言协同,拉近彼此距离,实现高效率对话。

（二）协同及其与二语教学的关系

语言学习的过程与对话并无二致。在语言学习和对话中,我们常常与他人协调,无意识地调整自己的语言或行为,以便与他人保持一致,构建趋同的情境模式和交流范式,从而达成对意义的理解。这一过程在心理语言学中叫作协同。协同发生在两个层面：情境模式层面和语言结构层面。情境模式层面的协同是促成对话的基石，语言结构层面的协同包括语音、句法、语义等多个维度。语言结构的协同能够引发情境模式的协同；反之，情境模式的协同也能促进语言结构的协同（Pickering & Garrod，2004；王初明，2010）。阿特金森等（Atkinson et al, 2007）认为，协同是人类心智和身体与外部世界互动、协调并动态适应身边环境的复杂过程，协同不仅发生在人与人之间，还发生在人与物理环境、社会情境、工具等互动参与变量之间。就二语习得而言，学习就是学习者与社会认知环境不断协同的过程，并将这种学习体验融入到自己的学习模式、策略等知识应用结构当中。

　　互动是协同的前提，互动的强弱决定了协同的强弱。听与说是最简单、最直接的互动方式之一。在对话中，对话双方一迎一合，有听有说，说者基于说话的内容做出反应，听者是对说者产出的内容进行判断。听与说均在说话双方协同情境模式的过程中进行，并由协同驱动。也要能正确理解所听的内容协同方，但与对话互动相比，单听时的协同效应要打折扣。只听不说过程中的协同是单向的，单向协同是人对物的协同；而互动中的协同是双向的，双向协同是两人之间的相互协调、相互适应、动态配合，双向协同效应理应强于单向协同效应。因此，听与说有机结合的双向互动更能显著提高语言的协同效应。如果学习者在互动过程中习得某一语言结构，协同便将它与情境模式关联起来，所有相伴的情境模式变量均可视被为这个语言结构的语境，其中包括心境、情境、认知状态、上下文。相关联的情境模式变量与语言结构相互启动，带动语言的使用。如果介入的语境变量增多，则交互量随之增加，启动语言结构的可能性也增大。因此，互动可促使学习者将外在的语境变量与所学的语言发生关联，所产生的协同效应可以帮助学习者内化所学的内容。从这个意义上说，互动堪称语言结构与语境结合、增加语言结构学能用概率的黏合剂。

　　协同的强弱决定了语言学习效果（王初明，2010）。好的学习方式需要学习者全身心投入学习，进行全方位协同，因为学习者是所有语言学习变量的统一体，是启动协同的主动方，在与人或物打交道的过程中体验协同，促使情境模式、语言结构和情感的协同及学习变量之间的联动。例如，学习者在与本族语者面对面对话时，其心理状态、手势和语言等变量与本族语者充分互动，输入与输出即时结合，学习并运用地道的表达，是有效学习外语的方式之一。但这种学习方式也有其弊端。首先，对话中的语言不够正式严谨，多有重复、拖沓、缺省，句型变化相对单调，语篇松散，因有丰富的语境相伴，有时说一个词即可表达语句意思，无需句法操作。其次，能够与本族语者交谈的机会对于中国人来说并不多。在日常英语学习中，没有面对面交流的机会，学习时间和地点受限。阅读外国名著也是学习外语的方法之一。优秀的长篇小说词汇量丰富且复现率高，语言规范地道，句型复杂，有利于提高语言能力。但读者与作品之间的互动协同是单向的，不能及时得到反馈，没有交际目的，协同效果不如人际互动的效果好。此外，阅读更倾向于提高学生的阅读理解和思维能力，不能提升学生的写作能力和用外语表达思想的能力。还有一些学者将纠错视为一种好的学习方法。纠错确实能够让学生意识到自己的错误，但是能不能在下次使用时避免此种错误则另当别论。在纠错中，教师臆想的是学生能够针对错误进行改正，实现书面的互动，但是很多学生拿到教师的反馈后置之不理，导致这种方式无法确保协同的发生。如果每个学生的错误都要面对面批改的话，又会大大影响学习效率。若以协同效应强度判断学习实效，则学好外语的正确思路应该是在恰当的语境中大量接触正确的语言输入，与之协同挤压犯错的空间。协同效应可以解释以下外语教学现象：反复跟学生语误打交道的外语教师，若不注意进修学习，其外语水平有可能不升反降。所以，要找到好的学习方法，必须考虑这种学习方法中的协同强弱和互动频率，它们对语言学习效果有着举足轻重的影响。

　　理解协同在二语学习中的作用，有利于提高二语教学效率。教师在教学过程中可以规避不能促进语言互动与协同的教学活动和教学方式，增加语言互动与协同的频次，从而提升教学效果。如上述所说，如果听说、阅读名著、改错均有其弊端，那么教师可在此基础上修正并找到更加先进的教学方法。王初明（2010）提出了语言习得的有效路径：互动—理解—协同—产出—习得，即习得源于互动，得益于产出与理解紧密结合所产生的协同效应。基于这一理念，读后续写符合语言习得的路径，也能够促进互动协同。教师可以挑选一篇故事或有一定情节或哲理的读物，让学生阅读前面内容，接着读物的情节续写，补全故事。截留部分要足够长，才能帮助学生构建情境模式，发挥想象力和推理能力，有内容可写。读后续写方式迫使学生理解读物内容并与之协同，在与内容协同的同时，催化结构启动，协同语言使用。在续写过程中，学生通常会不断参照和回顾原文，自觉或不自觉地模仿运用原文中的表达法,从而减少表达障碍。如同对话中的说与听结合能够强化协同效应一样,读后续写有助于强化读者与读物的互动,强化读者和读物之间情节之间的协同,强化习作语言与读物语言之间的协同。

(三)读后续写中的语言协同现象

王初明基于以写促学的"写长法"和"互动协同与外语教学"两项研究于2012年首次提出了"读后续写"法。他论证了读后续写对于促进外语学习的功效,并阐述了读后续写的促学优势。读后续写能够在很大程度上激发学生的思维创新能力,将理解输入与产出紧密地结合在一起,阅读者能够做到与材料和作者进行互动,从而创造性地在接触语篇中使用语言。读者阅读材料对其自我纠错有着显著的帮助。读后续写这一促学办法适用于多重水平的学习者进行应用练习,同时对于学习者的外语学习及外语教师的教学有着积极促进作用,短期内可见成效。王初明简述了两项实证研究成果用以证明其发现。第一项研究的目的是,探索读后续写能否产生协同效应及协同效应如何在读后续写中发挥作用(王初明,2012)。实验结果显示,有英语输入的协同对英语的学习和输出有明显的影响。读后续写能显著抑制母语的负迁移,即中式英语表达的错误,使得英语输出的错误率有所降低。第二项研究的目的是,讨论阅读材料的趣味度对读后续写的影响。实验结果证实,续写材料的趣味性确实对续写有所影响,趣味性强的续写材料更能吸引学生进行续写,以产生更好的协同效果,从而提高英语输出的正确率。

针对以上两项研究,王初明提出了设计读后续写任务需要遵循的原则。

(1)续写材料需要具备很强的趣味性及延伸空间,能够激发读书者的想象力及续写动机。

(2)续写材料难度适中,易于模仿。

(3)续写材料篇幅长度适中,1000个词左右为最佳。

(4)续写任务指令要明确,如按原文思路续写,发挥想象力进行适当创造。

(5)注意语言的协同,将模仿的句式体现在原文中,回读修改以达到最优表达效果。

(6)续写部分的设定可以灵活变通,不必局限于结尾,也可设置主题句、中间部分等为续写部分。

(7)审阅及批改要以促学为最终目的,多夸赞肯定学生的优点以激励学生续写的主动性。

王初明和王敏在《读后续写的协同效应》一文中，再次证实了在读后续写的过程中，理解与产出之间协同效应的存在及其对英语学习和使用的影响。该研究发现：在完成读后续写任务的过程中，理解与输出的协同确有产生；受试者在读英续英过程中所犯的语法结构及用词错误要明显少于读汉续英；读汉续英与读英续英对语言偏误有不同影响，在数量一致、动词不定式及时态三方面的误用均有差异，但在系动词和冠词的误用方面差异并不明显。实验结果表明，外语教学确实应努力达到理解与输出紧密结合的协同。协同效应不仅局限在读写方面，也可以通过多媒体教学等方式，创造合适的语境，将协同效应应用在听说等多方面中。本实验也存在诸多不足之处：一是语言偏误类型的局限性限制了研究结论的可应用性；二是由于本实验仅关注协同的短期效应，缺乏对协同效应可持续性的探讨。因此，本实验结论的可推广性仍有局限。

王初明（2016）通过实证研究探讨了读后续写何以有效促学。他在研究中使用有声思维法探究两位学习汉语的留学生进行读后续写的思维过程。本研究为读后续写带来三项启示：一是读后续写的促学效果能够有效证实语言习得理论；二是读后续写的协同效应为学习语言的策略提供了全新的方向；三是读后续写模式也适用于语言测试。本研究在加深对读后续写的理解与认识的同时也反思了其不足之处。读后续写任务需要控制续写材料的难度以适应学习者的英语水平，教师在为不同英语水平的学生提供不同难度的续写材料。在评价续写习作时，教师应对语言结构模仿效果好的学生加以赞赏。学生在模仿创新的过程中，应以反复阅读原文为前提，继而增加协同效应以促进互动协同。

基于以上研究，张晓鹏（2016）从多角度探讨了读后续写对二语写作过程的影响。他通过实证研究证明：学生在写作过程中词汇的运用、句法结构的使用，以及语篇形成的连贯性通过读后续写产生了显著改变。在写作过程中，学生的创造力与想象力均得到大幅度提升，使用的语言更加地道，得到更强的写作成就感，从而真正达到以写促学的教学效果。

读后续写之所以是理想的外语学习方式，得益于它能够将语言输入与输出紧密结合，产生拉平效应。这与幼儿学习语言有异曲同工之处。幼儿在学习语言的过程中，与其父母互动频繁，相互协同。在互动协同过程中，父母常常根据幼儿的理解力和语言能力调整语速、语气、用词、语句复杂度等。就语言能力而言，成人是熟练的语言使用者，是幼儿不平等的伙伴，他们之间的协同向幼儿倾斜，因此加快了幼儿习得语言。这种语言能力不对称的互动所产生的语言协同效应，也称作拉平效应（王初明，2010）。就语言的学习和使用而言，人与人之间的语言理解和产出水平存在高低之别，个人的语言听读理解能力也通常强于说写产出能力，这种理解和产出之间的差距或不对称性是拉平效应的源头，也是语言水平提高的潜在动因。而要使产出与理解协同，须将两者结合，促其互动。互动强则协同强，互动弱则协同弱。互动由人主导，一般发生在人与人之间，但在人与阅读材料或听力材料之间也会发生。创造条件促进理解与产出互动，撬动拉平，强化协同，能有效提升外语运用能力和学习效率（王初明，2012）。

除此之外，读后续写还有诸多促学优势。首先，它能够发展学生的想象力。在阅读不完整的故事后，学生必须对故事情节展开合理且大胆的想象，创造性地构思内容。其次，它能够实现读者与作者之间的有效互动。续写时，学习者需要回读原文，以保持所写的内容和语言与原文连贯，从而迫使产出和理解协同，如同与比自己语言水平高的本族语言者互动，产生拉平效应。读后续写还能促进语言的使用和学习。语言的交际使用通常发生在语篇中，语篇提供语言使用不可缺少的恰当语境。在正确的语境中学习语言能够抑制母语语境知识补缺，不仅使语言学得地道，而且有助于语言的后续运用（王初明，2009）。续写必须生成新的内容，在表达新内容遇到语言障碍时，可直接使用阅读材料中出现的词句，为写作纾困。这虽是一种语言模仿，但具有创造性使用的特征：模仿阅读材料中的词语、句型，表达自己创造的内容。学习者马上运用新学到的词语或进行熟词新用，不仅学得好、记得牢，而且容易产生成就感，增强外语学习的兴趣和动力。最后，读后续写还能实现学生自主纠错。阅读材料可以提供语言正确使用的样板，续写产生的协同效应使习作的语言向阅读材料的语言看齐，致使语言错误相对减少，教师批改作文的负担减轻。

实践研究证明，读后续写中的语言协同具有促学优势。在读后续写提出之初，王初明（2012）便从理论视角辩证地分析了读后续写的促学效果。随后，大批验证其促学效果的实证研究如雨后春笋般出现。肖婷（2013）通过对比有实验材料回读和没有实验材料回读的两组学生的写作表现，发现协同越强，学生作文的准确性和流利度越高。这一结果在姜琳、陈锦（2015）的研究中得到了进一步证实。尽管协同能够提高学生的写作流利度，但是与准确性和复杂性相比，读后续写在提高流利度方面没有明显的优势。斯凯恩（Skehan，1998）的实验解释了这一现象：准确性、复杂性和流利度涉及不同的大脑加工机制，在同样的任务中可能产生不同的效果。既然协同有促学作用，那么以协同为理论背景的读后续写的协同效应如何呢？王敏、王初明（2014）通过对比同一学生在进行读英续英和读中续英时的不同表现，发现学生在读英续英任务中高频使用原文中出现的语言结构，且语误更少。后续研究表明，读后续写对二语词汇学习（姜琳、涂孟玮，2016）、二语语法结构学习（辛声，2017）及议论文结构、内容、语言学习（张赛尔，2018）均有积极作用。除了对语言本体和二语写作的发展有裨益外，读后续写对学生写作中的个体因素也有积极的影响。张晓鹏（2016）通过收集并分析学生的写作日志发现，读后续写能够帮助学生发挥想象力和创造力，减轻写作压力，培养写作成就感。翁美玲（2018）通过实证研究发现，读后续写任务中由输入提供的支架帮助和其自身的促学效果对写作自我效能感的提升有积极作用。

很多因素会影响读后续写的促学效果，在实践中应该发挥正面因子的效用，抑制负面因子的影响。首先，互动强度对读后续写有重要影响。庞颖欣（2014）通过对不同英语水平的学生进行分组配对，使其在续写文章后进行同伴互动，然后修改刚续写的文章，发现在读后续写任务中，学习者—文本互动与学习者—学习者互动的结合对协同效果有积极的影响。这一结果验证了"协同效果的强弱取决于互动的力度"这一观点（王初明，2010；王初明&王敏，2014）。徐欣（2016）通过对比看图写作、独立读后续写和同伴合作读后续写三组学生的写作表现，发现读后续写能够提高写作文本的衔接性，合作完成的读后续写在这方面的积极作用更强。周晓（2018）通过对比低—低水平组、高—低水平组、低—低水平加多媒体辅助组三组学生写作中的协同量和二语词汇学习效果，发现同伴互动强度对学习者的接受性、产出性词汇知识习得有显著影响，但多媒体多维互动对词汇学习的作用有限。其次，文本趣味性也会影响协同效果。薛慧航（2013）制订了学生对文本兴趣度的调查问卷，随后分析了52名大学生续写的两篇故事，发现文本的趣味性会影响学生写作的协同效果和偏误率。这一实验验证了王初明（2010）提出的"趣味性影响协同"这一论断。最后，语言难度和体裁对协同效果也会产生影响。彭进芳

（2015）对比了学生在阅读原版和简易版文本后的写作表现，发现阅读简易版文本的学生在写作流利性和准确性方面比阅读原版的学生提高更显著。此研究验证了王初明（2012）的建议："读物的语言难度不宜超过学生的文字驾驭能力。"张秀芹、张倩（2017）比较了续写议论文和续写记叙文的两组学生在写作中的协同效果和偏误率，结果发现续写议论文比续写记叙文产生的协同效果更好，偏误率更低，但就语言产出量而言，续写记叙文大于续写议论文。

综上所述，语言是通过"续"学会的，学习的高效率是通过"续"达到的。在语言学习和使用过程中，有"续"就有交际意图的产生，有"续"就有注意的聚焦，有"续"就有语言输入和输出的交集，有"续"就有丰富语境的相伴与黏合，有"续"就有内容的创造，有"续"就有语言的模仿，有"续"就有创造和模仿的有机结合，有"续"就有产出和理解的互动、拉平，有"续"就有"意义潜势"的实现，有"续"就有几乎所有主要促学因素的激活。读后续写是一种能够补缺语境、实现拉平效应的学习策略，可以广泛应用于外语教学。

二、多轮续写

（一）多轮续写的定义

多轮续写是王初明（2018）为了解决读后续写过程中与文本互动偏弱而提出的写作教学方式，他将其定义为读后续写的变体之一。多轮续写共有两种写作模式：两轮续写和小说续写。二者均采取将语篇划分为三个及以上章节，每次向学生提供一个章节内容，在确定学生理解文本主旨大意、语言风格和写作手法的基础上，要求学生对文本的下一部分内容进行续写。在续写时，学生的续作要跟原文保持主题一致，尽量模仿原文的语言和写作风格，还鼓励学生运用原作中的语言表达创造新的情节内容。完成续写后，学生对照原文，在教师指导下理解文本内容，并从内容、语言及写作风格上对比续作与原文的异同，从中获得写作反馈并总结经验教训，然后进行下一轮的续写。如此往复，使学生能够与文本内容产生充分互动，达到提升写作能力的目的。根据续写的轮数不同，选取的文本也要相应作调整。如果是两轮续写，则选取篇幅较短的分级读物和短篇小说较为合适；如果要进行两轮以上的续写，则选取篇幅稍长的中长篇小说更为恰当。多轮续写的实施流程如图3-2所示（王初明，2018）。

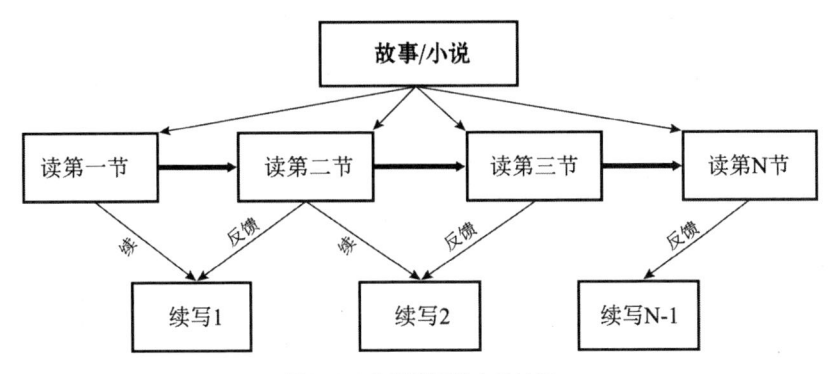

```
                    ┌─────────┐
                    │ 故事/小说 │
                    └────┬────┘
         ┌──────────┬────┴─────┬──────────┐
         ▼          ▼          ▼          ▼
    ┌─────────┐┌─────────┐┌─────────┐┌─────────┐
    │ 读第一节 ││ 读第二节 ││ 读第三节 ││ 读第N节 │
    └────┬────┘└────┬────┘└────┬────┘└────┬────┘
       续│反馈    续│反馈    续│反馈      │反馈
         ▼         ▼          ▼          ▼
    ┌─────┐   ┌─────┐    ┌──────┐
    │续写1│   │续写2│    │续写N-1│
    └─────┘   └─────┘    └──────┘
```

图3-2 多轮续写的实施流程

多轮续写在具体的操作过程中，有以下几个要点需要注意。

（1）须根据具体学情选取合适的文本。不同阶段学生的认知发展、语言能力和兴趣各不相同，找到适合大多数学生的文本内容进行续写，才能最大限度地发挥"学伴用随"机理，从而促进写作效果。

（2）在续写前，应确保学生对所提供的文本内容有较深入的理解。只有对文本内容、语言和写作手法等有了充分理解，学生才能在续写中进行模仿和再创造，增加与文本互动的深度。

（3）在续写中，与高考读后续写限定字数不同，多轮续写不限定字数，且鼓励学生尽量写长，使他们能尽情发挥想象力和创造力。

（4）完成续写后，强调将续作跟原文进行比对，最好是学生能跟教师、同伴相互交流写作经验和教训，写下自己的心得体会，以加深续写的体验，这样提高促学效果。

（5）基于中长篇小说的两轮以上续写，应注意完成周期不能太长，以免忘记前文或脱离小说语境。在续写时要随时回读原文，尽量做到与原文风格一致。

从多轮续写的操作模式可以看出，多轮续写注重科学选材，深入理解文本内容，强调写长，不限制学生思维，并且鼓励学生反思对比，真正与原文产生互动效应，达到促进写作、提高语言水平的目的。

（二）多轮续写与读后续写的关系

本研究的目标是依托多轮续写提升高中生的读写能力，从而提高学生在读后续写中的生成表现。因此，阐述清楚多轮续写与读后续写的关系，才能清楚说明为何运用多轮续写作为有效的教学手段，提升学生读写能力的原因。

1. 多轮续写与读后续写的关联

随着王初明（2000）提出"外语写长法"及"学伴用随"（2009）原则，还有之后的"续论"（2016），读后续写的相关研究开始逐渐受到重视。读后续写目前已成为广大专家学者、一线教师和学生们研究的重点题型。王初明（2018）认为，"续"的形式有很多，其主要特点就是去掉语篇后半部分，使学生通过与文本互动，补全文本内容。这类任务的续说、续写、续译都被称为"续作"。随后，王初明（2018）为了加强续写的互动协同效应，又提出了多轮续写，并将其定义为读后续写的变体之一。由此可见，多轮续写与读后续写有着紧密的联系，它是以读后续写为主体，在此基础上演变出的新的续写方式。因此，多轮续写在理论基础、促学机制等方面与读后续写是相互关联的。

（1）理论基础一致。

王初明（2009）提出助推二语学习的"学相伴，用相随"原则，简称"学伴用随"原则。这一原则的提出，对我国二语习得的研究产生了巨大影响。读后续写和多轮续写逐渐受到学界广泛关注，与"学伴用随"原则的提出有直接关联。王初明（2009）认为，在学习外语的过程中，人的大脑有很强的关联能力，能将新学的语言结构与其他变量进行相互作用，从而对新学的语言结构产生积极的运用。变量的相互作用催生了丰富的语境，如社会情境、心境、语言本体语境等。丰富的语境则赋予语言结构不同的意义，激活语言结构的启动效应，使学习者在互动中模仿使用新的语言结构，最终做到在不同语境中正确使用新的语言结构。这就是"学伴用随"的核心理念。"学伴用随"原则强调语言要与恰当的变量交互才能学好外语。读后续写和多轮续写教学模式正是遵循了"学伴用随"原则提出的，即在使用中学习语言。同时，多轮续写和读后续写还科学地融合了影响语言学习的四个变量：交际意图、互动协同、语境相伴、理解与产出相结合（翟洁，2019）。学习者首先阅读语篇，语篇为学习者提供了具体语境，然后学习者在理解原文的基础上进行续写，写作过程促使学习者积极与原文进行互动协同，拉平学习者与原文作者的语言水平，产生语言的交际意图，达到理解与产出完美结合的目的，完好地体现了"学伴用随"原则。

随后，王初明（2016）在"学伴用随"原则的基础上提出了"续论"。他认为，幼儿高效习得语言的原因在于，通过与成人的对话，理解性地输入语言，然后通过模仿成人话语和语言结构来"续"接对话。在此过程中，由于成人的语言水平高于幼儿，使幼儿不断模仿学习高级的语言表达，产生了拉平效应，从而提高了幼儿的语言能力。如此往复，幼儿逐渐熟练掌握语言，能够自由地运用语言表达自己的思想。由此可见，"续论"就是一种语言习得观，其核心是：语言是通过"续"学会的，"续"能帮助学习者高效率地学习语言。"续论"的提出，离不开读后续写和多轮续写在实证中的支撑。读后续写和多轮续写的操作方式都是给出略高于学习者语言水平的不完整语篇，让学习者补全故事结局，这个过程恰好与"续论"的机理相吻合。首先，给出的语篇为学习者提供了具体语境下的语言和结构以供学习者模仿，然后是要求续写结局，为学习者创造了交际意图。在续写过程中，学习者会反复回读原文，模仿和学习前文词汇和句法结构，将自己较低的语言水平靠近前文较高的语言水平，产生拉平效应，从而达到语言水平的提升。这正是"续论"所描述的高效习得语言的过程。随着"续论"的提出，读后续写和多轮续写在语言学习中的高效促学作用受到广泛关注，逐渐成为提升学习者语言能力的主要手段之一。

（2）促学机制相同。

说到读后续写与多轮续写的促学机制，就不得不提到协同和互动这两个概念。协同在本书中主要涉及的是语言运用领域。阿特金森（Atkinson et al，2007）是这一领域的代表人物，他认为协同是二语习得的关键；丰国欣（2008）和王初明（2010）是我国较早开展二语协同研究的学者（翟洁，2019）。根据皮克林和加罗德（Pickering & Garrod，2004）的互动协同模型，我们知道了对话者只有在情境模式、语义、句法、词汇、音系、音位6个层面相互协同，才能创造成功的对话。王初明（2010）在互动协同模型的基础上，提出了互动—理解—协同—产出—习得这一外语习得有效途径。他还指出除对话外，阅读和写作中也存在协同效应，提出"哪里有互动，哪里就有协同"的观点。读后续写和多轮续写就是将语篇层面的互动协同效应发挥到最大限度的教学方式。

王敏、王初明（2014）关于读后续写的协同效应研究结果发现，学习者在读后续写任务中，词汇、语法知识层面都存在协同效应；缪海燕（2017）也通过测量情境模型、语篇连贯、词汇和句法复杂度三方面的数据，发现读后续写中存在语篇协同效应。但是，由于内、外部互动语境的差异，语篇协同程度也会受到影响。阅读原文时，因为有具体的语境，协同中的自动启动机制开始发挥作用，学生在词汇、句法方面的知识结构被激活，促使学生更好地理解原文，然后模仿文中的表达方式，帮助他们产出。如图3-1所示为写作中互动与协同的关系(缪海燕,2017)。

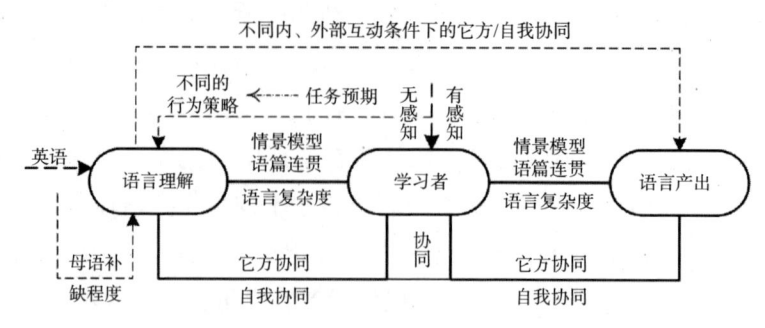

图3-1　写作中互动与协同的关系

不难看出,多轮续写与读后续写在学习者的理解与产出上的拉平效应显著,的确有利于学习者语言水平的提高。

2. 多轮续写与读后续写的差异

虽然多轮续写与读后续写的理论基础一致,促学机制也相同,但两者也有不少区别,所以在操作过程中,要根据实际情况选择合适的方式。现将两者的差异进行详细阐述,供读者借鉴参考,以便能根据学情正确选择和使用,使其达到最大限度的促学功能。

(1)操作方式差异。

在具体操作方式上,多轮续写采用写长法,即鼓励学生在续写时不限制字数,尽量写长。写长法是王初明(2000)为了提高英语学习效率和质量而采取的以写促学的教学模式。其具体方法是,教师精心挑选适合学生的作文任务,让学生课下完成;或教师指定阅读材料,让学生写读后感,不限字数,要求越长越好。写作频率是每周一篇,目的是以量促质。评价方式为聚焦优秀作文的集体评改,但主要关注文章的优点,精确评讲修改范例作文的错误,以点带面修正学生的语法错误。评价时采取鼓励为主的间接改错策略,旨在保护学生的创作欲望,提高学生写作的自信心和兴趣。间接改错策略(王初明,2005)中重要的一点是提供与任务配套的读物和地道的语言表达。这恰好与多轮续写的教学模式相吻合:教师为学生提供精挑细选的读物,这些读物能够最大限度地激发学生的阅读和写作兴趣,使学生有内容可写,有丰富的语言表达作为参照学习,然后让学生展开联想对文本内容进行多轮续写,不限字数、不设框架,自由发挥,越长越好。教师也不会用统一的评价标准限制学生的思维，只要其内容能自圆其说即可。经过这样的文章写长训练，学生的怵写心理会逐渐消失，学习信心会慢慢增强，语言运用能力也会得到极大提高。

读后续写的操作方式则是学生先阅读300词左右的短篇故事，然后根据每段首句提供的内容和语境，对段落进行续写。续写段落为两段，限定在150词左右。为了达到高考对写作时间的要求，写作训练以限时训练为主，一般规定完成阅读加写作的时间为30分钟，采取课堂限时训练和课后写作两种方式交替进行。与多轮续写设置最低字数相反，为了便于评测，读后续写设置了最高字数限制（150词）。虽然没有标明最低字数，但大多数教师在评测时都默认以不低于120词为宜。这一写作训练对学生的阅读能力和写作能力均有较高要求，再加上时间限制，基础薄弱的学生在考试时甚至无法完成写作任务。于是，多数学生对这一写作题型充满畏惧和抵触情绪，不知道如何着手进行练习，提高写作分数。许多专家学者和一线教师，都在寻求科学有效的训练方法，以期能帮助广大学生提高读写能力，在考试中获得理想的成绩。

（2）协同效应不同。

上文提到，虽然多轮续写与读后续写都会产生协同效应，拉平理解与产出之间的差距，从而起到促进语言能力提升的作用。但是，这两者的互动协同程度因为操作方式的不同，也存在一定的差异。具体来说，多轮续写与读后续写在协同效应上的差距主要体现在单词、词块、句法结构和修辞手法四个方面。

多轮续写采用较长文本（1 000词左右）作为语言互动对象，而且选取的文本都是经过精心挑选的，语言优美、句法结构丰富、修辞手法多样的文章。首先，文章的语言难度会高于学生的语言水平，以促使学生有意识地模仿其中的优美表达方式，并创造性地使用这些语言进行多轮续写，不断刺激学生的语言能力向文本靠近，缩小学生与文本之间的语言水平差距，起到提高学生语言能力的效果。其次，由于文本篇幅够长，提供的内容情节更丰富，学生在写作过程中更容易将内容与主题联系起来，创造更连贯合理的情节。再次，多轮续写提供的句法结构更为丰富，使学生有更多的模仿样本选择，增加了学生与原文的互动协同效应。最后，在修辞手法和写作风格上也因为篇幅更长的优势，其协同效应也明显强于读后续写。王初明（2012）明确指出，对大学生来说，续写的阅读材料长度在1 000词左右为宜。那么，对于高中生，因为语言水平的限制，至少也需要500词以上的材料才能为学生提供足够多的语言样本。实际上，高中目前很多分级读物选材广泛、话题丰富，篇幅也远超500词，是高中生很好的多轮续写材料。

目前，读后续写作为高考语言水平测试工具，确实有效发挥了其作用，能比较准确地检测学生的阅读和写作能力。但相较于多轮续写，读后续写过程中的互动协同效应要少一些。王初明（2018）认为，对于语言能力偏弱、自律意识不强的学习者而言，仅凭与前文的静态互动，读后续写的互动协同效应被弱化，不能起到语言拉平作用。再加上读后续写的阅读材料，虽然内容和体裁的选择与多轮续写无异，但碍于考试时间和试卷篇幅的限制，字数一般为300词左右。从学生的习作来看，更多的协同效应发生在词汇层面，即学生能有效模仿和创造性地使用原文中的一些单词和词块，但在句法结构和修辞手法方面，则几乎没有涉及。一是因为所提供的阅读材料样本不够，学生无法进行模仿和学习；二是由于阅读能力不够且受时间的限制，大多数学生只能聚焦表层语言，忙于完成续写任务，而无法进行深层次的文本分析。因此，读后续写的互动协同效应弱于多轮续写。为了提高读后续写中的协同效应，王初明（2018）才提出了多轮续写，用于增强拉平效应。笔者在进行多轮续写的研究过程中，也会持续关注两者协同程度的差别，并进行详细的对比分析。

（3）促学效果不同。

多轮续写与读后续写虽然都有明显的促学优势，都是很好的教授和学习英语的方式，但多轮续写的促学效果更优于读后续写。

第一，多轮续写的写作次数多于单次的读后续写。这加强了学生与原文互动的密度，使学生能在第一次续写后有机会反思自己写作过程中的不足，总结经验之后再次尝试续写。给学生提供了修正错误，进行再次模仿的机会。

第二，学生经过多次与原文的对比、互动和续写，将之前的原文运用不熟练或不会运用的词汇和句法结构进行再次尝试，或巩固之前的学习效果，无形中加强了与原文互动的强度，语言能力的提升较读后续写更加明显。同时，学生会在对比过程中逐渐理解、吸收原文的语言风格和修辞手法，在续作中尝试模仿和创造，使续作更接近原文。

第三，为了便于学生写作，多轮续写的阅读材料会选取情节曲折、语言丰富、学生感兴趣的语篇，让他们有话可写，有故事可编。这也能激发学生更大的创作热情，让他们充分发挥想象力创造自己的故事。如此往复，形成良性循环，让学生能彻底摆脱怵写心理，真正爱上写作。

（4）应用不同。

根据以上多轮续写与读后续写诸多方面的对比，不难看出，多轮续写需要两次以上续写，对材料的要求比较高，更加适用于平时的写作训练，激发学生的写作兴趣和创造力，摆脱怵写心理，在轻松的氛围下提高阅读和写作能力。在时间充裕的情况下，引导学生与文本充分互动，加强协同效应。同时，鼓励学生尽量发挥想象力，写得越长越好，以量求质。不求学生短时间的快速进步，而是着眼于通过长期坚持训练，达到提高语言水平的效果。而读后续写耗时较少，操作更简单，可作为语言的测评工具。读后续写突破了以往对单句层面上的理解与产出的协同，可在语篇层面上使语言的加工过程可视化，是可靠的语言水平测试工具（王初明、元鲁霞，2013）。

本节从理论基础、促学机制、操作方式等角度详细比较了多轮续写与读后续写的异同，以期回答如何依托多轮续写的方式提高高中生的读写能力这个问题。同时，也希望能帮助读者全面了解这两种方式，并能把它们恰当地运用到教学和学习的实践中，发挥它们最大的促学作用，成为提高学生语言水平的利器。

但是，目前多轮续写和读后续写的实证研究都是以大学生为实验对象，大多数实验结果都证明了二者能显著提高学生的语言水平，但针对高中生的研究似乎没有涉及。王敏、王初明（2018）的研究指出，多轮续写和读后续写更适合语言水平高一点的学生，不适合初学者。那么，高中生介于这两者之间，多轮续写和读后续写对他们的具体影响又是什么呢？多轮续写适合目前高中教学的现状吗？多轮续写和读后续写对提高学生的写作水平究竟有多大帮助？另外，根据多轮续写和读后续写的特点，能否进行分层的复式教学，尽量满足不同语言水平的学生进行练习？除了记叙文之外，多轮续写和读后续写在其他文体上是否适用？这些问题都还有待研究者们进行更多的探索和实践。

（三）多轮续写的教学实践意义

随着中国进一步走向世界，英语写作的实践意义也相应加深。高中英语教学主要是为了培养学生的英语学科核心素养，而它的一个重要维度就是"语言能力"，其中就包括"写"（写作）这一重要的语言输出能力。写作不仅是学习者的一项重要权利，也是语言学习者所必须掌握的一项技能（Jeremy

Harmer，2011）。

在我国，根据写作的分级标准可知，国家要求"学生在高中教育结束时达到七级标准"，即能够"描述人物或事件，并进行简单的评论"等。在实施中，各省、直辖市、自治区高考等统一测试都会将英语考试的最后一部分设置为写作题，通常占总分的10%—30%，并且受新课标、新课改，以及新高考影响，近几年的多地统一测试中，英语考试写作部分的分值占比均有所提升，尤其是新高考，英语写作部分的分值提升到40分（占笔试总分的1/3），而之前较为简单的改错题也转变为150词的读后续写。不难看出，英语写作教学在高中乃至我国英语教学的各个学段均有着不容忽视的地位。

在现实层面，将多轮续写应用于高中英语写作教学具有重要的现实意义。2020年重庆高考改革，英语首次使用全国新高考Ⅱ卷，写作部分新增考题"读后续写"占25分（写作总分40分）。读后续写这种新题型、新写作模式因此逐渐被大众所熟悉，开始被应用于日常的写作教学中。顺应高考改革趋势，是对当下高中英语写作教学改革的一种尝试，并为应对高考写作题型的变化做好准备。《普通高中课程方案和各学科课程标准（2017年版）》中已将英语写作考试题型调整为故事续写、看图写报告、命题作文、概要写作，所以本研究也是对新课标的践行。

然而，读后续写虽作为考题对学生的写作能力有一定的考察效果与意义，但当其实践于教学时却暴露出"文体受限，只适用于记叙文""互动促学效果有限"等问题。面对传统作文教学的诸多限制与不足，多轮续写应运而生，将多轮续写这一新写作模式恰当地应用于高中英语写作教学，也就有了非比寻常的现实意义。它也是继读后续写后，英语写作教学的又一次革新尝试。

根据王初明（2018）的相关理论，语言可以"续"促学，多轮续作达到的互动强度可有效提升语言习得效果。多轮续写"以回读强化互动"，不仅可增进学习者与文段的互动，弥补普通读后续写协同效应和互动强度不足的缺憾，还在锻炼学生续写能力的同时，辅助学生加强其对篇章结构的掌握与对主旨大意的概括。这就意味着多轮续写不仅对高考新作文题型"读后续写"的写作有帮助，同时还对高考经典作文题型"应用文"的写作及目前还未被广泛推广应用的高考又一新作文题型"概要写作"有一定的帮助或借鉴，这是其他写作教学模式所不能实现的。由于可操作性强、符合语言学习的认知规律，多轮续写对于高中英语写作教学有着很强的指导及应用价值。

简而言之，对写作教学的探究是一线高中外语教育者较为关注的问题，围绕着外语写作教学方法的研究一直在不断开展。如何能够提高英语学习者的写作动机和书面表达能力，一直是专家、教师比较关注的问题。同样，对于高中阶段的英语学习者来说，写作是一项无法避免且需要长期坚持的学习活动，也在很大程度上反映了学习者的英语水平。在新的形势下，学生们也急需用行之有效的方法提高他们的写作动力和能力，使写作不再是一件唯恐避之不及的事情，多轮续写将模仿与创造相结合，是学生发挥自己想象力和创造力的一种有效训练方式，有助于学生英语水平的提高。

1. 多轮续写模式与教师"教"

一直以来，写作是英语教学中的难点，"高投入、低产出"使很多英语教师逐渐对写作教学失去了信心和耐心。由于课时紧张，教学任务重，大部分教师在课堂教学中不会设计专门的写作课，在周测、月考及大型考试中，学生的写作成绩普遍不够理想，满分25分的作文，很少有学生能超过18分。即便有分数较高的英语作文，往往也是因为背诵过相关的范文，从中汲取了较好的句式和表达，而这种靠辞藻堆砌的文章内容空洞，不利于对学生思维力和想象力的培养。教师如何有效进行多轮续写模式的写作教学，对改变当前高考英语话题作文对学生想象力和创造力发挥的限制，提升学生的英语核心素养，尤其是语言能力和思维品质等方面有着十分积极的意义。

英语写作可以反映学生的思想，而且读后续写又是高考重点题型，是高中英语教学中很难实施的重点和难点引起了教师和学者的兴趣及关注。但是在中国，既有英语教师也有学者认为目前的写作教学是有问题的，并不令人满意，这就需要逐步改进和改变。很多高中英语教师都很关注如何提高学生的写作能力。事实上，教师应该给予学生更多机会，让他们在此基础上表达自己的想法。

（1）打破传统，引导思维发展。

《普通高中英语课程标准（2017年版）》提出高中英语的教学目标之一，就是要多关注并培养学生用英语思维思考和表达自己想法的能力，用英语解决问题的能力，以及批判性思维能力。

随着英语教学的改革，在中国的英语教学中，英语写作教学已经从以教师为中心转向以学生为中心。教师对学习者如何学习语言的理解决定了其教育理念、方法和课堂技巧。也就是说，对教学的理解需要理论的帮助。此外，英语写作过程是一个高度复杂的心理认知、交流和创作过程。我们应该改进传统的教学方法，研究优秀的教学理论，探索适合中国国情的英语写作教学模式。

传统的教学模式有满堂灌、填鸭式、教师一言堂等，往往限制了学生的思维发展。大部分学生因为"怕提问、怕开口"，往往阻碍了其英语听、说、读、写等能力的发展。教师在课堂教学中也无法实施启发式的思维引导教学。师生教与学的限制对读后续写影响很大。因此，打破传统教学方式、引导思维是解决这些问题的根本途径。想要突破传统思维的限制，发展学生的文本阅读理解能力，从而进行后续写作，需要开发学生自身的发散性与创新性思维。

多轮续写作为一种完成写作继续任务的方法，对于鼓励高中生提高写作兴趣十分有效。学生的创造性和创新思维能力可以在完成写作继续任务的过程中得到改进。写作任务也可以在阅读材料的几个问题之后给出，这将有助于学生更好地理解任务。合适的问题可以带来更大的写作兴趣。如果学生能够吸收写作经验，将逐渐提高写作水平。基于此，教师在高中英语日常课堂教学过程中必须以学生为主体，给予学生独立的思考空间，破除不利于学生发展的限制条件，如时间、地点、方式等，将多轮续写看成一种无招胜有招的游戏模式，让学生天马行空地发挥自己的想象力。这能促使学生增加表达的灵感，增强学生对读后续写的兴趣，激起学生自我表达的意识，这样学生才能写出有价值的东西。

（2）倡导可视化，促进思维发展。

可视化教学有利于提高学生的学习效率，刺激学生多感官协同感知所学的内容，促进学生的记忆、理解等能力的发展。思维可视化指运用一系列可视化工具，如文字云图、思维导图等图示技术把原本不可视的思维呈现出来，使其清晰可见。教师在日常教学过程中，要倡导学生用可视化工具，如方框或圆圈等标识关键信息，用线段、弧线等连接相关信息，在语言与图像、颜色之间建立逻辑关联，从而让抽象的知识与思维可视化。这种思维可视化的教学模式可以帮助学生厘清文本素材的中心脉络，勾勒出文章的各条线索，加快学生对文本素材的理解，找准多轮续写的切入点和方向，破解读后续写这一难题，促进学生表达思维的形成。

(3)重视读写一体化，规范思维发展。

读写常常"分家"，制约教学效果。在语言类教学中，读写不分家已经成为教师的共识。读后续写的关键是阅读，阅读是信息输入的过程，学生在阅读文本的时候能够通过大脑的有效思考借鉴文本中的语言，运用抓住关键词和构建思维模型的方式，把握文章的整体脉络，从而在有意识的基础上理解文本的含义，确定文本的逻辑关系，并模仿文本中的语料进行拓展写作。在进行训练的过程中，很多教师会从文本的结构入手，通过查找关键字和过渡性语句的方式帮助学生构建理解框架。但这种方式看似清晰，却割裂了结构与内容之间的联系，学生只会抓住主要信息，而其他隐含的线索类内容则很难被挖掘，从而让学生在学习中出现一些常见性错误。

理解原文是故事续写的前提，学生如果不能理解全文，作文偏题的风险就很大。此外，阅读理解能力强，完成阅读理解、完形填空部分的速度才会达标，为读后续写留出充足的时间。

(4)精选素材，保障思维发展。

在新高考的背景下，不管是新教材还是旧教材，都给师生提供了良好的阅读素材。这些教材把相关的文化背景作为主题语境，依托具体语篇，培养学生的家国情怀。除了教材外，真题卷、各地区的模拟试卷中的阅读篇章等也为多轮续写搭建了强大的平台。这些素材具有很强的前瞻性、可延伸性、实用性。教师应尽量选择贴近生活实际的语篇或小说作为日常教学素材，这样容易让学生在阅读过程中有身临其境的感觉，与语篇产生思维和情感的共鸣，继而在续写中结合自己的生活实际和生活感悟，写出自己想要表达的内容。这种素材的实用性使学生有话可说、有话可写。这样既帮助学生提高写作的能力，又增强了学生的表达欲望和信心，在无形之中培养了学生热爱生活的意识，同时也传播了中华优秀传统文化。

(5)巧作评价，深挖潜能，唤醒高阶思维。

近几年，华东师范大学崔允漷教授等专家积极推动"教—学—评—致性"的理论与实践探索，在专家与学校的共同努力下，课堂教学发生了深刻的变化。其中，课堂上对学生阶段性任务完成情况的评价是至关重要的。从多方面、各个环节对学生进行评价，能够使课堂教学评价更具有说服力和灵动力，能够从多方面发现学生的缺点和优点，使其扬长避短。课堂上及时表扬和鼓励学生，会使学生乐观上进，提高觉悟，觉得自己可以做得更好，并从中不断获得自信，发挥潜能，最终点燃智慧的火花，获得探索新知的动力。

2. 多轮续写模式与学生"学"

高中生的英语窗能力远远不能令人满意，他们不断迷失在如何撰写和撰写好文章中。在传统英语写作课程中，教师非常重视培养学生的记忆力模仿，这实际上属于低阶思维技能，推理和批判性思维等高阶思维技能则被忽视。教师和专家已经发现了这种普遍现象，他们都在努力寻找改善学生逻辑思考和创新能力的好方法，以提高学生的写作表现。它们在研究和实践中发现，多轮续写对提高学生的写作水平有很好的作用，可以激发学生的写作动力。

（1）多轮续写模式对学生的写作能力有积极的影响。

第一，拓展词汇，夯实基础。词汇是语言的基本单位，是学生阅读文本和表达输出不可或缺的食粮。学生平时要加强词汇量的积累，为写作撑起一片广阔的天空。否则，学生即使对英语续写的情节编排有着许多新颖、独特的想法，也无法进行恰当、合理、精彩的描述，从而造成词不达意。将多轮续写模式中的小说续写方法应用到教学中后，可以让不同词汇丰富度的学生，通过阅读给定的材料找到自己需要的单词。第二，首先，定期默写原文或教材中常见的高中句型，如定语从句、倒装句、分词作状语、名词性从句、动作链句式等。其次，模仿原文中的语言、动作和心理描写，学生需要按照心理描写、动作描写和环境描写等分类积累词汇和句子，只有充足的语言输入才能保证输出。最后，模仿原文的精确语言表达，优化语言输出质量。这样，学生可以更积极地学习，而不是死板地学习。通过分析多轮续写对不同英语水平的学生词汇丰富度的影响，就可以在课堂上对不同英语水平的学生进行精确的教学。

同时，学生在输入量充足的情况下，可以提高写作中词汇的丰富度。当学生写作文时，可能会关注上下文，模仿和使用灵活的给定文本。与此同时，他们会得到一篇词汇丰富的文本。所以在写作中，学生可以学习和使用课文中出现的单词，运用自己从未使用或很少使用的单词来提高写作质量。这些词汇还可以成为学生在后续写作任务中使用的生产性词汇。经过几轮的写作，他们的词汇丰富程度可以增强，句式也更加丰富、复杂。

第二，欣赏美文，诵读经典。教师如果想要分给学生一杯水，自己就必须有足够的水。同样的道理，学生想要写出一篇优美的作文，就必须阅读足够的经典美文，并形成自己的语料资源库，给书面表达润色雕琢。英语经典美文是大浪淘沙后流传下来的不朽之作，是具有权威性、典范性的文章。"书读百遍，其义自见"的道理亘古流传。学生对英语经典语篇的理解需要精读、细读，乃至背诵。在欣赏优美、经典之作的过程中，学生要感受文本的语言之美，体会文本背后作者所要表达的意图和看法，注意文本的语言表达特点。通过诵读美文，学生能够养成在阅读文本的过程中捕捉经典语句的习惯，更能培养对文本素材的观察力和洞察力，体会到经典语句的"点睛"之处。教师通过培养学生对文本语言表达细节的关注能力，达到提升学生语言理解能力的目的。

第三，合作探究，拓宽视野。蒙太尼说："让我们的思想和他人的思想碰撞和摩擦，的确是很有益的。"正所谓"众人拾柴火焰高""三个臭皮匠，顶个诸葛亮"，一个人的思想往往会有局限，有了其他思维的共享才能拓宽各自的视野。因此，人与人之间思想碰撞产生的火花是最美丽的。培养学生的合作探究精神是交换思想的重要途径，是课堂上开展英语"多轮续写"探讨的重要方式，是拓宽学生视野的主旋律。良好的合作探究能力是高中生应具备的核心素养之一。因此，高中英语教师在开展"多轮续写"教学的过程中，一定要重视培养学生的合作意识与探究精神。

第四，积极参与，培养创新，兴趣引导，合理想象。写作训练不能局限于考试题目或课后练习。多轮续写模式注重兴趣引导。例如，可以要求上课迟到、讲话等违纪学生写150词英文检讨，写作内容包含事情经过、当时的感受、自己的错误在哪里、接下来怎么做等方面；也可以观看视频，描述观看的内容和感受，并预测接下来将发生什么。在多轮续写的课堂教学中，学生是学习的主体。"续写"这一板块主要要求学生具备自主思考的能动性，发挥自身的主人翁精神。学生在学习过程中要摆脱对教师的依赖，学会自主独立地思考和创作。学生要积极参与实践，并在实践中吸收知识、巩固知识，进而灵活应用知识，创造出开放性的表达，形成创造性思维，依据合作探究的共享认知及丰富的想象力进行读后续写。学生要大胆地思考和想象，将自己带入思考的空间中，构想出合理又破除常规的表达，达到思维品质的飞跃。

第五，读懂文本，厘清脉络。多轮续写模式的应用，更注重对学生思维品质的锤炼，引导其创作合理的故事情节，并关注句子衔接。首先，指导学生阅读原文，描述人物遇到的问题，并寻找合理的解决途径。其次，分析续写段首句中的核心词，挖掘其背后隐藏的信息，使续写内容围绕关键词展开，故事情节与原文逻辑一致。最后，赏析原文中的连接词，厘清句子之间的因果关系、递进关系和转折关系，讲解连接词的使用技巧，培养学生使用连接词的习惯。在多轮续写模式中，学生可以通过"读"触发"写"的灵感。具体而言，学生首先读懂故事的情节结构，厘清故事的发展脉络，获取和梳理文本信息的时间线、故事情节线和情感发展线；然后构建可视化的思维导图，使文本简单化；最后通过精细化的阅读，提炼故事的大意，确定后续情节的走向。

（2）多轮续写模式能够有效降低学生的写作焦虑。

学生的心理和情感因素在学习中起着重要作用。积极的情感因素可以促进学生的学习；相反，消极的情绪因素会阻碍他们的学习。其中，写作焦虑是阻碍学生学习的重要心理和情感因素。它可能由多种因素引起，且难以被消除。

多轮续写不同于千篇一律的标准化试题，为学生创造性续写输出提供了想象空间，在一定程度上会减少学生在任务完成过程中的内、外部认知负荷（王初明，2018；张素敏，2019）。此外，多轮续写模式具有较强的连贯性。学生可以在续写过程中不断地倒读和借用原文词汇和语句，从而产生更强的一致性。

多轮续写的教学方法有助于减少学生对写作的恐惧，提高写作动机。动机是英语学习活动中最重要的因素之一。布朗（Brown，2004）指出，动机可能是解释任何复杂任务成功或失败最常用的术语。研究者认为多轮续写可以通过提供有趣的英语小说激发学生的写作兴趣，提高他们的写作动机。

多轮续写是一种阅读和写作紧密结合的方法，有利于提高学生的语言能力和思维能力，完全符合新课程对关键能力的要求。多轮续写也是一种为学生提供充分想象空间的模式，要求学生运用逻辑思维和想象力仔细构思后续内容。在完成续写任务的过程中，可以将学生的语言模仿能力和内容创造能力紧密结合起来，激发学生的写作兴趣。

3. 多轮续写模式与第二语言的习得

"续"指对话双方使用语言补全、拓展和创造说话内容，使语言学习任务因含"续"而能激活几乎所有促学语言的主要因素(王初明,2016,2017)。"续论"的提出和应用为语言习得理论和研究提供了新思路和新方法。

语言的复杂性作为衡量学生写作质量的一个重要指标,引起了人们的广泛关注。多轮续写模式为学生提供了在背读原文的过程中模仿和使用词汇和结构的机会,从而促进二语学习效果的提高。为了对多轮续写模式的促进效应有更全面的认识,教师将多轮续写模式应用于日常课堂教学中,使学生输出文本中的词汇和语法结构更加多样化和高级,这也为语言教学提供了一种可行和有益的见解,从而相应地提高学生写作语言的复杂性,促进其写作水平的发展。

将多轮续写模式应用于英语写作课堂,可以使多次写作在二语习得中的作用最大化。长篇英语是语言学习的典范,是语言学习者模仿的优秀语言材料。许多教师和学生只是对英语材料有一个大致的了解,还没有意识到长篇英语对英语学习的巨大价值。在英语教学中,教师既要给予学生真实的语言输入,又要对学生进行阅读技巧的指导,这不仅有利于激发学生的阅读兴趣,更重要的是能有效促进学生的语言输出,激发学生对文学作品的热爱(Yu,2013)。在多轮续写中,强化互动语篇下的大量阅读输入与写作输出相结合,是续写者综合阅读水平提高的关键原因。词素习得与输入频率密切相关,只有大量的输入才能提高学习者的语法隐性知识习得(Dekeyser,2000)。阅读不仅能提高学习者的阅读水平,还能提高学习者的时间词素形态偶然习得(Lee,2002);续写则能降低学习者对母语的依赖,抑制母语补缺作用和促进学习者的主体性(王初明,2016,2017;张素敏,2019b)。情节连贯、主题统一的多轮续写中,"续作"者在过去时间背景的语境下逐句阅读和续写,学生任务完成中的内、外部认知负荷都会有一定程度的降低(王初明,2018;张素敏,2019a,2019b),势必会提高续写者的阅读能力,加大续写者与原作品之间的时间概念协同,进而自动生成过去时间概念的正确时体表达。此外,本研究中的主要输出任务是续写,并未进行阅读理解、完形填空、选句填空等阅读训练。因此,多轮续写中学习者综合阅读能力的提高还体现了教学干预的迁移效应。教学迁移效应则更能体现出教学干预对学习者认知心理的优化(Banati & Lee,2008),借此可以说多轮续写能优化续写者的认知心理和第二语言的习得。

总之,多轮续写是在同一主题语境下,融合了阅读与写作的语言学习方式。学生能够在阅读、写作与对比中，多次与文本互动，不断自我修正和提高，促进学生养成反复研读语篇的习惯。多轮续写中理解与产出动态协同的特点要求学生必须充分理解前文的内容，这在无形中为前后文协同创设了一种监控机制。学生要顺利完成轮番多次的续写，就必须持续不断地关注前文的语言与情境模式，因为他们的续作要受制于前文内容、逻辑、情感与语言的协同诉求。多轮续写能拉高学生在特定语境中创造性模仿与"修正性"运用语言的能力。由于阅读材料的语言水平往往高于学生现有的语言水平，学生在续写时通过反复读原作，模仿语言并创造内容，使他们的写作水平在无形中被原作拉升了。多轮续写使得这样一种回读、模仿与创造持续进行成为可能，学生在动态的真实语境中不断与原作进行协同，进而有效提升促学效果。多轮续写还兼具评价功能，即一种形成性评价。它通过基于读写互动过程的动态评价，更准确、全面、动态地反馈学生的写作问题，弥补了以结果作为导向的传统评价的不足。

4. 多轮续写的实践教学效果

通过实践探索，我们认为多轮续写是英语读写结合教学的一条有效途径，在教学实践中我们发现"多轮续写"能产生如下效果。

第一，提升语篇研读能力。在多轮续写的读写环节，学生语篇研读的能力得到了大幅提升。轮番续写机制要求学生对已知语篇进行充分研读，研读语篇就是对语篇的主题、内容、文体结构、语言特点、作者观点等进行深入的解读，具体要回答三个基本问题：一是语篇的主题和内容是什么？（What的问题）；二是语篇的深层含义是什么？（即作者意图、情感态度或价值观——Why的问题）；三是语篇具有什么样的文体特征、内容结构和语言特点？（为表达主题意义选择了什么样的文体形式、语篇结构和修辞手段——How的问题）。多轮续写包含动态往复的阅读与写作环节，能有效拉升学生的语篇研读能力。在阅读环节，要求学生理解语篇的体裁类型（文化语境）、所表达的概念意义、人际意义和语篇意义（情景语境）及语言特征（语言语境）等方面的内容；在写作环节，则需要学生不断地对故事特定语境进行准确的理解与得体的表达。

第二，培养模仿创造意识。多轮续写中读写动态拉平的内部机制，让学生在写作中逐渐养成模仿语言与创造内容的意识。由于对创造性思维的关照，多轮续写所选定的语篇往往具有丰富的内容，学生有机会详细而生动地描述情景、态度和感情。在语言使用方面，学生通过模仿原作的用词与语言结构快速拉升现有的语言水平；在内容方面，学生乐于进行有逻辑支撑的情节构想，在与原作进行对比性阅读时调整自己的写作内容与策略，在新一轮的续写中再次进行模仿与创造。

第三，促进学科核心素养。多轮续写教学法以主题意义为引领，以语篇为依托，整合了语言知识、文化知识、语言技能和学习策略等学习内容，创设了具有综合性、关联性和实践性的英语学习活动，引导学生采用自主、合作的学习方式参与对主题意义的探究活动，并从中学习语言知识，发展语言技能，汲取文化营养，促进多元思维，塑造良好品格，优化学习策略，提高学习效率，确保语言能力、文化意识、思维品质和学习能力的同步提升（教育部，2018）。在多轮续写中，语言能力是基础，思维品质是关键，文化意识是向导，学习能力是保证。可见，多轮续写的教学理念在很大程度上暗合了指向学生学科核心素养发展的英语教学方向。

第四，养成自觉反思习惯。多轮续写动态引导学生进行自我管理、自我监控与自我调整，促使其自主学习能力得到有效提升。多轮续写持续的对比评估过程让学生不断反思自己读写过程中存在的偏差，养成自我纠偏的习惯。学生通过将自己的续写文本与原作进行对比阅读，反观自己的续写文本与原作在内容、语言、逻辑与情感方面的差距并进行相应的调整，确保自己对特定语境的准确理解与得体表达。在多轮续写过程中，读写思维同频共振，形成性评价动态伴随，学生在"知行合一"的动态读写实践中形成自觉反思能力。

三、主题意义

（一）主题意义的概念界定

1. 背景

随着信息化时代发展的不断进步，英语学习在人们的学习生活中起着越来越重要的作用。但是，纵观过去传统的高中英语课堂教学，教师更着重对词语、句子和语法的解释和理解，很多时候未必真正深入到全文的意境和情感进行阅读和开展多维度教学，这种传统的教学模式并不利于学生对英语文章的全面理解和把控。因此，在英语阅读和课堂教学中，教师应该结合主题意义的理论，在教学的过程中增加文章的主题语境和情感表达，使得英语阅读更加有生命，更加便于师生对英语文章的理解和掌握。随着高中教学改革与研究进程的不断深入，在高中英语教学新课程标准实施中又提出一个基于实践主题意义和探究过程的基本理念。这一理念的提出标志着在高中英语课堂中，教与学都应该按照主题意义探究的方向发展和改革。在现代高中英语的阅读和教学环节中，教师应该采用主题式教学模式进行探究教学。综上所述，英语阅读主题式教学是在教育改革领域内阅读教育模式创新的重要尝试和突破性的课程改革发展方向，这便要求我国的英语教师更为注重和更加准确地培养和引导学生正确、系统地掌握和阅读英语文章主题信息的能力，以便让师生能更加深刻地领会英语阅读文章的整体意义和内涵，从而逐步深入提升学生对英语阅读的整体语言理解水平和英语综合语言能力水平的提高。

　　在分析理解阅读主题意义时，首先教师积极为学生补充关于英语篇章内容背后的西方思想文化、历史事件知识等英语学科背景，引导学生主动开展自主探究思考式学习。其次，教师多鼓励和引导学生主动尝试，更深入体会英语阅读的主题意义，帮助学生在发挥他们已有知识积累和英语能力水平的基础上，再进行一些包含更多深入主题意义的篇章阅读，从而更好地理解英语主题式阅读思维，从根本上充分发挥和促进学生的英语综合应用能力和语言水平。

　　那么，主题的含义究竟是什么？主题意义又具体指什么呢？笔者翻阅了多篇基础教育学术著作，发现在现代基础教育领域中，主题意义通常被笼统地界定为根据语言文本特有的基本要素和具有一定促进我国学童生命全面成长认知价值能力的核心词语（窦桂梅，2006）。主题意义是主题所呈现出的具有一定价值倾向的含义或思想。在高中英语教学中，确定主题是开展主题意义探究的逻辑起点。对主题意义的探究是一种涉及主动思考、高阶思维的思维方式和学习方式（张金秀，2019）。由此可见，主题一般是指作者在其特定语境与主题语境中通过文本所传达出的特定文化内涵、情感态度及价值观。英语阅读课堂应围绕着文章所要传达的文化内涵、情感态度和价值观等，开展有背景、有层次、有时效的学习活动。而所谓主题意义，即在文章主题上所表达的文化核心思想，其往往与文化内涵主题和人生情感态度、价值观紧密相关。在教学实践中，教师应进一步确定主题和深挖主题意义，整合学生语言技能，在文章特定文化主题含义与当代学生的语言生活方式之间建立一种密切的关联，引发学生对文章主题意义的内涵产生情感上和价值观认知上的情感共鸣，以此激发学生自主探究主题意义。通过阅读把握主题含义的方式，让学生通过理解语言和挖掘文本内容，表达自己的理解体验和价值认知；通过对语言的深层次学习与理解，开展应用与实践、迁移应用和应用创新学习等，以引导学生逐步加深对文章主题含义的深层理解，帮助学生在日常活动环境中习得语言交流的新技能，尝试着在自己的生活学习中体会、掌握和运用所学的语言文化知识及分析思考能力，从而构建出自己的语言表达及个人情感认知和生活态度，并形成新的能力。

2. 新课标中主题意义的定义

《普通高中英语课程标准（2017年版2020年修订）》（以下简称《标准》）指出，所有的语言学习活动过程都应该在一定的主题语境下进行。主题语境不仅为语言学习提供意义语境，还为语言知识和文化知识提供学习范畴，同时在其中有机渗透情感、态度和价值观。学生在主题意义的引领下，通过学习理解、应用实践、迁移创新等一系列体现综合性、关联性和实践性等特点的英语学习活动，促进自身的语言知识学习、语言技能发展、文化内涵理解、多元思维发展、价值取向判断和学习策略运用。由此可见，学生对主题意义的理解将影响学生的语篇阅读及理解技能层次、知识层次及学习方法实践能力。在主题意义的引领下，整个教学设计活动中的教学目标导向、活动组织设计、评价导向设计等教学设计具有延续性、层次性和递进性。

众所周知，英语课程教学内容和设计思路是发展与培育每个学生能够具有以英语文化作为本学科核心素养形成的内在现实基础，其中内容就包括主题语境。而主题语境涵盖人与自我、人与自然及人与社会，涉猎人文科学、自然科学和社会科学领域等方面，力求做到为英语学科人才培养及育人创新模式的创新提供更为科学有效的主题和语境。在完成高中英语专题阅读和作文教学实践系列活动的整体设计中，对整个主题篇章中涵盖了各个单元主题内容的信息资源进行深入分析、细化、总和、评价，这就必然需要学生自己逐步学会如何先从一个多元的文化视角切入，再综合看待每篇文章内容和综合分析、解决这些思想问题，然后才可能对这些文章主题内容信息的形成过程有较正确的且相对全面透彻的分析和理解。然而，笔者在传统教材或实际的教材课题研讨教学工作中，发现有一些教师似乎并不善于根据这些教材的主题意义和探究主题，认真组织教学设计和把握教材内容，并把握这些教学研究的任务目标、主题内容、教学或研究实验活动内容等，或者总是不能有效地把三者有机结合或统一，尤其是在对某些文章材料内容主题意义的准确把握上，往往存在理解方式的偏差，或者是上课讲解时对这些主题意义的探究并不够深入。在传统教学模式中，还存在课堂以教师为主导，学生参与程度不够，主题呈现冗长模糊等问题，故而师生对主题意义的解读和探究都呈现出碎片化和不完整，教学活动开展中递进性和层次性不强等。

  对于主题意义究竟是指什么，在课程标准体系中虽然没有给予十分具体完整的说明和具体明确的答案，但只要通过深入仔细地研读《标准》，我们便可以清楚地发现：在整个高中英语阅读教学活动中，以特定主题意义作为引领目标的阅读课堂模式，要求教师能够通过精心创设与该文章主题意义密切相关的文本语境，结合学习生活情景中的阅读场景开展教学，努力探索挖掘该文章的特定文化主题及所能承载的特定文化思维品质和创新实践能力，紧紧把握与发展提高学生思维品质的关键点，对主题意义的探究需关注与深度挖掘核心文化信息。教师如何对课文主题意义加以引领及如何促进学生对文章主题意义的深层次理解，是高中英语学习过程目标和素养目标的两项重要内容，它既深刻影响学生对教材单元语篇意义的深度理解层次，更深刻影响学生今后的学习思维能力发展和英语学习成果。

3. 新课标下各学者对主题意义的解读

  众所周知，作为一名中小学教师，首先应具有形成深度解读语言主题意义的理论基础架构和系统的认知能力，才能全面而有效地研究和发掘语言文本意义。《基于主题意义开展英语阅读教学的思路与策略》一文中，李宝荣教师提出阅读教学应基于主题意义整体思路。他提出三大策略：主题意义探究贯穿整个阅读活动中，输出任务是学生深化主题意义的理解，提升主题表达能力是阅读的重要保障，并指出要在文本解读中确定主题意义的具体内容。陈新忠教师在发表的《高中英语教学中语篇的主题与主题意义》一文中，也对主题意义做出他的理解：主题意义是指主题呈现的核心思想或深层含义，往往与文化内涵和情感态度、价值有关。他指出探究主题意义有四个角度：单元、标题、文体和词语。当然，关于主题意义究竟如何具体、系统地引领课堂教学设计的各个环节，主题意义引领课堂设计或整个教学的设计到底该如何进行？是需要我们一步一步深入探究与分析的。另外，这些主题意义如何与立德树人、深度学习等课标理念结合起来，它们究竟是什么关系等问题，则十分迫切地需要英语教师主动探索。教师对课堂教学主题意义理论分析和应用的探究已经逐步开启，但是对课堂教学主题意义如何有效引领课堂与教学目标设计的相关研究还比较少，它与课程标准密切相关的其他课程教学理念中逻辑关系的研究，也有待研究者进一步实践和开发。

（二）新课标中主题意义的重要作用

1. 主题与主题意义探究的理论基础

语言学习离不开对语篇的研读，语篇的研读离不开内容的发展，内容的发展离不开对主题意义的探究。《标准》倡导的教学理念是，英语课堂教学要以主题意义统揽教学内容和教学活动，并指向基于核心素养的教学目标。通过分析《标准》可以发现，英语教学应该基于对主题意义的探究，以解决问题为目的，整合语言知识和语言技能的学习与发展；把对主题意义的学习和探究作为教与学的中心任务，以此集合教材学习内容，逐步引导学生的语言能力、思维品质、文化意识和学习能力的多维度发展。在教学设计过程中，教师应该积极创建一种与文本主题意义高度相关的学习体验环境，充分体验主题意义所含括的学生语言能力、文化信息知识和塑造学生思维品质中的每个关键学习点，鼓励指导学生对学习了解主题意义和多元文化内涵的深入探究，还可适当通过师生从不同角度对问题的讨论，有效提高学生综合鉴别问题的思维能力和迁移创新的学习能力。主题意义就是为语言学习者的语言学习研究活动提供特定的语言主题范围或特定的主题语境，主题意义及其研究实践彰显着语言使用者的自主学习实践活动的文化核心价值。对主题意义的学习探究活动反映出英语学科的价值导向，英语的主题探究活动是整个英语学习与探究实践活动的核心要素，而且通过这个核心主题意义能够为整个语言领域的英语学习或探究实践提供核心主题范围和核心主题语境，激发学生对语言主题意义的体验兴趣和自主探究欲望。所以，主题意义的探究本应是语言学习活动中最不可忽略或无法缺少的内容，直接影响到培养学生对语篇词汇的理解及应用程度、思维方式和发展规律，以及提升学生语言能力的阶段性成效。对主题意义关系脉络的全面把握和深层探究，是一项重要的教学内容，它能直接促进和有效影响学生将来对语言篇章的理解、思维逻辑的发展和语言能力的提高等多方面综合效果。《标准》在语言教学课程实施与策略实施建议部分详细指出：深入文本语境研读文本语篇，把握好课文主题意义，挖掘好核心文化价值，分析好语言文本特征内涵和语言特点内涵及其内容与语言主题意义，对帮助中小学教师做好外语的教学内容设计具有重要意义，是推动教师落实英语学科素养目标，创设积极高效的课堂和合理的英语文化学习过程中一个很重要的前提。基于主题意义建构的中学英语教学，最终应指向有利于学生身心健康的自主发展，使语言知识的提高与学科育人相同。在英语知识的学习过程中，教师尤其要善于引导学生，挖掘属于英语教学载体的主题意义，重视激发学生自主探索过程的文化情感、体验感受和审美思想境界，构建出知识教学模式，增加学生自我发展过程中的认知价值，体现学科特色育人导向。因此，英语教师还应开展基于主题意义的英语教学活动，并在真实英语情境创设中围绕教学主题开展活动教学。根据课程主题、教学目标和课堂教学内容的具体要求设计课程教学与活动，帮助学生尽快实现自我认知能力发展目标。基于主题意义开展的英语阅读教学活动，还要注重显现出英语阅读教学过程的内在整体性，教师要对重点教学内容进行系统细致的梳理提炼和归类分析，紧扣教学话题，让学生在学习过程中逐步明确篇章的主题意义。

基于语言技能的特点，《标准》提出在教学活动设计中设置各方面教学活动时，教师不仅需要关注学生知识技能的训练，也要关注各种技能的综合运用。这就要求教师设计相应的综合性语言运用活动，并且能够在这些语言实践活动中，关注学生的生活能力和认知能力，选择既有意义又与学生生活经验息息相关的语境，建构出与该语境密切相关的主题意义。在学习与探究主题意义的过程中，以解决问题为目的，整合语言知识和语言技能的学习与发展能力，并且在主题探究活动设计上，注意激发学生参与活动的兴趣，充分发挥学生已有的与该主题相关的学习和生活经验，帮助学生搭建和完善新的知识结构，进一步加深学生对主题的理解和认识，并通过创设相关主题语境，完成主题意义的学习探究与升华。

《标准》指出，在高中英语教学活动中，主题意义的读写课对于学生语言能力和技能的发展起着不可或缺的作用。教师更应继续努力减少学生语言文化学习内容的刻板枯燥性，增加英语文本及阅读材料教学内容的鲜活性，并积极促进学习者语言知识文化的主动迁移学习与综合创新能力,这些都可以通过对主题意义的学习和探究过程达到。程晓堂曾指出,学生主动学习探究语篇主题意义内容的认知过程,始终是引导学生自觉学习探究语言活动的重要组成部分,直接关系到学生语篇意义理解的认知深度、思维逻辑发展能力的感知高度和探究语言知识学习活动的实效度。在这种基于语言主题意义知识探究方式中,要学会以探究主题形式和探究内容为主线、以探究语言意义为辅线设计探究教学活动环节和实践教学环节。学生自身对文本主题意义内容的透彻理解,则是一个持续不断地深入思考的实践过程。教师也需要积极设计、整合、关联学生主题意义探究系列活动,层层深入递进,以便对学生语言能力培养的有效性能够和对主题意义探究的深度相辅相成。在读后活动中,教师还应该带领学生关心社会发展,解决实际存在的问题,在真实的情境中和主题内容中更进一步地学习了解主题意义,绝不能忽视对文本主题意义的学习和探究,从而使得学生在学习过程中,充分感受到英语学科的育人功能,使之事半功倍。

王蔷(2015)指出,在语言学习过程中,学生应以语篇为载体,围绕语篇构建的主题语境展开,以探究主题意义和解读深层次语篇内涵为目标,在英语学习和教学理论支撑下,整合语篇所呈现的语言知识和文化知识,通过培养学生的思维能力提高其学习动力,提高学生的创新与反思能力;通过一定的思维活动,加上学习和延伸,提升学生的阅读思维能力,实现学科育人的主要目的。让学生在深度理解主题意义的同时,学习语言知识,开展主题写作训练,将知识学习与技能发展融入主题、语境、语篇和语用,促进学生文化理解和思维品质的形成。近几年全国高考英语试卷的一大鲜明特色是,将英语篇目选材大范围主题化,因而"以探索主题意义为引领、以促进深度学习为途径"成为众多高中英语教师复习备考关注的焦点。故在自主探究教学过程实践中,教师应该以学习与理解类活动目标为载体,以基础学习与知识应用及实践探索类活动目标为介质,以思维迁移和创新类活动目标为方向,实现语言知识输入和主题意义训练的双重输入,同时实现内化目的和外化活动目标,引导学生自主探究主题意义的训练,最终在全面培养高层次思维水平的基础上达到育人的目标,高中阶段学习对教师培养学生的思维品质也有着相当高的目标要求。因此,从主题意义角度探讨学习者如何激发学生学习的兴趣,在能够使他们快速有效、系统地掌握一门知识技能的同时,也充分有效地发挥出学习品行方面解决问题的能力，对有效开展素质教育、有效提升教学效果具有十分深远的意义。

2. 主题意义探究的现状与发展进程

对主题意义的探究虽是普通高中英语教学的重要内容，但是在具体教学实践现状中仍然存在一些问题。首先，英语教学内容趋向"碎片化"，忽视单元或语篇主题内容的全貌（王蔷等，2020）。其次，如果在教育或教学实践的整个过程中，缺乏有效的与该主题直接相关的学生实际的思维训练活动，可能会让大多数学生对单元主题意义的理解都趋向"浅表化"。另外，教学实际中时常面临着主题意义先行的情况，也就是说，有少部分教师比较容易从结论出发，直截了当地引导学生印证某一主题。主题意义的理论，可溯源于20世纪50年代，课程标准倡导一种基于主题意义进行探究教育的新课程理念，并首次指出了学生对课程主题意义的认知探究行为，应是引导他们语言自主学习发展的重要基础内容，直接影响其对语篇意义的深入理解、思维活动发展的水平和其主动学习教育的成效。主题意义发展到如今，教育者普遍认知的仍是围绕与人们社会生活和学习相关的，针对某主题群展开论述的话题。有不少高水平的英语教师开始从主题意义着手进行英语课程教学及应用设计实践，如将多种英语实践教学课程模式进行有机结合。大量的理论和研究如雨后春笋般发展了起来。当然，在发展演变过程中，有些理论还不够完善，等待进一步拓展，也急需进一步开展相关的实证研究。

笔者在前文中提到，在一步步学习、探究主题意义和研究相关教育教学手段的过程中，部分教师设计的课上、课后活动更偏向于概括、复述或采访这种比较机械的输出方式，而这种机械的教学活动，则导致学生被动地将关键信息进行较低层次的语言输出。在这个过程中，学生难于真正将所学知识、语言技能、主题语境和情感态度表达与自己的理解和生活实际联系起来，从而很难实现知识运用的迁移与创新。再者，由于当下很多一线教师缺乏现代文化意识，对一些语言文本的理解往往不够彻底，最终难以驾驭这些文本表达中深层次蕴涵的主题意义，更难以静下心培养广大学生的文化情怀等。此外，部分教师往往为应考而设计教学或固步自封，容易陷入专注于反复讲解语法知识点，反复对其词汇语法知识进行枯燥无味的重复训练的思维怪圈中，从而进一步抑制了课堂氛围和学生大胆深入地探究文本所含括的主题意义的兴趣点。还有一部分教师，对阅读文本的背后深层意义知之甚少，缺乏主题群的阅读意识，更难以充分激活探究语言文本背后深层次的社会背景知识的兴趣，甚至出现部分教师由于知识准备不完全充分，在教学课堂和实践操作中未能真正深入解读课文主题意义，导致其课堂教学的主题导向飘忽不定，不利于引导学生真正把握教材主题脉络。学生在实践中又没办法完全有层次、有条理地深入分析文本，以致造成学生在语篇的解读上产生较大偏差，未能充分领悟到文本主题意义背后的深度价值，只浅层地理解了某些文本的表面价值和内在知识含义，未能成功与文本之间产生思维上的碰撞和探索，以及更多深层次思想的交流。为真正解决上述问题，教师在开展课堂教学和课程准备的时候，应该注意厘清课文主题、理解主题语境、把握主题意义中的重要内涵，深刻理解主题意义可能发挥的潜在的重要作用，在根据这些主题意义设计的教学和活动环节中，为教育活动构建主体框架、搭建教学脚手架、引导广大学生真正理解和掌握主题意义，从而达成教育学科设计育人的真正目的。

3. 新课标下主题意义探究的理论作用

如《标准》所言，主题意义、语篇类型、语言知识、文化知识、语言技能、学习策略六要素是有机统一的。它倡导课堂教学设计以学习探究主题意义为主线，师生在对所学文本主题意义的学习和探究过程中，会逐步建立和培养学生正确的情感、态度与价值观。师生对主题意义的探究和学习应该贯穿课堂教学的始终，与文本的学习融合发展。在探究语篇主题意义的过程中，基于主题意义表述的语言知识、文化知识、语言技能的学习与学习策略的选择之间是相辅相成、共同成就的关系。

课堂教学应该基于核心素养，六要素的阅读教学应突出以主题为引领、以语篇为依托、以活动为途径的整合性教学。因此，主题意义引领教学的整合性阅读教学设计中应着力遵循三个具体落脚点。一是应落脚于了解学生的实际学情。学生永远是知识学习的第一主体，主题意义引领的阅读主体教学探究活动的最终成败，取决于教师是否按照学生思维的实际水平，系统深入训练学生的思维，培养高层次的品质思维。新课改倡导以人为本、以关注学生能力为主体，从仅仅关注学科知识内容转向全面关注高层次品格的培养和发展，教师应注意在学科主题意义的引领下，根据学生学习的实际发展情况，合理确定教学重难点、教学评价目标，以便开展适当的教学设计。二是应落脚于教师对课堂教学深层次语篇内容的深刻研读。为了引导学生实现教育立德树人之重要根本，通过纵观每篇主题内容和学生具体的写作意图，全面把握每个主题语篇内容及蕴含的逻辑结构、语言风格和具体的写作手法，全面深入地探究每个主题意义。三是应落脚于英语学习活动观。教师积极探索学习活动主题语境，创设出符合学生实际学情，利于引导学生在实践中深入探究核心主题意义内涵的英语情境，让学生真正通过这种情境学习、获得理解知识和用言语表达的思维能力。教师必须时刻以主题语境为核心引领以语篇结构内容为基本依托，搭建好"脚手架"，给学生提供有效的信息输出和信息输入，由表及里、由浅入深，铺垫好每个探究课堂单元的主题意义。

对主题意义由浅入深的理解和探究过程可以帮助学生形成完善的思维能力和乐观积极的人生观、价值观，也能够促进学生全面成长。基于主题意义的读写活动有助于培养学生的实操能力、探究能力和创新能力，促进其英语学科核心素养的发展。在学习实践中，学生应以主题意义探究为引领，依托语篇，通过活动有机整合语言知识、语言技能、文化知识、学习策略，在提炼、整合、分析、比较、概括、评价语篇意义的过程中学习语言，形成结构化知识，促进认知建构与发展（王蔷，2015）。主题意义引领下的英语写作教学理念是一个出发点和切入点，更是学习内容的纽带。探究主题意义应该永远牢记重点在于着眼学生的核心素养、实践迁移与创新，体现知行合一。

4. 新课标要求下的主题意义及其探究教育的教学意义

第一，确保课堂教学设计的学习环节及内在价值目标之间的协调统一性。主题意义教学的重点是，给学生提供和创造一个具体、生动、形象的主题课堂环境，学生可以接触到、学习了解到、感悟到的内容是一个与该主题学习相关联的主题群。在这种主题意义教育的引导下，教师还可以进一步结合学科课程知识结构及培养学生多方面阅读兴趣的目的和知识需求，确定出具体的学习主题，教与学方式的选择、教与学的效果如何评价等内在教学逻辑过程，都会被有机地呈现在学生面前。

第二，培养学生思维进步、深层次自主学习、合作和探究式的学习能力。主题意义逻辑探究学习是由表及里、由浅入深的渐进发展过程，学生不断进行深化的探究活动，思维层次自然会不断进阶。为了更好地挖掘活动主题内容的核心意义，所有问题、活动的设计都有很强的主线意识，有紧密的逻辑关系、层次性、递进性，这种内在主线意识与内在线性逻辑的有机统一，有利于教师"启发式"教，学生"探究式"学。

新课标中强调了主题意义教学的重要性，探究主题意义学习往往涉及语篇的深层含义，如作者的写作意图、情感态度及批判性思维等。教师在学习并探究文章主题意义的过程中，师生互动会有助于对文章主题意义进行更深层次的解读。在整个研读过程中，核心素养可以得到良好发展。教师在组织课堂教学及研讨的过程中，不断尝试培养学生自主体验探究活动的主题意义，学生在活动中逐渐养成正确向上的社会价值观和积极乐观的生命情感态度，学科育人的良好作用也得以体现。

第三，教师课堂教学设计以主题意义探究为重点。主题意义的探索是一个循序渐进的过程。前面曾提到在实际课堂教学的设计中，一部分教师易受到我国传统课堂结构模式的影响，常常以对词汇、语法技巧等日常语言能力的强化学习为主线，这样容易引起教学方式和知识内容之间逻辑关系不紧密，由此导致整个课堂教学过程不连贯，教学内容不充实。部分教师还在教学实践设计中，耗费大量的时间精力在学习语法方面，忽视了三维目标——情感、态度与价值观，难以与《标准》所要求的目标达成一致。教师通过准备教学设计、开展课堂教学，以及引领学生探究，逐步培养学生在未来的学习和阅读中也能按照教师所传授的"主题意义探究"模式阅读和理解篇章，循序渐进地输出主题式阅读的能力。

综上所述，主题意义探究背景下开展的语言阅读实践教学，是基于主题意义进行探究学习与聚焦语言知识进行拓展学习的结合活动。学生在充分自主探究主题意义的过程中，实现基于阅读内容的自主学习，发展语言思维品质。教师在引导其探究主题意义的过程中，学生自身的知识核心素养会随之得到同步完善与全面发展。换句话说，教师首先要以主题意义为载体，有效整合主题内容，引领学生提升语言能力、文化意识、思维品质和主动学习，实现全面发展。这可能解决之前由于语篇教学中逻辑不连贯的学习模式，造成的语言知识获取和日常语言技能训练无法独立完成，且不能实现相辅相成，以及语言学习无法脱离日常生活的真实语境，不能达到学以致用等问题。

在教学研究过程中，由于课程主题的内涵不同、语篇文体方式不同、时空内容的相异程度不同等特点，要求教师参与课堂活动设计的思路要较为灵活，既强调切实坚持内在与逻辑统一的教学思路，又力求避免实践性教学活动设计的模式化、固态化。教师在实施英语主题课教学工作时，要能够系统地梳理和运用英语新课程理念和思维，研究总结真正符合当前教学的理念方法和教学设计。总之，教师应该始终以教学目标为出发点、以主题意义为中心，依托对语篇的学习和探究，结合学生真实的生活场景，开展一系列逻辑紧密的英语教学活动。再围绕该主题进行归纳提炼，引导每位学生深入学习与主题相关的核心知识，在该主题内容知识的引导作用下，不断进行有针对性的学习，突破知识重点进行实际应用和综合实践。通过该主题教学课程的成功实施，教师要让学生学会根据课程特定的知识范围进行学习探究，关注课程主题意义并探究它给课堂与教学带来什么样的示范引领作用。教师应该深入探究《标准》中课堂和教学设计内在主线意识与内在线性逻辑，一步步地改变之前以词汇、语法等语言技能为重点的课堂教学设计。教师在设计课堂教学过程中，应保证教学目标和学生课堂目标的一致性和关联性。与此同时，鼓励和启发学生在学习生活中积极创新、思考与批判，提高学生的语言综合能力、英语学习能力和创造性思维品质，最终实现一个"人"的完整培育。

（三）主题意义在英语写作中的作用

读后续写中"读"和"写"的联结点在于文章作者的信息传递和文章读者的信息接收。建立在主题意义基础上的读后续写要求学生紧紧围绕主题语境，在有效理解前文的前提下，对文本进行深度处理，吸收文本中各个层面的语言信息，再在教师相关教学策略的引领下，针对不同语篇的文本特征，将以阅读理解中吸收到的内容与形式特征迁移并应用到写作过程中。

1. 探究主题意义，分析读后续写中"读"的结构

读后续写的语篇类型主要有记叙文、夹叙夹议，或以记叙为主、说明为辅的文章，无论是哪一类型的语篇，都与作者的写作意图紧密相关。不同的语篇类型服务于不同的写作目的，进而表达不同的主题意义。写作目的一般分为：描述经历与事实、传递信息和论证观点。这就是我们对不同文体进行划分的依据，也与《标准》对语篇知识的要求一致。

教师在指导学生阅读过程中，应该先停留在语篇结构层面，带领学生理解文章是如何连贯和衔接各层次意义关系的，以此作为分析作者写作意图或目的的切入点，探究主题的意义。以《2021年英语全国课标II卷》读后续写 *A Mother's Day Surprise* 为例。首先，教师可以给出两个阅读任务：一是找到前

文每个段落的主旨大意句,二是用一些关键词概括每个段落。这两个任务的目的在于指导学生通过找主旨大意句快速获得段落主题意义,在了解语篇大致结构后自主概括段落大意,初步把握篇章整体的主题意义,此为"读"结构。其次,让学生通过记叙文的6要素:Who, Where, When, What, Why, How,引导学生从时间、地点、事件、原因、经过及结果对文章故事脉络进行梳理,对文章关键信息进行提取,实现对主题意义进一步的把握,此为"读"要素。再次,带领学生关注续写两个段落的首句,根据第一段首句"As the twins looked around them in disappointment, their father appeared"可知,"救世主"出现了,即双胞胎的父亲。根据第二段首句"The twins carried the breakfast upstairs and woke their mother up"可知,早餐最终做好了。所以,读续写段落的首句,再回顾标题"A Mother's Day Surprise"就可以帮助学生厘清脉络,也基本决定了故事的走向。在这个过程中,我们也了解到本篇的主题意义是关于母亲节的惊喜,与家庭、亲子关系、感恩意识,甚至成长意义等方面联系紧密,那么在体会到主题意义的同时,也为之后的续写提供了丰富的素材,此为"读"句首。最后,不仅要让续写部分与前文在内容情节和逻辑思维上紧密融合,还应使其在情感上充分契合。正所谓"言为心声",语言是作者表达情感的有力工具,人物感情的变化往往会对情节的发展起到关键性作用。当读者基于主题意义抓住了人物情感变化的主线时,文章的情节脉络也会更加清晰,此为"读"情感变化。

因此,想要完整且顺畅地完成读后续写,必须要从文章的结构、要素、情感变化等方面深度研读语篇,把握文章脉络,挖掘主题意义,并根据标题和段落首句对故事发展进行预测,为续写奠定基础。

2. 深化主题意义,搭建续写支架

在阅读语篇过程中,教师应引导学生在阅读完成后,可以将视角在文本材料、读者和教学活动这三者之间转换。在有效使用语境中的阅读材料的同时,促使学生打开思维空间,促进学生独立地表达见解。以《2021年英语全国课II卷》读后续写"A Mother's Day Surprise"为例。基于主题意义的"读"已然让学生明确了文本结构、内容和发展线索,所以在续写这一环节,我们需要深化主题意义,为学生搭建续写的支架。首先,带领学生进行前情回顾,即梳理前文:本文是一篇记叙文,讲述了一对双胞胎在母亲节这天想在厨房给母亲做一份早餐以庆祝这个节日的故事。第一段讲到双胞胎计划在母亲节这天给妈妈一个惊喜，为她做早餐。第二段描述了母亲节这天，双胞胎来到厨房煮粥、做吐司。第三段则描写了粥煮沸后溢了出来，把火浇灭了，灶台乱糟糟的。Jeff的手被烫着了，面包片煎糊了。梳理完毕之后，依据文章大意确定写作内容。这一步骤通过对前文的具体描述，让学生把阅读到的内容转化成了具体的情境画面，便于之后顺着这一画面对情节和语言进行扩充。其次，依据关键信息设计故事情节。续写根据第一段首句"As the twins looked around them in disappointment, their father appeared"可知，"救世主"出现了，即双胞胎的父亲。后面的内容应该是父亲帮助双胞胎做好了早餐（解决了问题）。根据第二段首句"The twins carried the breakfast upstairs and woke their mother up"可知，早餐最终做好了。后面的内容应该是母亲见到早餐后很惊喜、很感动。大体走向确定之后就可以添加细节了。

第一段续写：父亲了解了情况—父亲让双胞胎打扫厨房（解决了厨房一团糟的问题）—父亲帮助做早餐（解决了早餐做失败的问题）。

第二段续写：双胞胎祝母亲节日快乐—母亲看到早餐后很惊喜—母亲吃了早餐—母亲赞扬了双胞胎。

这一指导步骤是在句首和前文细节的基础上让续写内容和前文产生联系。

最后依据感情变化，烘托故事气氛。在整个故事中，作者的情感变化从disappointed到happy。在续写的两个自然段中，可充分利用这条情感线烘托故事气氛，使内容更加丰富。这一步骤的目的是得到了使情感变化更加自然流畅，也使主题意义得到了升华。

教师围绕前情回顾、故事情节、情感变化三个方面设计学习活动，基于主题意义的探究，通过主题意义的深化，为学生建立语言的表达支架，逐渐提高学生的表达能力，有效地将读后续写中的"读"和"写"紧密地结合了起来。

3. 凸显主题意义，培养读写思维

读与写相结合可以有效有效提高学生的思维品质。教师应在此认知基础上做到以读促写、以写导读，从文本中获得有效元素以提升写作水平，同时加深对文本的理解分析。其实，读和写既是一种书面交际，也是一种思维过程，且二者的内在本质是一致的，所以教师可以利用其可逆的特点，启发学生在阅读文本时理解作者的写作意图，还原其思维过程，学习体会作者的表达方式，并提高个人的理解水平。教师在教学过程中，也可以借机让学生在续写时从读者的角度出发，用恰当的方式选择要表达的内容。

（四）结束语

围绕有意义的主题进行英语教学，强调语言在实际生活中的应用，体现了语言教学的情景化与生活化，有效地把语言教学与生活实际结合起来。正如王蔷所言：学生以主题意义探究为目的，以语篇为载体，在理解和表达的语言实践活动中，融合知识学习与技能发展，形成新的理解，塑造正确的人生观和价值观，促进英语学科素养的形成和发展。随着读后续写教学理论的不断成熟，教学活动形式的不断发展，奋斗在一线的英语教师应当深入学习其理论依据，丰富教学活动形式，多角度、多层次、多元化的深入探究读后续写策略，从而帮助不同层次、不同能力水平的学生提高写作水平。

第二节　研究背景

一、双新背景

《标准》在对"核心素养""学习活动观"的认识上，对高中英语教师提出了新的要求，要改变传统的教学观念，创新教学方式。教师应当主动、积极地探索新课程、新教材的"双新"教学模式，以符合高中英语阅读教学和高中英语写作教学的现状及新课程标准对高中英语阅读课和写作课的要求。

"双新"背景下，新课标指出，阅读在高中英语教学中有着举足轻重的地位，教师应该主动引导学生了解和掌握阅读材料中篇章体裁的结构，提升学生的阅读能力，了解阅读和写作是相辅相成的，并有着重要的作用和意义。高中英语教学中阅读和写作教学的融合发展是高中英语教师们应当关注的教学重点和难点。科学、有效的英语阅读教学和写作教学的方法和策略，既可以显著提升学生的阅读和写作能力，还能帮助学生有效积累英语知识，提高学生的英语学科核心素养，实现学科育人的目的。新高考的新题型读后续写可以有效地将阅读和写作、语言的输入与输出结合到一起，以读促写、以写促读，把阅读和写作深深融合在一起，大大增强了学习者和阅读语篇的互动力度。在此背景下应运而生的多轮续写训练，则是读后续写的进阶版写作训练。它就是将一篇故事或小说分解成几个片断，在这个故事或小说的主题之下，先进行阅读再进行续写和评价。开展多轮续写的教学，需要经历阅读、检测、指导、写作、评价等几个步骤，提升学生写作的协同意识，达到语篇与学生充分互动的目的。其间，学生识别语篇，判断语篇的意图，获取重要信息和观点；识别语篇中主要事实与观点之间的逻辑关系，理解语篇中特定语言的使用意图及其在反映情感态度、价值观中所起的作用。阅读材料的同时还要兼顾故事的主题，主题是对作者的价值观和世界观的体现，为了理解到更普遍的故事意义。在多轮续写过程中，需要学生积极地阅读和思考，对语篇进行深入的理解和解读，进而形成积极的态度和观点，创作出主题意义明确、情感态度良好和社会价值观正向的习作。

二、学生读写能力的现状

（一）高中英语教师对于读后续写课堂教学的认识

《高中英语读后续写教学现状调查问卷（教师卷）》共有19道问题，第1—3题是教师的教育教学背景；第4—10题是调查教师对读后续写的认识和态度；第11—15题是对教师读后续写教学方法的调查；第16—19题是对教师使用的读后续写的评价标准和方式的调查。

1. 教育教学背景

表3-1中的调查数据显示，参加本次调查的教师大多是高一、高二年级的英语教师，且比例相当，均为39%。高三教师的比例为21.21%，其中大部分是教龄在10年以上的教师，学历全部为本科及以上。

表3-1 教师的教育教学背景

问题	选项	小计/人	比例/%
1.您所教的年级是： [单选题]	A. 高一	26	39.39
	B. 高二	26	39.39
	C. 高三	14	21.21

续表

问题	选项	小计/人	比例/%
2. 您的教龄是：[单选题]	A. 5年以内	18	27.27
	B. 6—10年	9	13.64
	C. 10年以上	39	59.09
3. 您的学历是：[单选题]	A. 大专及以下	0	0.00
	B. 本科	47	71.21
	C. 硕士及以上	19	28.79

2. 教师对读后续写的认识和态度

表3-2让我们了解到高中英语教师对读后续写这一高考写作新题型的认识和态度。第4题的调查数据显示，60.61%参与调查的教师认为读后续写的难度系数较高。即便如此，通过题7我们可以了解到，绝大多数的教师认为比起单纯的写作课，读后续写对学生写作能力的提升更大。为了提升学生在读后续写方面的写作能力，定期的写作教学及练习自然必不可少。第5题的调查数据表明，13.64%的教师认为每周两次读后续写教学比较合适，37.88%的教师认为每周一次的频率较为合适，31.82%的教师认为每两周一次更为有效，而16.67%的教师则认为每月一次的读后续写教学是最佳频率。由此可以看出，教师在多久进行一次读后续写教学方面持有不同意见，每周一次或每两周一次是教师普遍接受的写作教学及练习频率。在教师的自我提升方面，由第6题的数据可以看出，78.79%参与调查的教师会在时间允许的情况下主动观看读后续写的课例或期刊文章，仅有15.15%的教师选择了经常观看这一项，甚至还有6.06%的教师从未主动观看读后续写的课例或期刊文章。由此项我们能够了解，面对读后续写这一高考写作新题型，不仅学生需要在读写能力上提升自己的语言运用能力和写作水平，一线教师也需要多了解相关的教学策略和引领方式，从而提高课堂效率，提供给学生有效的写作技巧和语言提升策略。在第8题在读后续写教学中哪个部分最重要的问题中，53.03%参与调查的教师选择了文本解析，31.82%的教师选择了谋篇布局，仅10.61%的教师选择了语言优化。比起以往应用文写作更重视的语篇结构和语言质量，教师已然意识到读后续写中"读"的分量，这将为"读"的教学指导树立积极的观念，并积累更多相关素材。例如，读首句、读要素、读篇章结构、读情

感变化等阅读策略。第9题的调查结果反映出教师虽然重视读后续写中的"读"，但普遍认为谋篇布局和语言优化是读后续写中教学难度最大的两个方面，也从侧面说明虽然读后续写改变了传统应用文写作的模式，但考查学生综合语言能力和语用能力的目的还是一致的。因此在探究读后续写的写作策略与方式的同时，还需要重视有质量的语言输入与积累。

最后，在第10题的调查结果中，我们可以发现一线英语教师关注的读后续写文本主要与主题语境的三大部分，即人与自然、人与社会及人与自我相关。还有语篇的难度和体裁，相关数据也证实了主题意义在读后续写中的作用这一研究主题在实际教学中的价值和意义。

表3-2　教师对读后续写的认识和态度

问题	选项	小计/人	比例/%
4.您认为读后续写的题型难吗 [单选题]	A.很难	21	31.82
	B.有点难	40	60.61
	C.适中	5	7.58
	D.不难	0	0.00
5.您认为多久进行一次读后续写教学合适 [单选题]	A.每周二次	9	13.64
	B.每周一次	25	37.88
	C.每两周一次	21	31.82
	D.每月一次	11	16.67
6.您是否会主动观看学习读后续写的课例或期刊文章 [单选题]	A.经常	10	15.15
	B.有时	52	78.79
	C.从不	4	6.06
7.您认为读后续写课比单纯的写作课对于写作能力的提升更大 [单选题]	A.非常赞同	19	38.79
	B.比较赞同	37	56.06
	C.都一样	6	9.09
	D.不赞同	4	6.06

续表

问题	选项	小计/人	比例/%
8.您认为以下几个方面在读后续写的教学中哪个最重要 [单选题]	A.文本选材	2	3.06
	B.文本解析	35	53.03
	C.谋篇布局	21	31.82
	D.语言优化	7	10.61
	E.习作评价	1	1.52
9.您认为以下几个方面在读后续写的教学中哪个难度最大 [单选题]	A.文本选材	8	12.12
	B.文本解析	9	13.64
	C.谋篇布局	30	45.45
	D.语言优化	18	27.27
	E.习作评价	1	1.52
10.您在读后续写的文本选择中，会关注以下哪些方面 [多选题]	体裁	33	50.00
	主题（人与自然/社会/自我）	42	63.64
	语篇难度	49	72.24
	篇幅长度	23	34.85
	文章结构	29	43.94
	趣味性	19	28.79
	情感态度	39	59.09
	价值观	31	46.97
	是否符合高考题型要求	41	62.12
	其他	0	0.00

3. 教师对于读后续写的教学方法

表3-3所显示的调查结果让我们对一线教师在读后续写方面的教学方法和策略有了进一步的认识和了解。第11题的调查结果表明，绝大多数教师倾向选择小说和记叙文来作为读后续写的材料，这是为了顺应高考读后续写的文体风格，说明教师多从应试的角度在教学中实施读后续写的写作方法和策略。当第12题问到教师会从哪些方面分析读后续写的文本时，教师的选择在体裁、主题意义、文章结构、文章情节、语言风格、人物情感线、人物性格、文化

内涵等方面均有涉及，其中文章内容和情节占89.39%，是教师最为关注的方面。此题设为多选题，是因为教师在课堂教学中进行读后续写的文本分析时关注点广泛，但这种广泛程度让文本分析有些复杂化了。学生在实际写作中是否能在有限的时间内真正关注到各种写作要点，这是需要教师思考的问题。第13题的调查结果显示，教师大多会在读后续写的课堂中采用任务驱动法、讨论法、讲授法、启发法等教学方法来进行教学，尤其是讨论法和任务驱动法，说明教师偏爱通过启发的方式合理发掘学生的想象力，从而提升他们的逻辑思维能力。从第14题和第15题的调查结果可以看出，当具体到如何引导学生构思续写段落内容和怎样分析文本语言的问题时，教师几乎都会引导学生续写段首句的关键信息，引导学生关注人物情感、性格特点，梳理故事情节并启发学生预测故事发展，引导学生关注作者的写作目的从而推断故事发展，以及引导学生关注阅读文本中与故事发展相关的细节信息，这些都是非常细致且有效的关于读后续写的指导策略。第15题的调查结果显示，在读后续写的教学中如何分析文本语言方面，90.91%的教师选择了细节描写，高级句型、高级词汇、修辞手法、语言特点等也占据了相当的比重。读后续写体裁多为夹叙夹议类，其中不乏环境描写、动作描写和情感描写，这些都是细节描写的范畴，说明教师在语言分析方面紧密结合读后续写材料的体裁特点，有意识地"读"，才能为后续的"写"提供细节依据和语言支撑。在关注语言形式的基础上，还需关注语言的质量和情感价值的积极传递，争取做到言之有序、言之有理、言之有情。

表3-3 教师读后续写的教学方法

问题	选项	小计/人	比例/%
11. 您倾向于选择以下哪些类型的文本来作为读后续写的材料 [多选题]	小说类	40	60.61
	散文类	11	16.67
	诗歌类	2	3.03
	戏剧类	6	9.09
	记叙文类	54	81.82

续表

问题	选项	小计/人	比例/%
11. 您倾向于选择以下哪些类型的文本作为读后续写的材料 [多选题]	说明类	9	13.64
	议论类	10	15.15
	应用类	4	6.06
	其他	0	0.00
12. 您会从以下哪些方面分析读后续写的文本材料 [多选题]	体裁	32	48.48
	主题意义/作者写作目的	45	68.18
	文章结构	36	54.55
	文章内容/情节	59	89.39
	语言风格/特色	40	60.61
	人物情感线	51	77.27
	人物性格	40	60.61
	文化内涵	28	42.42
	其他	0	0.00
13. 您在读后续写课堂中会采用什么样的教学方法 [多选题]	交际法	12	18.18
	任务驱动法	41	62.12
	讨论法	46	69.70
	讲授法	37	56.06
	演示法	24	36.36
	情境教学法	33	50.00
	问答法	20	30.3
	启发法	34	51.52
	其他	0	0.00
14. 您在读后续写课堂中如何引导学生构思续写段落内容 [多选题]	提示学生续写段首句的关键信息	52	78.79
	引导学生梳理故事情节并启发学生预测故事发展	57	86.36
	引导学生关注人物情感、性格特点并启发学生预测故事发展	52	78.79

续表

问题	选项	小计/人	比例/%
14.您在读后续写课堂中如何引导学生构思续写内容 [多选题]	引导学生关注作者的写作目的从而推断故事发展	50	75.76
	引导学生关注阅读文本中与故事发展相关的细节信息	51	77.27
	其他	0	0.00
15.您在读后续写教学中将会从哪些方面分析文本材料中的语言？ [多选题]	修辞手法	37	56.06
	细节描写	60	90.91
	高级句型	46	69.70
	高级词汇	39	59.09
	语言特点	46	69.70
	其他	0	0.00

4.教师对于读后续写的评价标准和方式

表3-4让我们了解到，一线高中英语教师对于读后续写的评价标准和方式。第16题中，教师的评价方式包括学生自评、生生互评、师生共评和教师独评，其中87.88%的教师选择师生共评，选择学生自评和生生互评的教师分别占62.12%和69.7%，选择教师独评的只占45.45%，17题分析并且从第18题和第19题还能看出，71.27%的教师有时会自己写读后续写的下水文章，13.64%的教师则经常会自己写读后续写的下水文章。有57.58%的教师有时会和学生一起评价自己写的读后续写的下水文章，有10.61%的教师则会经常和学生一起评价自己写的读后续写的下水文章。27.27%的教师则表示自己从不会和学生共评下水文章。由此可以看出，教师的评价方式已经从以往传统的教师独评发展到多模式的评价方式，说明教师已然意识到单一的评价有一定的主观性，同时也会因为一些其他因素对作文的评价存在偏差。而学生自评、生生互评和师生互评的方式可以有效地避免这个问题。不仅能让学生从阅卷教师的角度了解评分标准和方式，从而反思自己写作上的问题，进而有意识地改善和提高，还能在一定程度上激发学生间的良性竞争意识，在欣赏好的情节构思和语言质量的同时促进自我进步。此外，教师自己写读后续写的下水文章并和学生一起评价的方式值得推广和学习，以教师的经验和角度把握故事的情节走向、语篇结构及语言描写，对学生进行示范引领，能够彼此促进，提高

课堂的趣味性，营造浓厚的学习氛围。从第17题关于读后续写评价标准的调查结果可以看出，绝大多数教师十分注重文章与所给段首句的逻辑融洽度、书写美观、语法词汇的丰富与准确性上，内容的丰富性也占据了相当的比重。逻辑性、上下文衔接及内容的合理性也是评价读后续写的重要标准之一，但对作文评价重语法、轻构思的方式则容易造成学生认为续写作文的评价主要集中在语法知识的运用上，而忽视了对构思的故事情节的客观评价。所以结合评分标准，教师还应注意把握给分的尺度，并有所侧重。

表3-4 教师对于读后续写的评价标准和方式

问题	选项	小计/人	比例/%
16.您的读后续写习作的评价方式是什么 [多选题]	学生自评	41	62.12
	生生互评	46	69.70
	师生共评	58	87.88
	教师独评	30	45.45
17.您对于读后续写习作的评价标准有哪些 [多选题]	书写美观	51	77.27
	与所给段首句的逻辑融洽度	63	95.45
	语法结构与词汇的丰富性和准确性	60	90.91
	内容的丰富性	51	77.27
	其他	0	0.00
18.您会自己写读后续写的下水文章吗 [多选题]	A.总是	3	4.55
	B.经常	9	13.64
	C.有时	47	71.21
	D.从不	7	10.61
19.您会和学生一起评价自己写的读后续写的下水文章吗 [多选题]	A.总是	3	4.55
	B.经常	7	10.61
	C.有时	38	57.58
	D.从不	18	27.27

（二）高中学生英语读写能力现状调查

《高中学生英语读写能力现状调查问卷（学生卷）》共有22道问题，第

1~12题是关于高中学生平时学习及考试中读后续写这一部分的写作情况；第13~22题主要调查学生对当前英语读后续写课堂教学模式的评价。

1. 高中学生读后续写写作情况调查

从表3-5中由第1题、2题、3题、5题可知，在被调查的学生中，仅有30%—45%的学生在读后续写中会梳理故事内容和情节，分析主要人物性格特征和理解人物情感，在写作前先列出主题意义和写作计划，并在把握住材料主题意义的基础上挖掘题材、构思内容。这个数据反映出严重的读后续写学习策略问题。读后续写中只有保持充足的输入才能保证有效的输出，即在阅读前文时必须要对文本内容的充分理解和深入探究细节，才能保证学生续写时有一个可用的背景知识支撑。根据前期对高中英语教师读后续写课堂教学策略的调查，大多数教师是有意识地进行了文本阅读的方式指导，但数据表明教师在续写前的阅读指导还应加强，并且要落到实处。

由第6题和第7题可知，53%的被调查学生会在写完涵盖一个主题的几句或一段话后停下来读读，但在被问及是否会注意不同体裁（如会话、记叙、说明等）的特点，并在文章中通过措辞体现出来时，大部分学生表示不确定，仅有35.61%的学生表示会注意。由此可见，学生会有意识地在写的过程中回顾前文的故事情节，并由此确定接下来的续写内容。这可能是因为在续写前没有把握整体主题意义和写作计划，所以需要边读边写，也有可能是出于对前文主题再次确认的需要，但不管是哪一种情况，都表明学生在续写前的阅读中不够深入，对主题意义的把握不够确切。而多数学生表示不确定文章的体裁这一点，也反映出学生对文章的语言风格不够关注，对后续的写作有一定影响，可能会导致前后文语言特点不一致。有教师和学生认为通过大量模仿前文的语言风格就可以提高读后续写的语言质量，其实不然。续写并不等同于仿写，续写更关注学生在表达上的"活"，是创造性地使用词汇和表达。王初明曾指出，"高效促学语言的奥秘是对在语境中接触到的新词生句，学习者在创造内容过程中模仿用过一次便易记住，随后用得出来，而将产出与理解捆绑起来的'续'正好运用了这一高效促学程序"。

由第8题和第9题可知，在被调查的学生当中，有48.29%的学生会关注到文章的结构、分段是否合理、篇幅分布是否均衡的问题，有51.71%的学生则表示能够注意句与句之间、段落之间的逻辑关系与衔接，但仍有50%左右的学生表示不确定或不会在意谋篇布局和上下文的逻辑与衔接。

第10题和第11题的调查结果显示，仅有30%左右的被调查学生会在写完之后再对文章主题和语言进行检查并修改，这跟教师的教学、学生的写作习惯及写作时间是否充分有很大的关系。

由第12题和第13题可知，有60%的被调查学生对自己构思的故事结尾表示喜欢和满意，只有30%的学生表示会将自己写的和同学所写的同一主题作文进行对比。写完后的分享学习是课堂写作教学的重要促学手段，因此教师应多提供机会和平台，让学生之间交流分享各自作文的长处和不足之处，达到互学互利的目的。

表3-5 高中学生读后续写的写作情况

问题	选项	小计/人	比例/%
1. 在读后续写的阅读材料中，我每次都能读懂故事内容和梳理故事情节 [单选题]	A. 完全符合	26	8.90
	B. 通常符合	107	36.64
	C. 不确定	94	32.19
	D. 通常不符合	46	15.75
	E. 完全不符合	19	6.51
2. 在读后续写阅读材料中，我每次都能把握住材料的主题意义 [单选题]	A. 完全符合	23	7.88
	B. 通常符合	109	37.33
	C. 不确定	106	36.30
	D. 通常不符合	37	12.67
	E. 完全不符合	17	5.82
3. 在读后续写中，我每次都能分析出主要人物性格特征和理解人物情感 [单选题]	A. 完全符合	26	8.90
	B. 通常符合	100	34.25
	C. 不确定	110	37.67
	D. 通常不符合	37	12.67
	E. 完全不符合	19	6.51

续表

问题	选项	小计/人	比例/%
4. 我会经常阅读英语课外书籍 ［单选题］	A. 完全符合	15	5.14
	B. 通常符合	25	8.56
	C. 不确定	65	22.26
	D. 通常不符合	106	36.30
	E. 完全不符合	81	27.74
5. 写之前，我不会直接开始写作，而是在脑海或纸上先列出主题意义和写作计划 ［单选题］	A. 完全符合	45	15.41
	B. 通常符合	98	33.56
	C. 不确定	69	23.63
	D. 通常不符合	49	16.78
	E. 完全不符合	31	10.62
6. 我会在写完涵盖一个主题的几句或一段话后停下来读读 ［单选题］	A. 完全符合	51	17.47
	B. 通常符合	105	35.96
	C. 不确定	64	21.92
	D. 通常不符合	50	17.12
	E. 完全不符合	22	7.53
7. 我会注意不同体裁（如会话、记叙、说明等）的特点，并在文章中通过措辞体现出来 ［单选题］	A. 完全符合	38	13.01
	B. 通常符合	66	22.60
	C. 不确定	97	33.22
	D. 通常不符合	59	20.21
	E. 完全不符合	32	10.96
8. 我的文章分段合理，篇幅分布均衡 ［单选题］	A. 完全符合	45	15.41
	B. 通常符合	96	32.88
	C. 不确定	86	29.45
	D. 通常不符合	46	15.75
	E. 完全不符合	19	6.51

续表

问题	选项	小计/人	比例/%
9. 我写作时，能够注意句与句之间、段落之间的逻辑关系与衔接 [单选题]	A. 完全符合	37	12.67
	B. 通常符合	114	39.04
	C. 不确定	83	28.42
	D. 通常不符合	39	13.36
	E. 完全不符合	19	6.51
10. 当我写完后，我会反复阅读并检查文章主题是否明确，而不是直接上交 [单选题]	A. 完全符合	31	10.62
	B. 通常符合	70	23.97
	C. 不确定	88	30.14
	D. 通常不符合	70	23.97
	E. 完全不符合	33	11.30
11. 修改时，我能检查出2—3处的错误，并予以更正 [单选题]	A. 完全符合	21	7.19
	B. 通常符合	48	16.44
	C. 不确定	103	35.27
	D. 通常不符合	81	27.74
	E. 完全不符合	39	13.36
12. 我会将自己写的和同学所写同一主题作文进行对比 [单选题]	A. 完全符合	21	7.19
	B. 通常符合	57	19.52
	C. 不确定	67	22.95
	D. 通常不符合	93	31.85
	E. 完全不符合	54	18.49
13. 我喜欢自己构思故事的结尾 [单选题]	A. 完全符合	61	20.89
	B. 通常符合	113	38.70
	C. 不确定	62	21.23
	D. 通常不符合	31	10.62
	E. 完全不符合	25	8.56

2. 高中学生对当前英语读后续写课堂教学模式的评价

由表3-6中第14题可知，在被调查的学生中，认为在写作课互评中，同学能针对写作主题、内容和语言给出中肯建议的仅占33.53%,另有33.22%的学生表示不确定,还有33%左右则认为不能给到中肯的建议。这说明在生生互评这种读后续写的教学模式中,可能存在一些潜在的问题。例如,教师对生生互评指导不到位,学生的评价能力有限,评价指标设计不够合理等。为解决这些问题,教师需要更科学地布置评价任务设置有效的监督和引导,而不是将互评的作文随机发放,不考虑学生的层次和英语水平,导致基础薄弱的学生无法进行合理评价,只能敷衍,甚至越改越错。

由第15题和第16题可知,完成教师布置的续写任务后会特别有成就感的被调查学生占比有42.46%,而对于教师批改过的作文只看一眼分数和评语的也有不少,约44%。说明高中学生对于读后续写的重视程度呈两极分化的状态,究其原因,学生不重视读后续写可能与其自身英语学习兴趣不高和语言能力较低有关。因此,如何提高这部分学生对于读后续写的写作兴趣是值得思考的问题。

由第17题可知,有67%的被调查学生希望在写作过程中由教师帮助审题,并提供同类作文或相关资料,便于从中得到启示。第18题、19题、20题、21题都是关于高中学生喜欢的课堂教学模式,其中包括先学习作文理论而后写作文,师生互动后再写作文,教师对作文提出修改意见、建议这类作文评语,教师评讲为主、学生互评为辅的作文评讲方式,绝大多数被调查的学生表示喜欢这些类型课堂教学模式。而第22题的调查结果则表明,约有64%的学生以不喜欢同学互评为主、教师指导为辅的作文评讲方式。第23题的调查结果显示,有66.44%的学生希望教师定期对他们进行系统的英语作文训练,并认为系统训练会对他们写好作文有很大帮助。从这些数据不难发现,高中学生对于读后续写这一写作新题型存在普遍的畏难情绪,这和读后续写本身有难度有一定的关系,也反映出学生可能因为英语语言基础薄弱,能力不够,缺少写作技巧等问题,导致过分依赖教师的指导,缺乏对读后续写写作的信心。孙强研究指出,情感态度中的学习兴趣、学习动机、自信心、意志力与合作精神等都会影响学习过程与学习效果。所以,教师除了应用合理的课堂教学模式给予学生恰当的写作指导之外,还应密切关注学生的情感态度,"以人为本",帮助学生克服对读后续写的畏难情绪,提高学生的自信心与意志力。建议教师可以在日常教学中结合主题意义发掘有效的情感资源和文化意义,以语篇为依托,在主题意义的探究和实践中打开学生的"话匣子",让他们敢于表达、乐于表达。

表3-6 高中学生对当前英语读后续写课堂教学模式的评价

问题	选项	小计/人	比例/%
14.写作课互评中，我的同学能针对写作主题、内容和语言给我中肯的建议 [单选题]	A. 完全符合	21	7.19
	B. 通常符合	77	26.37
	C. 不确定	97	33.22
	D. 通常不符合	62	21.23
	E. 完全不符合	35	11.99
15. 每次完成教师布置的续写任务后，我会特别有成就感 [单选题]	A. 完全符合	41	14.04
	B. 通常符合	83	28.42
	C. 不确定	84	28.77
	D. 通常不符合	50	17.12
	E. 完全不符合	34	11.64
16. 对于教师批改过的作文，我只看一眼分数和评语 [单选题]	A. 完全符合	43	14.73
	B. 通常符合	84	28.77
	C. 不确定	74	25.34
	D. 通常不符合	72	24.66
	E. 完全不符合	19	6.51
17. 我希望在写作过程中，教师帮助审题，并提供同类作文或相关资料，从中得到启示 [单选题]	A. 完全符合	75	25.68
	B. 通常符合	121	41.44
	C. 不确定	55	18.84
	D. 通常不符合	20	6.85
	E. 完全不符合	21	7.19
18. 我喜欢先学习作文理论而后写作文这种课堂教学模式 [单选题]	A. 完全符合	60	20.55
	B. 通常符合	113	38.70
	C. 不确定	64	21.92
	D. 通常不符合	34	11.64
	E. 完全不符合	21	7.19

续表

问题	选项	小计/人	比例/%
19. 我喜欢师生互动后再写作文这种课堂教学模式 [单选题]	A. 完全符合	66	22.60
	B. 通常符合	116	39.73
	C. 不确定	74	25.34
	D. 通常不符合	20	6.85
	E. 完全不符合	16	5.48
20. 我喜欢教师对我的作文提出修改的意见、建议这类作文评语 [单选题]	A. 完全符合	91	31.16
	B. 通常符合	129	44.18
	C. 不确定	46	15.75
	D. 通常不符合	16	5.48
	E. 完全不符合	10	3.42
21. 我喜欢教师讲评为主、学生互评为辅的作文评讲方式 [单选题]	A. 完全符合	63	21.58
	B. 通常符合	103	35.27
	C. 不确定	85	29.11
	D. 通常不符合	28	9.59
	E. 完全不符合	13	4.45
22. 我喜欢同学互评为主、教师指导为辅的作文评讲方式 [单选题]	A. 完全符合	28	9.59
	B. 通常符合	76	26.03
	C. 不确定	94	32.19
	D. 通常不符合	63	21.58
	E. 完全不符合	31	10.62
23. 如果教师定期对我进行系统的英语作文训练，我认为会对我写好作文有很大帮助 [单选题]	A. 完全符合	73	25.00
	B. 通常符合	121	41.44
	C. 不确定	66	22.6.0
	D. 通常不符合	16	5.48
	E. 完全不符合	16	5.48

（三）高中学生写作能力现状

我们通过写作测试题，对学生的写作能力现状也进行了分析。本部分是对高中生英语写作能力现状的调查，尝试通过分析目前学生们写作中的主要困难，并以此作为本书研究的切入点，解决实际教学中的问题。主要的调查问题如下：学生的英语写作能力存在哪些方面的问题？导致学生英语写作能力出现问题的原因是什么？

1. 研究对象

本次调查的对象为重庆市某重点中学高三学生。因为《标准》对高中毕业生写作能力的要求是达到八级写作水平，而高三学生整个高中阶段的基础学习任务已经完成，并且马上要迎接高考。在这个群体里面展开调查更有说服力。本次调查抽取了高三年级两个层次相同的班级进行对比研究，参加人数为88人，这两个班的成绩接近年级平均水平。

2. 研究方法

本次调查研究采用了测试法。对学生的英语习作进行分析，主要调查学生的语篇能力与语法能力。本研究为了量化学生的语篇能力与语法能力，特意邀请两位参加过高考评分的教师，分别对作文按照高考写作评分标准进行打分（见本章附录2）。作文总分25分，分为内容、结构、词汇、语法、书写等方面。作文样本为2021年全国新高考II卷读后续写题型，主题为关心家人，内容是双胞胎姐弟为了给母亲庆祝母亲节，早上为母亲准备早餐，结果把厨房弄得一团糟，这时爸爸回来了。要求学生续写之后的内容，字数在120词左右，限时写作。通过评分和错误分析，找出学生在作文中的共性和个性问题。

3. 调查结果与分析

通过对学生写作样本的收集，从读后续写卷面（满分25分）来看，实验班一最高分22分，1人；最低分0分，2人，未作答；1—5分，0人；6—10分，6人；11—15分，11人；16—20分，25人。实验班二最高分20分，5人；最低分0分，0人；1—5分，0人；6—10分，2人；11—15分，10人；16—20分，23人。综上所述，两个实验班写作分数和各分数段人数基本相同，分数最集中的是16—20分的区域。由此可见，大部分学生具备基本的英语书面表达能力。但从卷面来看，续写部分出现的失分点具有明显的共性，下面会从写作策略、语篇和语法三个方面进行具体的写作能力分析。

（1）高中生英语写作策略能力的分析。

写作策略对作文质量的影响十分重大，但是笔者在批改学生写作样本时发现，因为缺乏策略能力导致的文章主题不明、结构松散、要点混乱、低级错误较多等失分现象层出不穷。

首先，学生均认为在写作之前认真审题很重要，可是仍然有个别学生出现走题、偏题现象。但大部分学生对于主题的把握较为模糊，只凭感觉写作，没有在写作中突出主题的意识。其次，学生的构思策略和提纲策略很淡薄。个别学生表示在写作之前是不会进行构思的，而是看完题目就直接写作。部分学生表示会在头脑中简单构思，但没有在纸上列出提纲的习惯。两个班均只有少数学生表示会在纸上列出提纲。学生的反馈表明，虽然他们知道写作前要"看"题目，但会"看"并不等于会"审"，学生对于"看"完之后如何"审"还比较模糊。然而，在写作之前拟定提纲、罗列要点是让写作有效进行，覆盖要点全面、紧扣主题的重要保障。

在草稿策略的使用问题上，对于能较好体现写作能力的"词汇选择"和"背诵模仿策略"，少数学生表示可以用到刚学过的新词或句型。两个班学生均表示经常使用二语学习者在英语中常用的翻译策略、回避策略、简化策略，即他们先用汉语组织好语言，然后将其翻译成英文，会尽量避免使用陌生或拿不准的词或句型；如果不能用英语表达自己的想法，他们就简化或是放弃要表达的内容。长此以往，学生的英语写作水平可能会停滞不前，甚至倒退。这与《新课标》锻炼学生英文思维的方针相违背。这也是为什么学生写作中总是用些简单、重复的词和句型的重要原因之一。学生在高中阶段已经形成较强的思维能力和表达观点的能力，但是学生的英语输入量较少导致学生有很多不会表达，采取规避或简化策略使得文章缺乏深度，或者用所学知识臆造出许多错误表达，使得文章逻辑不通。

在写完作文后是否对文章进行修改这个问题上，两班都只有少数学生的答案是肯定的。说明学生基本没有主动修改作文的意识，也不知道该如何修改自己的文章。在问到写完后是否会在同伴之间交流修改时，大部分学生表示不会征求同学的意见。但是有高达70%—80%的学生表示会把自己的作文交给教师看，听取教师的意见。由此看出，教师在学生作文评价当中发挥了核心作用，教师的评价对学生的写作提升有不可取代的作用。

但在学生作文修改时，教师评价是否是唯一的方法呢？学生的自我评价和同伴互评，应该得到更多学生和教师的重视，这样才能使多样化的评价方法发挥更大的促学作用。

（2）高中生语篇能力的分析。

本部分主要是对学生的写作样本进行分项评分和错误分析，通过内容与结构部分的得分及学生在主旨句、连接词等方面出现的错误，反映学生的语篇能力的强弱。

在主题的把握上，有90%的学生能够通过阅读初步判断文章的主旨大意，并顺着作者的思路进行思考，不会偏离，只有个别学生对于主题的把握非常不到位。在写作过程中，大多数学生没有按照主题进行写作，有偏离主题的情况。有60%的学生在构建文章结构上出现问题，如无法写出结构清晰、完整的段落；对于结构连词的使用，要么不用、要么用错。还有30%的学生在结构连词上频繁出现错误。

（3）高中生语法能力的分析。

从语法角度来说，两个班几乎所有学生在文章中都出现了语法错误，值得注意的是，有60%的学生出现了时态混乱的错误，虽然原文为记叙文，时态以一般过去时为主，但是大多数学生还是出现时态混用的情况；还有学生在续写中的代词和冠词语法错误也较多，而在语态上没有出现错误；还有一部分学生在单词拼写和短语搭配上犯错较多。因此可以看出，两个班学生的英语基础都不是很扎实。

在阅卷过程中，笔者发现两个班学生多数采用简单句型，很少出现倒装、省略、从句、独立主格等高级语法现象，说明学生对于高级句型的输出能力较弱。两个班分别有75%和80%的学生在句子结构上犯了错误。该类错误在学生写作中的问题很严重。这类错误主要包括语序混乱、句子结构不完整等，出错原因主要受中文句子结构的干扰，因为学生对英语知识摄取和输入太少，缺乏英语准确表达的基础，导致对英语句子结构不熟悉，写的句子当中夹杂了过多的中文思考模式。词类错误也不容忽视，词类是指单词的词性。在学生写文章时，只思考了相应的英语单词来表达意思，却忽略了词性。在英语当中，一个词根可以衍生出许多不同意义，甚至相反意义的词，但是它们却不属于同一词类，或者不同词类的词，可以传达相同的意义。在中文的影响下，学生有时在写句子时会忽略词性导致语法常出错，不能很好地完成习作。

综上所述，在高中生写作过程中，存在明显的写作策略缺失、写作主题不突出、词法句法错误等诸多问题，写作教学任重而道远。

三、教师教学现状

（一）教师调查问卷

调查对象为区进修校教研员、学校英语教研室成员、部分分管教学的领导、英语教研组组长、各年级英语备课组长、普通一线教师等，年龄在25—55岁，对他们进行个人访问和问卷调查，提前准备好合适的访谈地点、录音笔及摄影机等，在访谈过程中进行记录。进行访谈和问卷的目的是了解目前教育主管部门对英语写作教学方法的认识和指导，以及一线教师实施教学的具体情况，来反映英语写作教学的现状。访谈提纲如下。

校长访谈提纲

尊敬的××校长：

您好！感谢您在百忙之中参加此次访谈。本访谈主要采访您了解或参与高中英语读后续写的备课活动和教学的情况，为英语教师将读后续写应用于英语教学中提供便利。请根据实际情况回答，真实的回答有助于我们进行客观评价。谢谢您的合作！

受访者基本信息

学校：_____	分管年级：_____

1. 您了解高考英语写作中的读后续写题型吗？
2. 贵校英语教研有读后续写的实践活动吗？
3. 关于读后续写您有什么观点或建议吗？
4. 您了解英语写作中的多轮续写吗？
5. 贵校有多轮续写的教学实践活动吗？
6. 您赞成用多轮续写来促进学生的读后续写能力吗？

教研员访谈提纲

尊敬的××教研员：

您好！感谢您在百忙之中参加此次访谈。本访谈主要采访您了解或参与高中英语读后续写的备课活动和教学的具体情况，为英语教师将读后续写应用于英语教学中提供便利。请根据实际情况回答，真实的回答有助于我们进行客观评价。谢谢您的合作！

受访者基本信息

| 地区：＿＿＿＿＿＿＿＿＿＿ | 学科：＿＿＿＿＿＿＿＿＿ |

1. 您是如何看待英语写作的？
2. 您对读后续写这一写作任务有什么看法？
3. 您对教师读后续写课的评价和建议？
4. 对于多轮续写您有什么观点或建议吗？
5. 您觉得用多轮续写来提升学生的读后续写能力可行吗？为什么？
6. 您会采取哪些方式实践采用多轮续写来提升学生的读后续写能力？

本研究在高中"双新"背景下，对重庆市渝中区英语写作教学现状进行了研究，结果表明英语读后续写的日常教学或多或少存在着问题，以下分为三点阐述。

1. 高中英语教师素质的局限性

第一，认识不够，教师对英语写作教学缺乏重视，教学行为相对简单。上级指导不够，缺少参加相关培训的机会。日常教学工作负担重，课时又紧张。面对这一形势，英语教师总是想在尽可能短的时间内传授给学生更多的知识。在高中英语学习中，词汇、语法及句型与高考内容直接相关。因此，诸多高中英语教师想通过对考点的讲解，快速提高学生的英语成绩。

在英语写作教学时，教师通常只是单纯地布置写作任务，没有前期铺垫，没有信息输入，更没有词汇积累。布置一定的话题和字数，在规定时间内完成，学生则按要求开始写作。如此简单直接的教学方法很容易让学生心生惧怕，产生写作焦虑，抗拒写作。此外，几乎所有教师都从不亲自写自己布置的作文。因此，对学生遇到的问题可能预估不足，如时间是否合理、词汇量是否够用、内容深度是否恰当等。

第二，高中"双新"背景下的英语写作教学，对英语教师的专业水平和综合能力要求较高。在写作教学之前，高中英语教师需要统筹跨度较大的知识点，同时在英语写作教学模式上还需要下足功夫，找到系统性、完整性的教学方法。许多新入职的高中英语教师在英语教学上缺乏必要的经验，没有积累高中英语写作教学的方式方法，更无法总结归纳高超的英语写作技巧，难以制订有效的英语写作教学计划，因此只能借助自己在写作课程中的积累及长时间的自我摸索进行英语写作的教学，但是这些方法并不一定适合高中生的英语写作课程，可能会导致事倍功半，难以提高学生的英语写作成绩。

此外，教学方法相对简单，对写作策略和技巧的教学重视不够。在教学方法上，教师以口头讲授为主，学生通过实践巩固知识。教学方法过于单一，对写作能力的培养不会渗透到日常教学中。在英语写作课的教学中，偏重书本单元的知识点讲授与练习，有时会在课堂中花大量的时间分析语法及句法，但对如何写作及写作标准缺乏细致讲解，只是匆匆一带而过，学生并不能了解英语写作的真正目的。

2. 缺乏专业的高中写作教程指导

目前，在高中英语教学阶段，并没有可以参考的、比较完整的、具有较强操作性的、统一的写作教材，在对目前国内所使用的英语教材进行分析后发现，尽管有的英语教材设有专门的写作训练章节，但是这些写作训练基本上是根据学习单元的课题确定的，在真正的英语教学过程中往往被视为单元课题的附属性材料，缺乏统一的框架性体系。高中英语写作训练也只是被当作课后作业，没有将英语写作上升到应有的高度。部分学校虽购买了专门的英语写作教材，但是这些教材的内容并非课程标准所涵盖的部分，对于写作知识点的把控，与考点的结合往往无法令人满意。因此，无法真正提高高中生的英语写作水平及书面表达能力。

缺乏根据高中生的个人实际制定的适合且具有差异性的写作教学计划。学校各年级教学组均编制了统一的教学大纲供教师在课堂上使用，导致教师的教案缺乏特色和差异性。不同班级的教学目标基本相同，教学效果不是很好。教师经常会找几篇范文，向学生展示优秀的单词和句子，教学效果也不尽理想。因为这些方法并不针对学生在写作中遇到的具体问题，真正的问题都被忽视了，何谈解决。从长远来看，死记硬背那些好词好句，没有发散思维，再怎么写还是那几个词句，导致作文生搬硬套缺乏灵动的文采，学生们的写作还是没有进步。

3. 缺乏有效的英语写作教学策略、评价体系不健全

（1）在各种英语学习能力中，写作能力的培养不是一蹴而就的。日常英语教学相对分散，而为了学生写作能力的提高，教师应该制定有目的的、实用的写作教案。如果写作教学缺乏明确的目标，仅仅为了应付应试教育，学生相应的写作能力就很难提高。

目前，教师的教学策略比较单调，教学方法较为单一。缺乏有效的策略是写作教学的一大弊病，主要体现在以下几个方面。

第一，受到高考的影响，教学方式比较生硬，英语任课教师基本将英语学习定位于服务高考。因此，在进行教材讲解时，基本采用考点讲解的形式，主要传授高考所需的知识点。在高一和高二重点对课文和语法进行分析，高三备考。英语是一门需要实践的语言学科，在学习时有着独特的规律性。如果单纯采用知识点讲解的形式进行教学，虽然能够帮助学生在较短的时间内快速掌握考点，提升高考的分数，但是对于学生后期的实际应用能力，则无法带来相应的提升。第二，在高中英语教学中缺乏专业有效的写作训练。高中英语学习的课时较为紧张，任务非常繁重，课堂时间有限，英语任课教师也无法做到利用大段时间让学生进行英语写作的练习，在英语写作上缺乏关于书面表达的专项训练。第三，学生对英语写作的兴趣较低，一方面受语言环境的限制，另一方面高中英语教学缺乏趣味性，对学生没有进行有效的引导。因为教师过于关注高考对英语的评价标准，没有关注到学生对英语写作的兴趣，即使写作也只是应试性的文章，缺乏有效的对自我表达的建议，因此很难提高学生的英语书面表达能力。

教师对学生英语素养的培养不够。学生英语写作能力的提高，需要教师采取灵活的教学模式培养，好的英语素养反映的是学生的个性和潜能发展的良好趋势。英语写作教学应以提高学生的综合英语能力为最终目标，注重学生的情感，培养学生的人文素养。但是，上述调查发现，大多数教师忽视了对学生情绪的关注，对学生人生观、世界观和价值观缺乏足够的重视，没有有意地引导。大多数教师只注重写作的结果，缺少过程引领和学法指导，导致丧失了与学生互动交流，无法进行深度学习和写作。

由于教师过于重视语言知识的输入和表达，使学生缺少对主题深入的理解和探讨，因此写作过程难以进行意义的建构。教学过程割裂了创作与现实生活的联系，缺乏对发散性问题的思考及相关主题的探讨，很难提升学生的思维品质。

（二）教师调查问卷的启示

根据问卷，笔者得到的启示如下。

（1）相当多的学生认为写英语作文是为了得到满意的分数，特别是高三学生。说明在目前的英语教学中，应试教育的倾向还比较明显。

（2）只有极少数的学生认为自己的写作能力较好。这说明寻求一种更便于操作，最大程度上能提高学生成绩的写作教学模式具有迫切性和必要性。

（3）超过70%的学生在教师布置的写作任务之外很少主动练习写作。说明学生的写作意识不强，写作自主性差，教师应该对其进行积极引导。

（4）在写前阶段，学生虽然会积极准备，但是主要集中在人称、时态、要点等微观方面，对文章的整体结构考虑较少。

（5）在写中阶段，学生的互助性不强。教师要引导学生养成良好的写作习惯。

（6）在写后阶段，大部分学生关注的是教师的评语和最终的分数，而不是对写作的自主性反思。主动阅读的学生花费在课外阅读的时间要比被动阅读的同学多一些。

（7）部分学生对新课标、新高考的要求了解不多，思考的较少，未能体会"读后续写"文本材料对思考方式的培养及文化知识的补充。

三、英语阅读现状的思考及对策

针对本次调查呈现的问题，为了提高学生英语阅读的能力，推动高中英语阅读课的开展，笔者做出了如下反思，并提出一些建议。

（一）精心选材，避免盲目性的阅读

一本好书就如同一个好的教师，读书不要求多但是要讲究精。对于目前鱼龙混杂的阅读材料，教师应该根据教材内容和学生的心理特点综合分析，对课上泛读和精读的阅读教材进行有目的的筛选，控制好难度，帮助学生减少阅读材料选择的盲目性。另外，教师还可以从一些重要的期刊、外文网站选取原汁原味、积极向上的材料，推荐给学生们，让他们根据自己的时间安排课下阅读。

（二）激发学生学习英语的兴趣，树立正确的英语学习观

俗话说："兴趣是最好的教师。"学生只有对英语学习感兴趣，才会更好地掌握英语知识，提高英语阅读能力，这也是当前教师需要完成的一个重要的教学任务。语言的学习是一个循序渐进的过程，不能急于求成，所以教师应

该把阅读内容和学生的实际情况相结合。比如，可以把阅读课和多媒体等教学手段相结合，播放一些与语篇相关的视频，不仅使枯燥的文字变得直观、有活力，而且增强了课堂的趣味性，进而激发他们对英语的兴趣和学习欲望。在英语阅读课堂上，采用一些激励式的教学方法丰富课堂内容。比如，阅读速度比赛、猜词能力测试等，不仅活跃课堂气氛，还能增加师生之间的互动量，从而提高英语学习的效果，树立正确的学习英语的观念，这些对英语阅读能力都非常有帮助。

（三）帮助学生解决阅读过程中的困难

英语新课程标准中的"一核四翼六要素"中，明确提出"学习策略"，突出了教师要帮助学生用各种方法解决阅读中的困难。在阅读过程中，教师要以文章为载体，教授学生在阅读不同体裁的文章时如何归纳和总结中心主旨，教会学生如何获取文章中的重要信息，进而抓住文章的核心。还应该展示如何寻找文章的细节，仔细推敲、正确翻译，做到精准阅读。在这一过程中，还要渗透词汇猜测、语法分析、语篇理解和推理的方法与能力。

四、英语写作教学中同伴反馈的积极作用

笔者本次的问卷调查结果显示，实验班级中的学生认为同伴反馈的积极作用有如下几点。

（一）利于同学间的相互学习，提高英语写作能力

绝大部分同学反应在互相批改作文的过程中，有机会看到其他同学写的作文，可以学习到小组其他成员的优点，取长补短，自己也能在发现和指出别人的写作问题时，在自身的写作过程中多加注意，避免类似的错误出现，并能更好地认识到自己在英语写作过程中的问题和不足，不断反思自我，改正缺点。也有同学说，在改作文时能巩固自己对语法、词汇和各类作文结构特征的掌握。同学们通过相互纠正错误，使印象更加深刻。小组成员间相互修改作文的过程是一个学习的过程，同学们可以在这个过程中互相交流、增长知识，熟悉每种体裁文章的写法及技巧，及时发现自己的不足之处，并得到更多的练习机会。同时，小组成员间在进行同伴反馈的过程中，可以加强对知识点的记忆，增强句法知识和对文章整体的阅读理解能力，发现以前没

有发现的问题，从而提高英语写作水平。

（二）利于活跃课堂气氛，促进同学间的沟通和交流

在传统的英语写作课堂上，教师在讲台上对写作的相关知识点进行讲解，学生只是被动地接受。采用过程教学法所提倡的同伴反馈法，小组成员间相互修改作文，并给予同伴反馈，这种新颖的教学形式可以促进同学间的交流和沟通。在课堂上，小组成员可以就每个成员作文中的优缺点及错误进行讨论，集思广益。在讨论的过程中，小组成员可以提高自己对语法的运用，讨论氛围浓烈；大家一起思考，可以出现很多的想法，不知道的可以一起探讨；能增强学生的课堂参与感，加强生生、师生之间的互动，是一种教学创新；还能让学生将在课堂上学到的知识运用到修改同学的作文中去。

（三）调动英语写作的积极性，养成反复修改作文的好习惯

小组成员之间相互修改作文，给予同伴反馈的方式能充分调动学生进行英语写作的积极性，也能激发学生修改作文的兴趣。传统的英语写作教学中，教师反馈占主要地位，但由于教师精力有限，加上学生数量多，很难对每一位学生的每一篇作文做出及时的反馈。学生因为得不到及时反馈，进行英语写作的积极性也会受到打击，更不会对作文做出任何修改。同伴反馈的形式多样，包括小组内成员的反馈和小组间成员的反馈。这种形式有利于激发学生对英语写作的兴趣，使其更容易投入英语写作学习的氛围中。小组间进行作文修改并用 PPT 展示，能让同学们察觉到自己写作中更多的不足，让同学们对自己的作文进行进一步修改，使其更充实、地道和严谨，也使学生慢慢养成对作文进行反复修改的好习惯。

（四）培养自主学习和思考能力，增强团队合作意识

在给小组成员修改作文即给予同伴反馈的过程中，可以让学生学以致用，发挥自己的主观能动性，积极进行自主学习和思考，从而培养学生的自主学习和思考能力。小组间修改作文并用 PPT 展示，可以增强学生的团队合作意识。在进行完小组内的同伴反馈之后，每个小组选出一篇作文与另一个小组进行交换修改。小组成员一起修改另一个小组的作文，通力合作找出其优缺点和存在的各类错误，并分工将同伴的反馈意见制作成 PPT，由小组成员负责在课堂上进行讲解。小组内和小组间的同伴反馈形式，使得学生能在牢固掌握

课堂知识的同时，充分发挥同学们自主学习和思考的积极性，并使学生的团队合作能力得到提升。

第三节 研究设计

一、历史背景及效应

2000年，王初明等撰文《以写促学》将"写长法"带入外语教学，在此基础上，读后续写应运而生。本文通过在中国知网输入"读后续写"搜索，得到2012—2016年已有80余篇相关论文。根据每年发表论文所分布的核心期刊多为外语类核心期刊，如《外语界》《外语教学与研究》等，数量呈逐年上升的趋势。可见读后续写这一方法已经陆续引起各地方外语教学研究者的注意，尤其自2016年起，浙江省开始新一轮高考改革，此次改革后，读后续写将作为新题型出现，这对教师、学生一种都是前所未有的挑战，同时也可以看出高等教育对于学习者语言运用能力的要求越来越高。

但在外语类主流期刊上有关该研究的文献数量偏少，有待进一步加强。读后续写作为2012年提出的新方法，其研究还处于初级阶段，主要研究内容大致可分为理论研究和实证研究两类。理论研究类的文章是从理论上分析读后续写的语言学基础、促学优势及发展前景的预测等，大多从宏观角度分析该研究，主要代表人物有王初明教授及广东外语外贸大学的学者。由于读后续写的方法在国内的外语教学中还未普及，相关实证研究相对匮乏，所以研究主要围绕以下几个问题展开。

（1）读后续写如何影响写作。如姜琳、陈锦（2015）在《读后续写对英语写作语言准确性、复杂性和流利性发展的影响》一文中运用控制变量法进行实证研究，在高校四个水平相当的英语专业一年级的班级中进行对照试验，最终结果表明，读后续写确实可以有效提高英语写作语言的准确性、复杂性和流利性。

（2）阅读材料的趣味性对续写的影响。探究阅读材料的趣味性对续写的影响，结果表明，趣味性的材料能增强协同效应，减少续写语言错误。

（3）读后续写是否产生协同效应。如王初明（2012，2015）《读后续写》一文中以两个大学英语班级为对照组进行实验，一组写一段印象最深刻的英文电影情节，另一组用英语描述发生在家中的一件事。在这个实验中，前者与英语体验有关，后者则与中文体验有关。结果表明，与英语体验有关的电影情节能够产生协同效应，参与该组实验的学生的英语作文中出现的中式英语更少。

（4）续写的语言是否与文本协同。强度是否受文本类别或语言结构类别的影响，读后续写作为高考新题型的应用潜力（效度、信度）如何。例如，王初明、亓鲁霞（2013）从评分信度、评分量表、题型难度及共时效度这四个方面展开研究，检验读后续写作为测试题的可行性。参与实验的是从高三两个水平不同的班级中各自抽取的学生，测试内容分为阅读与写作两个板块，写作部分又分为读后续写和常规的书面表达，该实验对读后续写题型的信度和效度进行了初步检验，结果是肯定的。目前，进行过此类实证研究的人员除了以英语为二语的中国学生外，还有以汉语为二语的留学生，在小范围内取得了阶段性的成果。

值得深思的是，虽然读后续写已经成为浙江省的高考新题型之一，但是关于高中英语的读后续写教学研究则大多停留在研究如何提高学习者阅读能力、语言模仿能力和编故事能力（创造力）上，偶尔会有结合理论进行分析测评的文章。读后续写通过一系列试验研究，已经逐步走向成熟，其研究的今后发展前景也是可以预测的。

第一，理论研究先行，实证研究方兴未艾。目前，国内关于该研究的实证研究大多还停留在个案或个别班级的研究观察上，应用范围不广泛，其可行性还需要通过大量的事例研究证明。比如，读后续写的促学效果问题，即这样的临场模仿是否能够将语言知识结构内化。再如，读后续写的材料难度如何控制，如何既让学习者获得可理解性输入，又给予学习者自由发挥的空间，或读后续写是否可以激发学习者的写作兴趣。这些问题还有待外语教学研究者进一步验证。

第二，符合国情。正如前文提到的，我国外语习得的国情是"听""说"条件欠缺，"读""写"条件充分。因此，可以充分利用读后续写的优势，以"输出驱动—输入促成假设"为指导设计测试题型，比如浙江省据此设计的高考试卷。王初明（2016）将"续作"大致分为九类：听后续说、视听续说、读后续说、对比续说、读后续写、听读续写、图文续写、对比续写及读后续译。利用这些方法，不仅可以让外语教学课堂内容更加丰富，还能让外语学习不受课堂限制，时间地点更加灵活，从而达到更显著的促学效果。"续作"可以根据不同阶段的学习者选用不同的类型，如"听读续写"适用于外语初学者，能帮助其增强语感，而"读后续译""听后续说"或"视听续说"等方法可应用于高校外语教学，"读后续译"即给学习者原文或去除后半段的译文，学习者可以通过模仿译文风格提高双语翻译能力；"听后续说""视听续说"则是与现代教育技术的发展密切相关，如 TED Talks、CNN News 等英语学习资源的传播为学习者提供了大量素材，学习者通过续写演讲稿或新闻稿等不同题材、不同体裁的文本，进一步提高不同语言环境下的写作能力和表达能力。但是，以上方法也不是"续作"的全部。在实际外语教学中，还可以与更加开放的任务配合，如"观后续演"，该方法让学习者接触剧本的写作和英语短剧表演，使学习者尽情释放想象力，同组同学也可以合作进行头脑风暴，相互纠错、共同进步，从而提高学习者的合作能力和语用能力。总而言之，无论是读后续写，还是在此基础上假设出的其他"续作"，都为语言习得、语言教学开辟了新视角，为进一步提高外语教学效果提供了新途径。作为一种新的外语教学方法，读后续写有着较为成熟的理论基础，在国内外语教育领域，读后续写及由此引发的以"续"促学研究，越来越受到中高等外语教学研究者的重视。虽然其实证研究还存在许多需要完善的地方，但是随着"使用的语言学"（usage-based linguistics）的崛起（Tyler，2010），读后续写一定会顺应趋势，产生更大的影响。

基于上述读后续写的历史背景及效应，落实新课标立德树人的育人理念，笔者从下面几个方面来对读后续写进行阐述。

（一）核心概念界定

1. 主题语境

主题语境是《课标》提出的课程内容要素之一，包括人与自我、人与社会、人与自然这三大部分。人与自我包括生活和学习、做人与做事两个主题群；人与社会包括社会服务与人际沟通，文学、艺术与体育和历史，社会与文化三个主题群；人与自然包括自然生态、环境保护、灾害防范和宇宙探索四个主题群（教育部，2019）。通过对主题语境的理解和对主题意义的探究，学生把语篇中所呈现的语言知识和文化知识整合起来学习，通过语言技能和学习策略等活动的开展，在分析问题和解决问题的过程中发展核心素养。

2. 多轮续写

多轮续写是王初明（2018）提出的读后续写的变体之一，弥补了读后续写由于篇幅短、缺乏外力助推导致读者与文本互动不足的缺憾。多轮续写的阅读文本为英文小说，学习者在充分理解第一章内容之后，续写第二章内容。随后，教师发放第二章阅读材料，学习者将续写内容与原作进行对比，获取反馈，以此类推。学习者在阅读和写作过程中与原作进行充分互动，学习作者的写作手法和语言表达，从而产生促学效果。

3. 读写能力

本研究中的读写能力，就是《课标》定义的语言理解能力和语言表达能力，即梳理多模态语篇传递的信息、根据上下文推断意图、辨识语篇的整体结构和文体；表达个人见解与情感，构建恰当的交际角色和人际关系，与原文在逻辑、语言和内容上保持连贯。

（二）国内外研究现状述评

1. 主题语境相关研究

在中国知网数据库中，以"主题语境"为关键词进行检索，搜索出相关文献220篇，其中与"多轮续写"高度相关的没有，与"写作"相关的有31篇。对文献进行整理后发现，国内基于主题语境下的写作研究主要聚焦在课堂教学模式和教学设计的探究上，强调教师应构建真实的符合学生实际的写作情境，让读与写成为有主题意义的活动（李漫，2019）。更多基于主题语境的研究，是聚焦主题语境下的阅读教学模式或教学策略探索。还有少部分是探索主题语境下的词汇教学和语法教学模式。本研究尝试的在主题语境下开展多轮续写，就是基于主题语境的阅读和写作相结合的教学研究。

2. 读写能力相关研究

在中国知网数据库中，以"读写能力"为关键词进行检索，搜索出相关文献86篇，其中与"读后续写"高度相关的有2篇。这两篇文章主要聚焦在对教材应用的探究上，强调英语教材是英语课程资源的核心部分，然后开展以读促写活动。教师应该充分挖掘和利用教材，实现教材功能最大化（董海丽，

2020）。还有少部分文献是探索多模态读写能力教学与学生学习效果的相关性，也有依托英语报刊提升高中生读写能力的研究。本研究尝试根据主题语境，拓宽选材面，开展多轮续写以提高学生的读写能力。

3. 多轮续写相关研究

在中国知网数据库中，以"多轮续写""读后续写""续论""王初明""互动协同"为关键词进行检索，搜索出相关文献1097篇，其中与"多轮续写"高度相关的有65篇。对文献进行整理后发现，国内多轮续写研究主要分为两类。一类集中分析多轮续写的理论依据。王初明（2018）提出读后续写由于需要学习者具有高度自控力，可能会导致互动强度不足。为提升学习者与文本互动强度，增强协同效果，他提出了多轮续写。多轮续写符合有效外语教学和学习的思路，即内容要创造、语言要模仿（王初明，2014）。另一类侧重于定量研究，主要聚焦验证多轮续写的促学功效。研究表明，多轮续写有利于提升学习者的写作能力，激发写作动机（张春红、何武，2020），提高学习者形式—意义匹配和阅读能力（张素敏、张继东，2019），促学效果显著。

值得注意的是，目前还没有研究关注多轮续写在教学中的实际应用。由此可见，多轮续写促进高中生读写能力的研究具有较高的研究空间和研究价值，本研究将结合主题语境，更有针对性地进行教学实践探究，实现高中英语多轮续写的课程体系化，从教学实践层面丰富多轮续写的促学机理。

（三）选题意义及研究价值

在教学资源上，本研究将多轮续写引入课堂教学，构建了可借鉴、可推广的教学资源体系和教学策略体系，为双新示范区提供了在高中阶段课内、课外实施多轮续写的样本。在学生能力上，本研究能够发展学生的读写能力，培育其核心素养，改善学生在高考读后续写题型中的产出表现。在教学实践上，本研究通过组织教师培训、磨课、反思、实践，能够有效提升区域范围内一线教师的读写教学能力。在理论价值上，本研究为"续作"提供教学实践的数据支持，从教学层面丰富了多轮续写的促学机理。

二、研究问题

目前，高中英语写作教学中存在的问题比较多，阅读与写作分离的问题相对突出，阅读教学中着重讲解语言知识和阅读技巧，如词汇、句型、段落大意等，缺少对语言运用的强调；写作教学中强调形式的讲解和写作技巧，如开头、结尾、高级词汇和复杂句型等，忽略对文本内容的分析。阅读教学和写作教学的割裂比较严重。

作为高考综合改革试点区域，浙江省于2016年10月在高考英语试卷中出现了写作新题型"读后续写"。这种新题型要求考生在阅读一篇语言材料（350词以内）之后，根据原材料内容所给段落开头语和所标示关键词进行续写（150词左右），将其发展成一篇与给定材料有逻辑衔接、情节和结构完整的短文（教育部考试中心，2015）。这就要求考生在仔细阅读和充分理解所给文本材料之后，发挥自己的想象力和创造力，预测文章的发展线索，续写出情节连贯且风格类似的语篇。

笔者认为，读后续写架起了一座阅读教学和写作教学之间的桥梁。那么，如何在高中写作教学中进行读后续写的教学实践，如何在语言运用中转变传统的教学观念，培养创新意识？我们尝试探讨这些问题。

皮克林和加罗德（Pickering & Garrod, 2004）提出了互动协同模（Interactive Alignment Model）。他们认为，人们会在交流中动态调整，互相配合、互相适应，以使交流顺利进行。由此引发了语言层面的协同，带来了对交流信息的理解，这些互动协同使得交际中的语言理解和语言产出紧密结合在一起，进而理解交流信息，使得信息顺畅交流。王初明（2011）提出了外语学习的有效途径：互动—理解—协同—产出—习得。王初明（2012）认为学习者的理解能力总是超出其产出能力，因为这种不平衡产生的拉平效应，是提高语言水平的潜在动因。协同效应实为拉平效应，亦即学习效应，其中包含模仿成分，涉及他人语言的重复应用，具有巩固或扩张学习者语言表征的功能。在拉平过程中，如其中一人的语言水平高，则另一水平较低的学习者将得益于协同的拉平效应，其语言水平会得到不断的提高。互动协同一般由人主导，不仅发生在人与人的对话互动之间，也发生在学习者与所接触的阅读材料之间。提高外语学习者学习效率的关键在于将理解和产出紧密结合，强化协同，引发拉平效应，两者结合得越紧密，促学效果就越佳（王初明，2012）。以理解和产出紧密结合的理念为衡量标准，读后续写是一个比较理想的学习方法，在续写的创造过程中，学生先要理解文章，并根据原文构建情境模式和语言模板，再加上合乎逻辑的内容创新，使得原文和续写内容衔接，语言连贯，学生在与原文的互动中创造性地模仿作者的语言，使创造和模仿有机地融合在一起。

现阶段，高中英语写作仍然延续传统的模式，一些教师除根据高考要求调整了写作评价的要求外，基本上仍以"给出题目—提出要求—学生完成—教师批改"的模式为主，教师根据课堂教学情况和一定的教学目的提出限定的题目，尤其在应试训练中还会详细限定诸如事件的时间、地点、内容及目的此类因素。这样的设计可以使学生在训练之后达到一定的标准化，也便于教师量化并评价学生的情况。但这样的写作方式因受内容、形式、文体的限制，不能很好地激发学生的表达欲望和写作兴趣，有时枯燥的训练或无趣的题目，甚至会让学生对英语写作产生抵触情绪。"英文写作的要求是教师提出来的，教师在教学中较少关注情感因素对写作的激励、促进作用，只是给学生限定时间，对其习作进行批改时仅仅打出分数，导致学生不知如何改进。"在高三大批量的写作训练中，教师因为课时和时间的限制，有时只给出单纯的卷面分数，无法对学生进行细致的指导，这样做不仅不能提高学生的表达能力，还不能培养学生的创新精神和核心素养。

因此，高中英语教学不应拘泥于传统的教学方式。因为长期开展传统的训练方式只会让学生为写而写，无法激发学生的写作兴趣。这样的训练方式虽然在短时间内使学生掌握了一定的语言知识，但不利于学生长期的语言学习，进而导致学生文化基础不牢固，损害学生自我语言的发展。适当的改革和调整能更好地培养学生的写作能力和语言的综合应用能力，有利于提高学生的英语学科素养。

（一）目前读后续写教学存在的问题

1. 续写内容与原文不符

学生在完成英语阅读后进行续写，最主要的问题就是续写的情节与原文的内容不能够联结在一起。主要原因是学生没有对阅读资料进行整体而又准确把握，对阅读资料的理解还存在着一定的欠缺。这就造成了在续写中前后文章内容不一致的现象，并且内容与情节缺乏一定的逻辑性。同时，学生续写的情节安排不合理，也是造成文章前后不一致的主要原因。这是由于学生的生活阅历不足，没有足够的经验进行文章的续写。其掌握的英语知识不能够满足一定的续写要求，也是造成文章前后情节存在出入的因素。

2. 续写文章存在主题问题

英语续写存在的另一个问题就是，学生在对文章的整体把控上存在一定的缺陷。比如，文章在表达过程中渲染了一种整体氛围，但是学生在阅读的过程中，没有对文章进行合理的理解和体会，缺乏感情的投入，导致他们在阅读资料时不能够合理地进行引入。这就使得续写后的内容跟文章呈现出完全不一样的感情基调，从而造成了偏离主题的现象。如"My Grandma"在表达的过程中，渲染了整体氛围，但是学生在阅读的过程中，没有对这一氛围进行合理的理解和体会，导致续写失败。

3. 续写文章中词汇和语法的运用不当

读后续写作为高考考察的重要内容之一，还存在一个问题，就是学生的词汇及语法的运用不恰当。由于学习层次不同，学生的词汇和语法的掌握程度也不同，因此造成了在学习过程中对内容的表述参差不齐。学生的续写容易出现口语化的表达方式，在一些细节描写的过程中不注意对语法和词汇的运用，会造成一定的偏差。

（二）研究目标、内容、假设和拟定创新点及问题

针对上面出现的问题，笔者做了以下研究。

1. 研究目标

（1）通过分析目前高中生读后续写的现状及成因，初步搜集并构建研究课程的资源包，制定多轮续写的教学策略体系。

（2）通过探寻主题语境下，多轮续写在高中读写教学中的实施途径，力图构建可操作的多轮续写课程体系，丰富高中英语读写教学课程资源。

（3）通过对学生在多轮续写训练前后的写作产出表现进行实证研究，验证多轮续写促学效果，深入剖析学生续写中的深度学习过程和认知发展规律，达到提升其学科核心素养的目的。

2. 研究内容

（1）现状调查及文献梳理。

首先，本项目以班级为单位分发调查问卷，主要调查学生对读后续写的文本理解能力、完成读后续写的具体困难、学习方法及困境等。其次，本项目对示范区教研员、示范校校长、备课组长及教师进行了访谈，了解学校是

否能够为本研究的顺利实施提供便利，教研员是否对本区教师进行读后续写和多轮续写理论培训，了解其重视程度，备课组长和一线教师是否主动学习理论知识和实操经验，在读后续写教学中有何困惑等。最后，本项目以"主题语境""读写能力""多轮续写"为关键词，在中国知网上搜索相关文献，了解目前研究现状。

（2）构建多轮续写教学资源体系。

本研究资源体系的构建分为三个部分：阅读资源、课程资源及评价资源。阅读资源的构建将根据语言难度、学生认知水平、主题语境和趣味性这四个维度进行筛选。首先，我们采用美国Metametircs公司开发的蓝思分级阅读体系，测试实验班级学生的蓝思阅读指数（Lexile），通过采集到的学生蓝思阅读指数，挑选适合学生阅读的书籍。其次，我们挑选的阅读材料主题必须与新课程标准中的主题语境相符，即涵盖人与自我、人与社会和人与自然这三大主题语境。最后，在选取读物时，还要考虑学生的认知水平与其实际语言能力的差距，挑选符合学生当前认知水平，语言难度又契合学生蓝思阅读指数的材料。因此，我们暂定阅读资源主要采用外研社的分级读物《阳光英语》，《书虫》名著简写版。本研究启动后，再根据学生实际语言水平进行具体书单的确定。

课程资源体系是多模态呈现的，研究的主要成果以构建多轮续写课程体系为主，包括但不限于基于多轮续写教学实践，不同教学模式的相关课例视频、教案和课件，阅读及多轮续写策略指导的微课、导学单、任务单等，还有课例实施过程中所需的多媒体影像资源及各种教具。

评价资源体系的建立则遵循新课标所倡导的动态的、形成性的、过程性的、以人为本的评价原则，注重学生的主体地位，按照终结性评价和过程性评价并重的理念进行设计，包括教师课堂观察记录表；建立学生写作阅读学习档案袋；发放反思日志本；随堂检测；设计学生自评互评表；师生座谈等形式。

（3）构建多轮续写教学策略体系。

本研究的策略分为三类：教学策略、指导策略、评价策略。教学策略分为阅读教学策略和写作教学策略。阅读教学策略主要聚焦在连续性文本（叙事文本）上面，包括理解故事内容、挖掘故事主题意义、关注主题语境和分析文本语篇特点三个方面。在理解故事内容方面，主要采用六要素分析法、故事山、图片环游、拼图阅读等教学策略，力图帮助学生快速准确地读懂故事内容。在分析文本语篇特点方面，可以采用情景语境支架教学策略，创建与主题意义密切相关、相对真实的语境，引发学生阅读的兴趣，帮助学生预测特定情景的语言和语篇结构。还可以运用语篇模式分析策略，指导学生关注语篇特征，提高学生对文章的整体把握能力。在挖掘主题意义、关注主题语境方面，可以采用小组合作策略，运用阅读圈使学生通过协作讨论共同得出答案。写作教学策略主要运用多轮续写中的两种形式，即两轮续写和小说续写，通过预测主题语境、创设主题语境、挖掘主题语境和升华主题语境与常规的写作教学策略相结合，如句子仿写、主题词汇归纳、人物动作描写、心情描写、语言描写语句的总结等各种教学方法，进行可操作的教学模式探究。

本研究的指导策略主要是读写相结合的指导策略。例如，应用图示理论开展指导教学，从内容图示、结构图示或语言图示等方面入手，对文章进行剖析，并以图的形式展示出来；采用联动式读写模式进行指导教学，将读写教学结合在一起，笔者实现语言知识结构分析与写作训练的综合性教学。

在本项目中，笔者对多轮续写采取多元、多维、多样的评价。在评价标准上，笔者借鉴高考读后续写评价标准制定评价量表及指标，用于学生自评和互评。在评价方式上，笔者以过程性评价与终结性评价相结合的方式，运用学习档案袋、测试题、写作日志、访谈、竞赛等具体方法开展师生共评、生生互评、学生自评。

（4）主题语境下多轮续写应用于高中英语读写课的实践。本研究中，多轮续写的教学实践分为以下三个阶段。

①准备阶段：按照主题语境建立教学资源包；确定课型；开展关于多轮续写的教师研讨会和学生培训。

②实施阶段：分为课内和课外两个部分。

课内：第一学期由读到写，引导学生关注主题语境，进行两轮续写的教学实践；第二学期重点提高学生的读写能力，引导学生分章节关注主题语境，进行主题语境下的小说续写教学实践；第三学期重点提升学生的写作能力，在主题语境下，开展以多轮续写促进学生读后续写的教学实践；第四学期开展高考题型——读后续写的教学实践，切实提高学生在考试中的写作能力。

课外：分为上学期间和假期。

上学期间：第一学期首先以班级为单位布置一次写作任务，教师批阅存档。

接着开展读书月、阅读竞赛、摘抄好词好句等活动，运用奖励机制激发学生的阅读兴趣，培养写作习惯，促进学生阅读能力的发展，为两轮续写提供阅读素材；第二学期以班级为单位开展读书角、写作比赛等活动，展示优秀的学生作品；第三学期以班级或小组为单位，进行师生共读作品的活动，针对作品中的人物、情节等进行专项仿写，然后在课堂上分组展示，小组互相点评；第四学期以班级为单位，组织写故事梗概、续写故事情节、写书评、高考读后续写真题写作大比拼，采取学生互评和教师批阅相结合的方式，最后由教师存档。

假期：假期一，根据阅读资料包进行主题阅读，可以布置画思维导图、制作poster、画四格漫画等练习；假期二，广泛阅读小说，制作读书报告；假期三，准备讲故事比赛的文稿；假期四，根据所学策略进行小说续写。

③反思阶段：进行写作日志的整理和教学实践的反思。

（5）实证研究验证多轮续写的促学效果。

在多轮续写应用于英语课堂之前，笔者将80名水平相当的学生分为两个小组，对其进行写作水平前测。学生在规定时间里完成一篇读后续写作文，由两位教师对其进行评分，并计算他们的评分者信度（信度必须达到0.9分以上，否则将重新选择评分员）。最后，笔者选择与前测难度相当的读后续写材料，对学生进行写作水平后测，并选择4—5名学生进行访谈，询问他们实验期间多轮续写的学习情况。数据收集完毕后，对收集的定量数据进行横向、纵向比较和分析，对收集的定性访谈数据进行分析，为定量数据提供进一步支持。

3. 研究假设

（1）本研究假设两轮续写、小说续写和在主题语境下开展多轮续写的实践能够运用于高中读写课教学。

（2）本研究假设参与多轮续写课堂教学实践的研究对象，在教师指导的过程中，通过不断总结、修正和调整自己的读写策略，最终确立多轮续写能提升学生的读写能力。

4. 拟创新点

（1）本研究创新地用多轮续写这一前沿理论，指导高中读后续写的教学实践，不同于传统的方式——操作教材以读促写，而是在以新教材为核心指导的主题语境下建立资源包,通过发现问题、分析问题和及时反思调整等方式进行读后续写的实际操作。

(2)本研究创新地发展了王初明(2018)对多轮续写的操作方式,在多轮续写教学实践的实施阶段,除了进行两轮续写和小说续写外,还创新地引入在主题语境下,开展以多轮续写促进学生读后续写的教学实践,切实提高学生在高考的写作能力。

三、研究思路和方法

(一)研究思路

读后续写的任务是向考生提供一段350词以内的语言材料,要求考生根据文章内容、段落开头语续写一篇150词左右的两段作文,确保逻辑层次分明,情节发展合理,组织结构完整。该题型主要考查学生的语言综合运用能力。从2016年10月至2018年底的5次考试中,浙江高考英语试卷共有4次采用读后续写题型,选择的语篇体裁都是记叙文。由于语言表达是衡量文章质量的重要标准,因此考生所使用的语法结构、词汇丰富度及准确性,将影响续写得分。影响因素还有是否有效使用了语句间的连接词,让续写部分连贯紧凑。本文将以2017年11月浙江高考英语读后续写"A Vacation with My Mother"为例进行分析说明。

1. 通读原文,理解大意

有效输入是实现有效输出的前提和保证,教师首先要督促学生通读全文,理解短文主旨,认真梳理WH问题,即短文涉及的人物(Who)、事件(What)、地点(Where)、原因(Why)、时间(When)及发展过程(How)。文章围绕一家人出发拜访祖父母的旅行展开,健忘的妈妈的奇思妙想给出游增添了诸多趣味,教师应该重点引导学生把握事件经过(How)及前后联系(Why),鼓励学生遇到生词学会揣摩语义,如 vacancy 指空房。阅读时很多学生被卡在这里,此时读懂上下文语境就显得尤为关键,"a hotel with a vacancy"表明它是旅店的相关信息,而妈妈的脑中灵光一现,提议在别人家院子里安营扎寨,由此推测无法入住的原因可能是旅店客满没有空房。通读原文的目的是理解其大意,部分生词或难词传递的或许是次要信息。教师应当发挥支架作用，帮助学生树立全局观念，掌握主干内容。

2. 头脑风暴，精心构思

开展头脑风暴可以让学生各抒己见，实现思维的碰撞、想法的交流，给英语写作带来自信。很多学生无从下笔的一个原因就是，他们没有概念要写什么。因此，平时训练应当强化这个方面。学生可以分工协作、合作学习，教师则化身听众了解情节发展，积极引导学生使用划线词语，如 absent-minded, forgetful, trip, David, campingtent, Mom, Dad, trouble, nice, 并有效衔接两个段落的开头语。

例1: The next day we remembered the brand-new tent we had brought with us.

例2: We drove through several states and saw lots of great sights along the way.

第一个段落可以重点围绕关键词"tent"进行构思，让学生展开丰富且合理的联想，积极思考帐篷究竟发生了什么状况及为什么会这样。或许是妈妈野营的想法意外地得到了爸爸的支持，具体描写实施过程，也有可能是妈妈像出门忘带钱包一样遗漏了帐篷，结果中途折返等事件。第二个段落可以重点围绕关键词"sights"进行构思，让学生畅所欲言，提供环境或场景描述语，最后给文章补上结尾，如与祖父母重聚后的开心等。头脑风暴主要训练学生言之合理、言之有物、言之有序的能力。

3. 厘清逻辑，修改语言

学生在续写时不能脱离语境，需要注重事件前后的逻辑关系，只有符合情节发展逻辑的叙述才会让人信服。文章出现的形容词"absent-minded"和"forgetful"是妈妈的标签，她经常丢三落四，不只有过忘带钱包的事情发生，甚至还曾有过差点遗失孩子的经历。类似信息如果继续出现在续写里面，文章情节的紧凑度会大大增加。前文的铺垫或背景的陈述对情节发展十分有用，学生在谋篇布局时应该充分考虑前情提要，切忌漫无目的的随意发挥。

读后续写需要重视三个方面，即内容、逻辑和语言。首先，学生要知道究竟写什么，避免空洞陈述。其次要着力思考如何谋篇布局，逻辑清晰地阐释主题，最关键的要以适当的语言将思想内容表达出来。高考英语科考试属于水平测试，作为语言测量与评估的主要方式，书面表达能力的高低是衡量考生英语水平的重要指标和参考依据。考生应该学会使用英语正确、得体、流畅地传递信息。完成初稿后的校对同样不可或缺，很多学生洋洋洒洒却并未顾及单词的拼写、句读的标注、上下文的衔接、语言表述的准确性等，从而在续写中错误频出。

（二）研究方法

在"双新"背景下开展课堂教学实践，探究主题语境下多轮续写应用于高中英语课堂的教学途径，力图构建操作性强的课程体系。通过多轮续写前后产出情况的对比，分析多轮续写对学生读写能力动态发展的影响。最终，将这一体系应用于高考复习，通过更多的课堂实践和研讨反思，构建多轮续写应用于高中英语课堂的教学课程体系。

下面以《考试说明》中的读后续写样题为例进行说明。文章开头：A funny thing happened to Arthur when he was on the way to work one day. 这句话已经明确地告诉我们文章的主题是"a funny thing"。"funny"在《牛津高阶英汉双解词典》（第八版）中有七种解释，其中比较符合的有两种：making you laugh, amusing; difficult to explain or understand。按照这两种意思，开头句可翻译为：在一天上班路上，发生在Arthur身上的一件好笑或奇怪的事情。而续写部分第二段的首句The taxi stopped in front of the Police Station and Arthur…表明他到了警察局，似乎是一个见义勇为的故事，怎么能说是奇怪或好笑呢？不如设计成"银行搞的一次反盗抢演习"，Arthur错怪了那个年轻人，到警局方知事情的原委。一个搞笑的结局，与主题相呼应。那么，该如何把握主题并进行科学点题呢？首先，了解记叙文的常见主题。有的揭示道理或启发他人，有的表达对人或物的情感，有的反映人的品质，有的表现人的情趣、爱好或追求。其次，学会判断主题。可以从文章的标题、背景、主要情节、首尾进行判断，也可以从文章中的议论抒情句进行推敲。最后，掌握点题的技巧。曹香玲（2010）认为，从表达方式看，有抒情点题、议论点题、叙述点题等；从修辞角度看，有反复点题、设问点题、比喻点题、排比点题、拟人点题、引用点题等。下面举例说明。

A Mother's Love

My mom only had one eye. I hated her. She was such an embarrassment. She cooked for students and teachers to support the family. One day during elementary school, my mom came over to say hello to me. I was so embarrassed. How could she do this to me? I ignored her, threw her a hateful look and ran out. One of my classmates said, "EEEE, your mom only has one eye!" I wanted to bury myself. I also wanted my mom to disappear. I confronted her that day, saying, "If you're only going to make me a laughing stock, why don't you just die?" My mom didn't respond. I didn't even stop to think for a second about what I had said, because I was full of anger. I took no notice of her feelings at all. I wanted to be out of that house, and have nothing to do with her. So I studied hard, and went abroad for further education. Then, I got married. I bought a house and had my own kids. I was happy with my life. Then one day, my mother came to visit me. She hadn't seen me in years and she didn't even meet her grandchildren. When she stood by the door, my children laughed at her, and I shouted at her for coming over uninvited. I screamed, "How dare you come here and scare my children! GET OUTOF HERE! NOW!!!" She quietly answered, "Oh, I'm so sorry. I may have the wrong address." And she was soon out of sight. One day, a letter regarding a school reunion came. So I lied to my wife that I was going on a business trip. After the reunion, I went to the old house just out of curiosity. My neighbors said that she died. I did not shed a single tear. They handed me a letter that she had wanted me to have.

注意:(1)所续写短文的词数应为150词左右;(2)续写部分分为两段,每段的开头语已为你写好。

Paragraph 1:

My dearest son,

I think of you all the time and I'm sorry that _____

Paragraph 2:

You see, when you were very little, _____

With all my love to you! Your mother

【分析】第一,通过标题判断本文的主题是母爱,但还比较笼统。第二,分析首尾段可知,作者的母亲只有一只眼睛,难道这是一份愧疚的母爱?第三,理解文章主要情节,深刻领悟文章主题。一方面,儿子对待母亲的态度非常不友好;另一方面,母亲面对儿子的恶劣态度却一直在默默忍受,让人不好理解。关键是信的第二段第一句："You see, when you were very little, …" 耐人深思。细细品味发现，这一段母亲要向儿子解释什么，当儿子很小的时候，肯定发生了什么，才会导致母亲的一只眼睛失明，而母亲一直隐瞒了这段经历，为什么呢？这是因为母亲不希望儿子背负沉重的心理负担，让儿子能和其他人一样快乐健康地成长。所以，这份母爱的伟大在于母亲牺牲自己的幸福而成全儿子的未来。这是一份无私、无条件的，让人感动至极的母爱。第四，紧扣主题设计合理的情节。续写的第一段先写"sorry"，写出母亲对儿子及家人的愧疚和始终不渝的关心和爱护。第二段要设计一个合理的情节，如儿子发生事故，失去一只眼睛，母亲把自己的眼睛给了儿子，这份母爱的无私和感人就突显了出来。第五，根据主题需要，科学点题。文章主题是感人至深的母爱，但比喻、格言、引用、议论等方法不太符合这位母亲的身份，可以选用抒情或叙述的方式进行点题。如续写的第二段可采用以下的句子：

As a mother, I couldn't stand watching you having to grow up with just one eye. It was too much for you—a young soul to endure such a cruel fact and a possible future full of challenges. I was so proud of my son who was seeing a whole new world for me, in my place, with that eye.

通过上面的例子，我们可以按照下面的方法及思路思考读后续写该如何来构思。

（1）记叙文"六要素"：人物（品质）、时间、地点、起因、经过、结果。

（2）记叙文"三大线索"，挖掘文章的"悬念点"：时间线、情节线、情感线。

（3）依据给出的两段首句，推理情节的发展且所写的两段情节要连贯。

（4）在写的时候注意上下句的逻辑关系。

（5）人物的动作与神态，人物的心理活动，环境与场景，人物对话等。

（6）结尾要升华文章主旨，如体会、感悟等。

（7）打磨"四个金句"（每段的首尾句）。

（8）合情合理地编故事（向好的方向编故事）。

（五）研究不足

经过一学年的行动研究，虽然改善了一些学生在英语写作中存在的问题，但是本研究仍然存在以下一些不足。

（1）行动研究实施周期的局限。本研究共历时16周，其中行动研究共进行13周，研究时间较短，加之研究者本身教学能力水平限制和研究经验的缺乏，在行动研究中能够发现和提出的问题并不全面，很多教学环节仍有提升和改进空间，对读后续写教学模式的调整不完善。

（2）其他课程影响因素的局限。经过一学期的读后续写模式教学之后，学生的英语写作能力在句式多样性和语法准确性上有所提高。但是学生在整个学期中，同样接受词汇课、语法课和阅读课等其他课型的学习，随着时间的推移和平时的学习积累，英语写作能力也会有所提升。所以，本次研究的实验结果受到其他课程学习的影响，这个变量在某种程度上会减弱实验结论定性的准确度。

（3）读后续写题型中语篇类型的局限。读后续写的阅读材料的类型多样，有内容连贯有趣和主题语境明确的记叙文，有论述事理和发表意见的议论文，有内容严谨和贴近生活的科普文，有故事情节丰富多彩的对话和访谈等。在研究教学中，只选择了故事情节明显、阅读趣味性较强的记叙文为阅读材料，续写体裁过于单一。

参考文献

[1] CHANG F, G S DELL, K BOCK. Becoming syntactic[J]. Psychological review, 2006, 113(2): 234-272.

[2] ELLIS N C. The dynamics of second language emergence: Cycles of language use, language change, and language acquisition[J]. The Modern Language Journal, 2008, 92(2): 232-249.

[3] ESKILDSEN S W. Constructing another language: Usage-based linguistics in second language acquisition[J]. Applied Linguistics, 2009, 30(3), 335-357.

[4] FERREIRA VS, BOCK K. The functions of structural priming[J]. Language and cognitive process, 2006, 21(7-8): 1012-1029.

[5] GARROD S, A ANDERSON. Saying what you mean in dialogue: A study in conceptual and semantic co-ordination[J]. Cognition, 1987, 27(2):

181-218.

[6] MARIAN V, NEISSER U. Language-dependent recall of autobiographical memories[J]. Journal of Experimental Psychology: General, 2000, 129(3): 361-368.

[7] PICKERING M, GARROD S. Toward a mechanistic psychology of dialogue[J]. Behavioral and Brain Sciences, 2004, 27(2): 169-190.

[8] EMBER C. The relationship of lexical proficiency to the quality of ESL compositions[J]. Journal of Second Language Writing, 1995, 4(2): 139-155.

[9] LAUFER B, P NATION. Vocabulary size and use: Lexical richness in L2 written production[J]. Applied Linguistics, 1995(16): 307-322.

[10] READ J, Assessing vocabulary[M]. Cambridge: Cambridge University Press, 2000.

[11] 王静静. 借力思维导图可视化策略优化高中英语教学[J]. 英语教师, 2020, 20(2): 63-68.

[12] 崔允漷, 夏雪梅. "教—学—评一致性": 意义与含义[J]. 中小学管理, 2013(1): 4-6.

[13] 李百温. 英语经典美文诵读课程的教学研究[J]. 齐鲁师范学院学报, 2014, 29(2): 33-37.

[14] 王初明. 学相伴用相随: 外语学习的学伴用随原则[J]. 中国外语, 2009, 6(5): 53-58.

[15] 王初明. 互动协同与外语教学[J]. 外语教学与研究, 2010, 42(4): 297-299.

[16] 王初明. 读后续写: 提高外语学习效率的一种有效方法[J]. 外语界, 2012(5): 2-7.

[17] 王初明. 论外语学习的语境[J]. 外语教学与研究, 2007, 39(3): 190-197.

[18] 王初明. 从"以写促学"到"以续促学"[J]. 外语教学与研究, 2017, 49(4): 547-554, 639-640.

[19] 王启, 王凤兰. 汉语二语读后续写的协同效应[J]. 现代外语, 2016, 39(6): 794-805, 873.

[20] 王敏, 魏行. 二语书面产出中结构启动的累积效应[J]. 外语教学, 2018, 39(2): 68-73.

[21] 肖婷. 协同对提高二语写作准确性的影响[D]. 广州: 广东外语外贸大学, 2013.

[22] 辛声. 读后续写任务条件对二语语法结构习得的影响[J]. 现代外语, 2017, 40(4): 507-517, 584.

[23] 徐欣. 合作写作对读后续写任务中文本衔接性的影响[D]. 广州: 广东外语外贸大学, 2016.

[24] 薛慧航. 浅析"读后续写"中趣味性对协同的影响[D]. 广州: 广东外语外贸大学, 2013.

[25] 张赛尔. 读后续写对议论文写作在结构、内容和语言方面的影响[D]. 广州: 广东外语外贸大学, 2018.

[26] 张晓鹏. 读后续写对二语写作过程影响的多维分析[J]. 外语界, 2016(6): 86-94.

[27] 张秀芹, 张倩. 不同体裁读后续写对协同的影响差异研究[J]. 外语界, 2017(3): 90-96.

[28] 周晓. 多维互动模式对二语词汇习得的影响[J]. 现代外语, 2018, 41(5): 647-660.

[29] 彭进芳. 读后续写中语言难度的影响[D]. 广州: 广东外语外贸大学, 2015.

[30] 夏谷鸣. 读后续写: 英语学科核心素养的一种评价途径[J]. 中小学外语教学(中学篇), 2018, 41(1): 1-6.

[31] 程晓堂. 基于主题意义探究的英语教学理念与实践[J]. 中小学外语教学(中学篇), 41(10): 1-7.

[32] 王蔷. 从综合语言运用能力到英语学科核心素养: 高中英语课程改革的新挑战[J]. 英语教师, 2015, 15(16): 7.

[33] 陈松燕. 高中英语以读促写的优化教学[J]. 海外英语, 2020(10): 180-181.

[34] 李漫. 主题语境下的英语"读写一体化"教学探究[J]. 教育研究与评论(中学教育教学), 2019(11): 28-32.

[35] 李金云, 李胜利. 深度学习视域的"读写结合": 学理阐释与教学核心[J].

课程.教材.教法,2020,40(7):79-85.

[36] 谢燕媚.基于语篇知识的"以读促写"的英语写作课例[J].基础外语教育,2015,17(4):81-84.

[37] 杨治国.试论以读促写在高中英语写作教学中的运用[J].英语广场,2019(7):166-167.

[38] 董越君.高中英语读写教学新思路探索[J].中小学外语教学(中学篇),2016,39(02):54-59.

[39] 张春青,曹惠媛,邱佳萍.读后续写评分员的分数决策依据研究[J].英语教师,2020,20(08):65-69.

[40] 谢永仙.初中英语写作教学中的"以读促写"初探[J].英语广场,2019(1):134-135.

[41] 杨少芝.基于主题语境的以读促写在高中英语写作课中的应用[J].英语教师,2017,20(6):166-170.

[42] 蒋建华.阅读教学中开展读后续写活动的策略与思考[J].中小学外语教学(中学篇),2013,36(10):29-33.

[43] 史海蓉."读后续写"提高高中生英语写作水平[J].现代教学,2013(11):64-65.

[44] 张克霞.寻找新的学习动机源,促进学生自然自主学习[J].教育界(高等教育),2013(12):104.

[45] 胡壮麟,李战子.语言学简明教程:中文版[M].北京:北京大学出版社,2004.

[46] 孙莉.读后续写法应用于英语写作教学的实证研究[D].济南:山东师范大学,2013.

[47] 王初明,亓鲁霞.读后续写题型研究[J].外语教学与研究,2013,45(5):707-718,800.

[48] 王敏,王初明.读后续写的协同效应[J].现代外语,2014,37(04):501-512,584.

[49] 王云华.英语课堂中语料输入的真实性与教学过程的真实化[J].中小学外语教学(中学篇),2010,33(4):9-15.

[50] 辛铜川.读后续写:一项基于医学院校ESAP写作的实证研究[J].长春大学学报(自然科学版),2014(8):1124-1127.

[51] 王初明. 内容要创造 语言要模仿：有效外语教学和学习的基本思路[J]. 外语界, 2014（2）: 42-48.

[52] 教育部. 普通高中英语课程标准（2017年版2020年修订）[S]. 北京：人民教育出版社, 2020.

[53] 陈新忠. 高中英语教学中语篇的主题与主题意义[J]. 英语学习, 2018（11）: 8-10.

[54] 齐地尔. 基于主题意义的单元整体教学[J]. 中小学外语教学（中学篇）, 2019, 42（9）: 32-37.

[55] 李宝荣. 基于主题意义的英语单元整体教学设计[J]. 英语学习, 2020（3）: 41-45.

[56] 蔡雅怡, 黄丽燕. 基于教、学、评一体化的英语课堂活动的设计——以2019年版高中英语教材为例[J]. 英语学习, 2021（1）: 59-63.

[57] 梅德明, 王蔷. 改什么？如何教？怎样考？高中英语新课标解析[M]. 北京：外语教学与研究出版社, 2018.

[58] 葛炳芳, 等. 英语阅读课堂教学：阅读素养与综合视野[M]. 北京：外语教学与研究出版社, 2019.

[59] 贾正杰. 高中英语教学中语篇分析理论的应用：以阅读教学为例[J]. 校园英语, 2017（8）: 199.

[60] 吕金播. 牛津高中英语阅读教学中语篇分析理论的实践研究[J]. 校园英语（中旬）, 2016（35）: 107.

[61] 张世建. 高中英语阅读教学的四个着力点：语境、语义、语篇和语用：以Unit 3 Reading为例[J]. 英语教师, 2020, 20（13）: 59-62.

[62] 蔡粤生, 刘座雄. 英语教学中的语篇衔接与语篇主题解读[J]. 科教文汇（中旬刊）, 2010（03）: 118-119.

[63] 王初明. 如何提高读后续写中的互动强度[J]. 外语界, 2018（5）: 40-45.

[64] 王初明. 以"续"促学[J]. 现代外语, 2016, 39（06）: 784-793, 873.

[65] 王初明. 以写促学：一项英语写作教学改革的实验[J]. 外语教学与研究, 2000（3）: 207-212, 240.

[66] 缪海燕. 外语写作互动的语篇协同研究[J]. 现代外语, 2017（5）: 40-45.

[67] 张素敏, 张继东. "多轮续写"中学习者英语水平的动态发展研究[J]. 外语教学, 2019, 40（6）: 57-62.

[68] 于可.国内"读后续写"研究综述[J].考试与评价(大学英语考研版), 2019(6): 14-17.

[69] 刘金明,曾小鹏.新课程标准下的高考英语写作能力测试研究[J].当代教育理论与实践, 2010, 2(2): 112-114.

[70] 韩佳.高中生英语读后续写中的语言僵化现象及成因分析[J].湖北师范大学学报(哲学社会科学版), 2022, 42(1): 150-156.

[71] 王初明.运用续作应当注意什么[J].外语与外语教学, 2019(3): 1-7, 143.

[72] 于洪伟.高中英语读写结合课堂教学实例研究[J].教育教学论坛, 2013(34): 129-130.

[73] 姜琳,涂孟玮.读后续写对二语词汇学习的作用研究[J].现代外语, 2016, 39(06): 819-829, 874.

[74] 姜琳,陈锦.读后续写对英语写作语言准确性、复杂性和流利性发展的影响[J].现代外语, 2015, 38(03): 366-375, 438.

[75] 庞颖欣.读后续写任务中同伴互动模式对协同效果的影响[D].广州:广东外语外贸大学, 2014.

[76] 张强.读后续写中关键词的协同诉求及其选择策略[J].中小学外语教学, 2017, 40(9): 50-54.

[77] 王守仁.当代中国语境下个性化英语教学的理念与实践[J].外语与外语教学, 2015(4): 1-4.

[78] 辛声,李丽霞.读后续写任务的文本复杂度协同及其对准确度的影响[J].解放军外国语学院学报, 2020, 43(1): 33-41.

[79] 徐昉.英语写作教学与研究[M].北京:外语教学与研究出版社, 2012.

[80] 姜琳,詹剑灵.多轮续写中积极二语自我发展的个案研究[J].外语界, 2021(6): 23-30.

[81] 段文杰,卜禾.积极心理干预是"新瓶装旧酒"吗?[J].心理科学进展, 2018, 26(10): 1831-1843.

[82] 张素敏,赵静."多轮续写"对学习者目标语词类主观性的作用研究[J].解放军外国语学院学报, 2020, 43(1): 1-8, 32, 159.

[83] 王晨.浅谈高中英语阅读与写作一体化教学[J].海外英语, 2020(14): 184-185.

［84］蔡皓生.可视化在高中"读后续写"中的运用［J］.中国报业，2020（18）：86-87.

［85］桂诗春，杨惠中.中国学习者英语语料库［M］.上海：上海外语教育出版社，2003

［86］姜琳，陈燕，詹剑灵.读后续写中的母语思维研究［J］.外语与外语教学，2019（3）：8-16，143.